BAHASA INDONESIA
Book One

BAHASA INDONESIA

Book One

Introduction to Indonesian Language and Culture

Yohanni Johns
in collaboration with
Robyn Stokes

PERIPLUS
EDITIONS
L I M I T E D

This edition of Bahasa Indonesia (volumes 1 and 2) is published by
Periplus Editions (HK) Limited.
by arrangement with Maxwell Macmillan Publishing Pty. Ltd.,
2 Lord Street, Botany, NSW, 2019 Australia

Cover design by Mark Hand

Distributors :
Singapore & Malaysia : Periplus (S) Pte Ltd, Farrer Road
P.O. Box 115, Singapore 9128
Indonesia : C.V. Java Books, Cempaka Putih Permai
Blok C-26, Jakarta Pusat 10510
Hong Kong : Pacific Century Publishers Ltd, G/F No 14,
Lower Kai Yuen Lane, North Point, Hong Kong
Benelux : Nilsson & Lamm B.V., Pampuslaan 212-214,
1382 JS Weesp, The Netherlands
North America : Weatherhill Distribution, Inc., 420 Madison Avenue,
15th Floor, New York, N.Y. 10017-1107, U.S.A.

This edition is not for sale in Australia and New Zealand

ISBN 0-945971-56-7

*To the students
who made it possible*

"Pakailah Bahasa Indonesia yang baik dan benar!"
Use proper and correct Indonesian!

Preface

The eighteen chapters in this book present a graded course in Bahasa Indonesia designed to develop a mastery of the language in its standard written and spoken form.

This standard form is recognised and accepted as such by government institutions, teachers, writers, radio announcers and public speakers, despite variety in popular use of the language in the various cultural regions of Indonesia. It is, therefore, the most widely acceptable and useful form of the language for the foreigner to study, and the one that provides the best introduction to the nation and its people. Once it has been mastered, it is relatively easy to become familiar with regional variants, in much the same way as the foreign student of standard English grows accustomed to the dialects of south-west and northern England.

The sentence forms and vocabulary presented have been selected on the basis of frequency. Grammar is introduced situationally. Every point explained is presented in a context sufficiently developed to define its meaning, and make its function clear; and the analysis of the language on which grammatical explanations are based has taken into account the special difficulties of native speakers of English in learning the language.

By definition, no text book of this kind is comprehensive. In this volume all the more important grammatical features of the language have been fully treated, and a vocabulary of about 1,900 words is listed at the back of the book. Once these have been mastered, the able student will be able to read quite widely with the help of a dictionary, and to converse with a fair degree of confidence.

Chapter One deals only with pronunciation. It presents an analysis of the sound system of the language followed by a comprehensive set of practice drills.

With the exception of Chapters 7, 12 and 18, the succeeding chapters are arranged as follows:

Word List
Text in Bahasa Indonesia
Structural Analysis
Drills

These three chapters i.e. 7, 12 and 18, review the material already covered and extend the mastery of it through development exercises, which are intended as a means of consolidating material covered in the preceding chapters. They introduce new vocabulary but make use only of the grammar already taught. The passages or dialogues on which the exercises are constructed may be used at the teacher's discretion as a basis for other activities such as reading, comprehension, dramatization, retelling and translation.

It should be noted that the poems in Chapters 16 and 17 (for which acknowledgment must be made to H. B. Jassin (ed.) *Kesusasteraan Indonesia di Masa Jepang* — Indonesian Literature during the Japanese Occupation — *Balai Pustaka* 1954) are not there to teach literature, or even to introduce more literary language. The intention is simply to expose students to another style of expression in the language, one which may serve to stimulate an interest in literature.

Chapter 18 in particular is designed to bring together all the material presented in the earlier chapters, and the range and variety of the reading passages on which it is based is intended to give students a feeling of confidence that, although there is still much to learn, they have reached a point of take-off.

The book is intended primarily to be used with a teacher. It may however be used for private study, for it is accompanied by a carefully prepared set of tapes (or cassettes), and within its limits it is self-contained. The English versions of the Indonesian Language passages in each lesson are intended in part as a guide for students working alone. Note that they are called versions, not translations. They do not follow the Indonesian text literally, but serve as a guide to its nuances and style. The student should not fall into the trap of using them as a crib.

The cultural notes attempt to highlight some of the social attitudes and habits reflected in the reading passages. Though they are not comprehensive, they provide at least an introduction to a way of life rather different from the one we know in this country.

It is important that one chapter be mastered before the next is begun, for the grammar in each is intended as a stepping stone towards that to be presented in the following one. A chapter may be spread over two or three class periods or more, but a new chapter should not be introduced until the preceding one has been thoroughly studied.

The order in which the parts of any particular chapter are presented may be varied according to the individual teacher's assessment of his classroom situation. One effective alternative to the set-out in the book is to present vocabulary, structure drills, and then finally the text in order to show in context and thus consolidate the new material introduced.

Whatever the order of presentation, however, the grammatical features occurring in the text that are explained and drilled must be made to stand out for they can only be grasped effectively when they are seen performing their function of communicating meaning.

In the earlier chapters, the vocabulary occurring in the text and used in the grammatical explanations and exercises is fully listed. In later chapters however, as the material grows in complexity, it is not always practical to make these lists comprehensive. From Chapter 8 onwards, as a rule, a full listing is given only of those words occurring in the text. Words not occurring there, or referred to elsewhere in the chapter are to be found under the appropriate root entry in the general wordlist at the back of the book.

Acknowledgments

This book has drawn on the skills and experience of many friends and colleagues who have perused it in various drafts, making available to Robyn and myself a wide range of perspectives. This has saved it from not a few errors and added considerably to its clarity and effectiveness.

Of colleagues within the A.N.U. I am indebted to Dr and Mrs Soebardi, Dr Supomo, Dr Soewito Santoso and Dr D. J. Prentice for help in various ways, generously given. In particular I owe to Dr Prentice a felicitous conclusion to the discussion of -i and -kan (17.12.C) Nor should I forget Ian Proudfoot who made useful suggestions in a manner characteristically whimsical and unassuming, or Pat Woodcroft-Lee, research assistant to the Department, who was always ready to help as the prepublication pressures mounted.

A special word of appreciation is due to Ms Liz Legge who spent many hours scrutinising my final re-writing of the text, and literally bombarded me with ideas and suggestions for every chapter.

Of colleagues outside the A.N.U. I should mention Dr J. N. Sneddon of the Department of Indonesian and Malayan Studies, University of Sydney, for assistance in the analysis of some grammatical problems; Mr H. W. Taylor, Inspector of Schools, New South Wales, for encouragement and numerous suggestions, and Mrs Jan Lingard, an Indonesian Language teacher currently doing in-service studies in the Department, who proof-read the final text.

Thanks are also due to Mrs Siew Bail, secretary to the Department; to Mrs Doris E. Corson and Mrs Anna Wensing of the typing pool, to Mrs Jean Johnston of the duplicating section and in particular to Mrs Margaret Tie, supervising typist, who brought great care and a sense of personal involvement to the typing of successive drafts of the material from the first stencils, prepared for student use, to the final version.

It would be inappropriate to conclude this list without a mention of my husband who probably found the gestation of the book more trying than a pregnancy, yet was always willing to give me moral support whenever it was needed.

Finally I should express my thanks to the Publications Committee of the Faculty of Asian Studies which made a generous grant towards the costs of publication of the first edition in 1974, and the second edition in 1975.

This catalogue of thanks, I need hardly add, does not involve its recipients in any of the errors or short-comings, of which this book doubtless has its share.

Y. Johns

Department of Indonesian Languages and Literatures   Christmas 1976
Faculty of Asian Studies
A.N.U.

Key to the Chapters

xiv

xix

Chapter 1

1.1.1.   Pronunciation

In the following lesson, most of the sounds of Indonesian are described in terms of the closest English sound. The English speech referred to, unless otherwise specified, is the variety of 'educated British' speech often referred to as 'B.B.C. English' or Standard British English.

However, any comparisons between Indonesian and English sounds can only be a rough guide. Most Indonesian vowel sounds do not occur in English, and several of the consonants are formed slightly differently. You can only learn the correct sounds by imitating a native speaker of Indonesian.

1.1.2.   Syllables

In Indonesian a syllable consists of a vowel plus the immediately preceding consonant. It also includes any following consonant that does not immediately precede the next vowel.

Here are some examples of how Indonesian words are broken into syllables.

ga - ram, a - sal, a - sa, sa - at, a - ir, i - a, ben - tuk.

Exception: In writing, affixes form separate syllables.

e.g.   *makan + an* is *ma - kan - an*
      (base)   (affix)
      ber + asal is *ber - a - sal*
      (affix)   (base)

In speech however the general rule applies; thus one says:

ma - ka - nan not *ma - kan - an*
mi - nu - man not *mi - num - an*
me - ngi - ri - mi not *me - ngi - rim - i*

A syllable that ends in a vowel is called an open syllable, and a syllable that ends in a consonant is called a closed syllable.

1.1.3.   Stress

In English, different syllables in a word are given different degrees of stress, e.g. 'executive', in which the stress on the second syllable is much stronger than on any other.

However, in Indonesian, all syllables receive almost equal stress, particularly in words of two syllables, e.g. *duduk* (no difference in stress between syllables, cf. 'kitchen', 'table', where there is a strong stress on the first syllable).

In words of more than two syllables there is a slightly stronger stress on the second last syllable, e.g. *dudúkkan, dudukkánlah; mengecewákan, mengecewakánkah; perkawínan, perkawinánnya.*

1.2.   Vowels

It is important to note two qualities of Indonesian vowels.
a) Indonesian vowels are pure, not diphthongs like most vowels of English, especially Australian English.
b) In English, vowels are pronounced less strongly when they occur in unstressed syllables. Note the difference between the pronuciation of the first **a** and the second **a** in 'banána' or the first and second **o** in 'phótograph'.
In Indonesian, all vowels are pronounced equally strongly, so there is no difference between the first and second vowels in *saya* or *iklim*.

1.2.1.   The vowel *a*

Indonesian *a* is pronounced much like the English vowel sound in 'hut'. It will be noticed, however, that the vowel quality varies slightly according to its environment.

A. Single vowel
The exercises given below illustrate the kinds of situation in which this sound occurs.
First listen, then repeat.

a. a. a.

ada	saya	abad	makan	harta	gambar
apa	mata	ajar	dalam	hamba	hasrat
ala	cara	asam	ramah	tanda	kandas
asa	dada	asal	payah	randa	kandang
acara	sama	akal	taman	bangsa	rampas
	rasa	agar	sayang	sabda	tambang
	kata	ayam	dapat	bahwa	campak
	mana	alat	bayar	mangsa	daftar
	paya	arang	banyak	marga	gampang
	lama	arak	batas	ganja	jambang

B. Double vowels
1. When the two vowels are identical, e.g. *aa* as in *keadaan*, they are separated by a glottal stop. In certain words of Arabic derivation such as *maaf* and *saat*, the *a* after the glottal stop may be slightly nazalised. First listen, then repeat.

aa

keadaan	perayaan	saat
kecelakaan	perusahaan	maaf
kehampaan	perkataan	
kekayaan	pertanyaan	
kehinaan	perpustakaan	
éjaan	penghargaan	

2. When the combination is *aé*, the vowels are also separated by a glottal stop.
First listen, then repeat.

aé
daérah
faédah

3. When the combination is *ai* or *au*, there is usually a glide between the two vowels.
First listen, then repeat.

ai	*au*
air	haus
cair	maut
kais	laut
lain	daun
kait	kaum
main	lauk
saing	raut

1.2.2. The vowels *e* and *é*
The letter *e* represents two completely different sounds, a neutral central vowel sound pronounced much like the first vowel in the English word 'tomato', and a front vowel like the **e** in 'bet'.
Since the difference is not indicated in the writing system, mastery of this difficulty requires memory work. If in doubt about the correct pronunciation of a word, check in a dictionary or by listening to the tapes accompanying this course.
The exercises given below illustrate the kinds of situation in which these sounds occur. Note the contrast between the two sounds. (In this chapter only.) As a guide, the latter sound is indicated by an **acute accent**.

A. Single vowel
First listen, then repeat.

e. e. e.	*é. é. é.*			*e. é.*
empat	énak	beban	bébas	kebébasan
embun	élok	belas	béla	kehéranan
empang	éngkar	debar	débat	mengéjék
empu	és	bedak	béda	meréka
engkau	ésok	kekal	kékéh	
enau	émbér	lemah	lélang	
emas	édar	helai	héran	

B. Double vowels
1. When *e* is combined with an immediately following vowel, the two sounds are separated by a glottal stop.
First listen, then repeat.

ee	*eé*	*ea*	*ei*	*eu*
keempat	keénakan	keadaan	keindahan	keuntungan
keenam	keéngkaran	keamanan	keinginan	seumur
keemasan	seékor	seadanya	seiring	

2. When é is combined with an immediately following vowel there is usually a glide between the two vowels.
First listen, then repeat.

éa	éo
béa	béo

1.2.3. The vowel *i*

Indonesian *i* is pronounced much like the English vowel sound in 'eat', but is shorter and sharper. It will be noticed, however, that the vowel quality varies slightly according to its environment.

A. Single vowel
The exercises given below illustrate the kinds of situation in which this sound occurs.
First listen, then repeat.

i. i. i.

isi	gigi	iring	milik	tinggi	rintik
iri	kiri	inti	nyinyir	mimpi	pinggir
ini	pipi	istri	tipis	binti	pimpin
	sisi	intip	pilih		miskin
	tiri	inci	pikir		rintik
	bibi	izin	silih		lincir
	biji	injil	cibir		himpit
	bini	iris	bibir		tindis
	biri-biri	iklim	licin		sindir
	ciri-ciri	ingin	piring		dinding

B. Double vowels
When the combination is *ia, iu* or *io,* there is usually a glide between the two vowels.
First listen, then repeat.

ia	iu	io
siang	bius	bioskop
miang	cium	
riang	tiup	
giat	nyiur	
tiap	siul	
kias	riuh	
niat		
tiara		

1.2.4. The vowel *o*

Indonesian *o* is pronounced much like the English sound in the word 'lawn' but shorter. It will be noticed, however, that the vowel quality varies slightly according to its environment.

A. Single vowel
The exercises given below illustrate the kinds of situation in which this sound occurs.

First listen, then repeat.
o. o. o.

toko	opor	kotor	tong
soto	obor	rokok	pos
Solo	oyong	sogok	songkok
longo	olok	bodoh	montok
	otot	boros	pondok
	oh	botol	pontong
	ompong	mohon	tonton
	onggok	borong	sombong
	ongkos	totok	gonggong

B. Double vowels
When the combination is *oo* or *oa,* the vowels are usually separated by a glottal stop.

First listen, then repeat.

oo	*oa*
cemooh	doa
koordinasi	

1.2.5. The vowel *u*

A. Single vowel
Indonesian *u* is pronounced much like the English vowel sound in 'put', and is short and sharp. It will be noticed, however, that the vowel quality varies slightly according to its environment. The exercises given below illustrate the kinds of situation in which this sound occurs.

First listen, then repeat.
u. u. u.

susu	untuk	buhul	justru	tumpul
buru	usung	buyung	cumbu	junjung
buku	urus	dusun	tumpu	guntur
duku	umum	hukum	tunggu	kursus
juru	ulung	turun	bungsu	puntung
guru	umur	gunung	sumbu	rumpun
cucu	utus	musuh	bumbu	tuntut
bulu	urut	pucuk	tungku	kuntum

B. Double vowels
When the combination is *ui, ua* or *ué,* there is usually a glide between the two vowels.

First listen, then repeat.

ui	*ua*	*ué*
kuil	uang	kuéh
buih	ruang	
cuit	buat	
duit	kuat	
puing	suar	
peluit	tua	
kuini	ruas	
puisi	muara	
	kuasa	
	suami	

1.3. Diphthongs

1.3.1. The diphthong *ai*

Indonesian diphthong *ai* only occurs in an open syllable, and is pronounced much like the sound in the English word 'bay'.
First listen, then repeat.

ai. ai. ai.

kaisar	pandai
baiduri	kirai
bagaimana	ngarai
	ramai
	tupai
	cerai
	nilai
	sampai
	bagai

Note: Native speakers from some areas pronounce this diphthong much like the vowel sound in the English word 'nine'.

1.3.2. The diphthong *au*

Indonesian diphthong *au* only occurs in an open syllable, and is pronounced much like the sound in the English word 'how'.
First listen, then repeat.

au, au, au.

aula	kau	bangau
aurat	daulat	danau
	maulud	kalau
	tauké	kerbau
	saudara	kacau
	saudagar	kicau
		tinjau
		surau
		hijau

Note: The diphthongs *au* and *ai* should not be confused with the combinations of two separate pure vowels *(a + u* and *a + i)* found in the examples given at the end of Section 1.2.1.

1.3.3. The diphthong *oi*

Indonesian diphthong *oi* (very rare) only occurs in an open syllable and is pronounced much like the sound in the English word 'boy'.
First listen, then repeat.
oi, oi, oi.
amboi
sepoi-sepoi

1.4. Consonants

1.4.1. The consonants *p* and *b*

Indonesian *p* is pronounced much like the English **p**, but without aspiration, i.e. no puff of air follows its production. It occurs initially and finally in the syllable.
Indonesian *b* is pronounced very much like the **b** sound in the English word 'bin'.

A. *p* and *b* in syllable initial position.
Note the contrast between the two sounds when they occur initially.
First listen, then repeat.

pagi	bagi
peras	beras
panci	banci
puluh	buluh
parang	barang
puru	buru

B. *p* and *b* in syllable final position.
p in this position is unreleased.
The letter *b* is pronounced *p* when it occurs at the end of a syllable. It is only found in this position in words borrowed from other languages.
First listen, then repeat.

p/	*b/*	*b/*
tetap	abdi	jawab
lengkap	sabda	sebab
cukup	abjad	adab
ratap	absén	bab
sisip	abstrak	Sabtu

1.4.2. The consonants *t* and *d*

Indonesian *t* is pronounced with the tip of the tongue between the upper and the lower front teeth. It is unaspirated, i.e. no puff of air follows its production. It occurs initially and finally in the syllable.
Indonesian *d* is pronounced very much like the sound in the English word 'do'.

A. *t* and *d* in syllable initial position.
Note the contrast between the two sounds.

First listen, then repeat.

talam	dalam
titik	didik
tebak	debak
tua	dua
tandan	dandan
tari	dari
tata	dada
tuli	duli

B. *t* and *d* in syllable final position.
t in this position is unreleased.
The letter *d* is usually pronounced without voicing when it occurs at the end of a syllable. It is only found in this position in words borrowed from other languages.

First listen, then repeat.

cepat	murid
tempat	abad
léwat	Ahad
kawat	abjad
sempit	
rumput	
turut	
lambat	

1.4.3. The consonants *k* and *g*.

The Indonesian *k* when it occurs initially in the syllable is pronounced much like the English **k**, but without aspiration i.e. no puff of air follows its production. In syllable final position *k* is pronounced as a glottal stop. The Indonesian **g** is pronounced very much like the English *g* in 'good'.

A. *k* and *g* in syllable initial position.
Note the contrast between the two sounds when they occur initially.
First listen, then repeat.

kelas	gelas
kukur	gugur
kakak	gagak
kalah	galah
kukus	gugus
kulai	gulai
kosong	gosong

B. *k* in syllable final position. (Syllable final *g* does not occur.) *k* in this position is unreleased and is a glottal stop.

First listen, then repeat.

bapak	makmur
cétak	rakyat
adik	
selidik	
remuk	
busuk	
kakék	
robék	
mogok	

1.4.4. The consonants *c* and *j*.

Indonesian *c* is pronounced much like the English **ch** in the word 'cheese'.
Indonesian *j* is pronounced much like the English **j** in the word 'junk'.
Note the contrast between the two sounds, which always occur initially in the syllable.

First listen, then repeat.

cari	jari	cicik	jijik
cucur	jujur	corong	jorong
curi	juri	canang	janang
cacar	jajar	cécér	jéjér

1.4.5. The consonant *h*.

The Indonesian *h* is pronounced much like the English **h** in 'hen'.
It occurs initially and finally in the syllable.

A. Although *h* is produced by native speakers with varying levels of intensity, beginners should be careful to make it audible, as its presence or absence in many cases distinguishes meaning, e.g. *guru* — 'teacher', but *guruh* — 'thunder'.
Observe the examples given below.

First listen, then repeat.

Tuhan	tuan
harus	arus
bawah	bawa
payah	paya
darah	dara
parah	para
marah	mara
mudah	muda
kerah	kera

B. *h* between vowels
1. When *h* occurs between two different vowels, it is often inaudible.
First listen, then repeat.
tahu
lihat
lahir
pahit

2. But when *h* occurs between similar vowels, it is clearly pronounced. First listen, then repeat.

pahat
sihir
luhur
léhér
mohon

1.4.6. The consonant *ng*.

In Indonesian these two letters indicate a single phonetic unit. It is pronounced much like the English **ng** in 'sing'. It occurs both initially and finally in the syllable. Since in English it only occurs finally, its initial occurrences present a special problem for speakers of English.

A. The exercises given below illustrate the kinds of situation in which this sound occurs.

First listen, then repeat.

ngarai	dingin	hilang
ngilu	sungai	tolong
ngéong	dengan	gunung
ngobrol	bangun	abang
ngungsi	tangan	bohong
nganga	ringan	penting
ngiang	sangat	hidung
ngeri	cengang	kaléng

B. The consonant combination *ng* + *g*.
The consonant combination *ng* + *g*, as in *sang* + *gul*, is pronounced much like the **ng** in the English word 'single'.
First listen, then repeat.

sanggul	punggung
sanggup	tunggu
tunggul	panggang
tunggal	hinggap
pinggir	tonggok

1.4.7. The consonant *ny*.

These two letters form a single unit. In Indonesian it is pronounced much like the English **ny** in 'canyon'. It occurs only initially in the syllable. Since it does not occur initially in English, it presents a special problem for speakers of English.
The exercises given below illustrate the kinds of situation in which this sound occurs.

First listen, then repeat.

nyala	kunyit
nyalang	sunyi
nyamuk	senyap
nyanyi	hanyut
nyinyir	kenyang
nyonya	konyol
nyiru	sekonyong-konyong
nyenyak	monyét
nyaring	banyu
nyaris	(h)anyir

1.4.8. The consonants *m* and *n*.
These are both pronounced as they are in English. They occur initially and finally in the syllable.
First listen, then repeat.

macam	naik
mari	nénék
memilih	sana
nikmat	rindu
malam	intan
hitam	lain

1.4.9. The consonant *s*.
The Indonesian *s* is pronounced like the English s in 'cats' never like the s sound in 'dogs'. It occurs initially and finally in the syllable.
First listen, then repeat.

susu
sifat
misal
pesan
malas
bungkus
Indonesia
bahasa

1.4.10. The consonant *w*.
The Indonesian *w* is pronounced much like the English w in 'wear' but with less rounding of the lips. It occurs initially in the syllable.
First listen, then repeat.

warta	kawat	wibawa	
wayang	lawan	wilayah	déwan
wangi	sawah	wisma	bawang
wali	rawa	wortel	kecéwa
wedana	kawin		

1.4.11. The consonant *l*.

The consonant *l* is pronounced much like the English l in 'leap'. It occurs initially and finally in the syllable.

It should be noted that *l* in Indonesian is always 'clear' (as in English 'leap') and never 'dark' (as in English 'pull').

First listen, then repeat.

lihat	misal	obrol
lobang	kerikil	tolol
pala	usul	réwél
lalat	bual	
lucu	asal	

1.4.12. The consonant *r*.

Indonesian *r* is usually trilled (i.e. the tip of the tongue is vibrated against the front part of the palate). However in some environments, particularly between two vowels, it is flapped (i.e. the tip of the tongue is flapped once against the front part of the palate).

First listen, then repeat.

ragam	bara	pernah	bakar
raya	kira	karcis	mujur
ringan	girang	harta	pintar
roboh	mérah	marga	lohor
réla	terang	kursi	luar
retak	berat	warna	hadir
rukun	surat	hormat	sihir
runtuh	turun	perlu	cécér
risau	boros	serdadu	léhér

1.4.13. The consonant *y*.

This is pronounced much like the English y in 'young'. It occurs only initially in the syllable.

First listen, then repeat.

yang
yakin
payah
moyang
Yusuf
puyuh
Yunani

1.4.14. The consonants *f, v, sy, z*, and *kh*.

All of the following consonants occur only in words borrowed from other languages.

A. The consonant *f*.

The Indonesian consonant *f* is pronounced very much like the English f in 'fun'. It occurs initially and finally in the syllable.

First listen, then repeat.

fajar	nafkah	tarif
fikir	sifat	arif
fakir	nafas	taraf
foto	tafsir	saraf
fasih	kafir	aktif
firma	musafir	pasif
fitnah	nafsu	
faédah	daftar	

Note: It will be noticed elsewhere that in some cases *f* is written and pronounced *p,*
e.g. fikir — pikir
kafir — kapir

B. The consonant *v*.
This is pronounced much like the English **v**, but closer to **f**.
It occurs only initially in the syllable.
First listen, then repeat.

valuta	véto
varia	vokal
visa	vitamin

C. The consonant *sy*.
This is a single phonetic unit. It is pronounced much like the English **sh** in 'ship'. It occurs initially and finally in the syllable.
First listen, then repeat.

syarat	masyhur
syukur	lasykar
syahdan	asyik
syair	masygul
syurga	masyarakat
	musyawarat

Note: *sy* is sometimes written and pronounced *s*, e.g. syurga — surga.

D. the consonant *z*.
This is pronounced much like the English **z** in 'zebra'.
It occurs initially and finally in the syllable.
First listen, then repeat.

zaman	zamzam	Aziz
zakat	ziarah	
zamrud	zohor	
zat		

Note: In some cases, *z* is written and pronounced *j*, e.g. zaman — jaman.

E. The consonant *kh*.
This is a single phonetic unit. It is pronounced much like the **ch** in the Scots 'loch'.
It occurs initially and finally in the syllable.

First listen, then repeat.

khayal	khawatir	akhlak
khalayak	khusus	akhir
khasiat	khilaf	makhluk
khianat		

Note: It will be noticed elsewhere that in some cases *kh* is written and pronounced *k*,

e.g. *khalayak — kalayak*
   akhir — akir

Chapter 2

2.1. Vocabulary

Check the pronunciation, read aloud and note the meaning.

apa	question indicator (see 2.3.C.2)
ayah	father
baiklah	O.K., yes, sure
bangun	to wake up, get up
belum	not yet
Bu	= *ibu*
dan	and
dari	from, of
di	in, at, on
dia	he, she
duduk	to sit
hari	day
Hasan	name (m)
ibu	mother
kamar	room
kamar makan	dining room
kamar mandi	bathroom
kamar tidur	bedroom
ke	to, towards (a thing or place, but normally not a person)
keluar	to go out, come out
kopi	coffee
makan	to eat
makan pagi	breakfast (n), to have breakfast
mandi	to have a shower, to have a bath (see 2.2.C.3)
masih	still
masuk	to enter
matahari	sun
mereka	they
Minah	name (f)
minum	to drink
nasi	rice (cooked)
nasi goreng	fried rice
pagi	morning
pagi hari	in the morning
pergi	to go
saya	I, me, my

sedang	in the process of (see 2.4)
semua	all, everyone
setelah	after
siang	late morning and early afternoon (see 2.2.C.1)
siap	to be ready, finished (of work, activity)
sudah	already, yet (see 2.4)
suka	to like
teh	tea
terbit	to rise (of sun)
tidak	no, not
tidur	to sleep
untuk	for
ya	yes

2.2.A. Reading and comprehension
PAGI HARI

Ibu masuk ke kamar Hasan. Hasan masih tidur.

Ibu: "Bangunlah, San! Hari sudah siang. Matahari sudah terbit."

Hasan: "Baiklah, Bu. Apa Minah sudah bangun?"

Ibu: "Ya, sudah. Dia sedang mandi". Minah keluar dari kamar mandi.

Minah: "Hasan, mandilah! Saya sudah siap." Hasan pergi mandi. Setelah semua siap, Ayah, Ibu, Hasan dan Minah duduk di kamar makan. Untuk makan pagi mereka makan nasi goreng. Ibu minum teh dan Ayah minum kopi. Minah dan Hasan tidak suka kopi.

2.2.B. English Version

IN THE MORNING

Mother goes into Hasan's room. Hasan is still asleep.

Mother: 'Wake up, San! It's late. The sun's already up.'

Hasan: 'O.K., Mum. Is Minah up yet?'

Mother: 'Yes, she is. She is having a shower.' Minah comes out of the bathroom.

Minah: 'Hasan, go and have a shower! I've finished'. Hasan goes to have a shower. After everyone is ready, father, mother, Hasan and Minah sit down in the dining room. For breakfast they eat fried rice. Mother drinks tea and father drinks coffee. Minah and Hasan do not like coffee.

2.2.C.   Cultural notes

1. *Hari sudah siang.* Indonesians think of the day in four parts —

pagi: early morning to about 11.30 a.m.

siang: the hot part of the day, from about 11.30 a.m. to 3.30 p.m.

sore: from about 3.30 p.m. until dark

malam: after dark

Hence, if, early in the morning, you say *hari sudah siang,* it means 'it is (already) late.'

2. *Matahari sudah terbit.* In a tropical country like Indonesia the sun rises at approximately the same time every day and this marks the beginning of the day. Therefore, whereas we would say 'It's (already) 6 o'clock', in Indonesia they say 'The sun is (already) up'.

3. The Indonesian way of having a shower (bath) is very different from the Australian way. In houses in the towns, a big square vat of water stands in the bathroom. Instead of getting into this, you stand beside it and ladle water over yourself with a dipper. In the villages where many houses do not have a bathroom, people go to the village spring or to a nearby stream to wash.

2.3.A.   **Note the structure frame carefully:**

+		1. **Ayah**		**makan.**
—		2. Ayah	**tidak**	makan.
?		3. Ayah		makan?
	4. **Apa**	Ayah		makan?

2.3.B.
+ 1. Father is eating. **or** Father eats.
— 2. Father is not eating.
? 3. Is father eating?
? 4. Is father eating?

2.3.C.   Remarks
1. To indicate the negative of the verb, the word *TIDAK* is used.
It is placed immediately before the verb.
e.g. *Ayah makan.*   Father is eating.
Ayah tidak makan.   Father is not eating.

2. Note two ways of indicating a question to which the answer will be 'yes' or
'no':
a) by using the word order for a statement and indicating a question by a
rising intonation.
e.g.

$$\overline{}\text{-num?}$$

$$\underline{}\overline{}\text{mi-}$$

A-yah

Virtually any statement can be transformed into a 'yes/no' question by
this means. In fact, in the spoken language a rising intonation is the most
common 'yes/no' question marker.

b) by placing the word *APA* before a statement and using the question
intonation shown in 2a above.

2.3.D.   Exercises
1. Mixed substitution drill.
a) In this type of drill the words given are substituted in different places in
the sentence, depending on their function.
Substitute the words given where appropriate.
Hasan mandi.

makan	Hasan makan.
bangun	Hasan bangun.
Minah	Minah bangun.
ibu	Ibu bangun.
pergi	Ibu pergi.
masuk	Ibu masuk.
ayah	Ayah masuk.
keluar	Ayah keluar.
minum	Ayah minum.
dia	Dia minum.
duduk	Dia duduk.
mereka	Mereka duduk.

b) In the following negative statement, substitute the words given where
appropriate.
Minah tidak pergi.

masuk	Minah tidak masuk.
keluar	Minah tidak keluar.
duduk	Minah tidak duduk.
Hasan	Hasan tidak duduk.
mereka	Mereka tidak duduk

mandi	Mereka tidak mandi.
ibu	Ibu tidak mandi
makan	Ibu tidak makan.
ayah	Ayah tidak makan.

c) In the following question, substitute the words given where appropriate.

Apa Hasan.tidur?

makan	Apa Hasan makan?
mandi	Apa Hasan mandi?
ayah	Apa Ayah mandi?
masuk	Apa Ayah masuk?
mereka	Apa mereka masuk?
pergi	Apa mereka pergi?
Minah	Apa Minah pergi?

2. Transformation drill: transform the sentences into positive statements, negative statements or questions according to sign given.

+ indicates a positive statement.

— indicates a negative statement.

? indicates a question.

Ayah makan. (?)

          Apa Ayah makan?

Ibu tidak pergi. (+)

          Ibu pergi.

Hasan masuk. (?)

          Apa Hasan masuk?

Hasan mandi. (-)

          Hasan tidak mandi.

Apa Minah tidur? (+)

          Minah tidur.

Dia keluar. (?)

          Apa dia keluar?

Ibu bangun. (-)

          Ibu tidak bangun.

Apa Hasan masuk? (+)

          Hasan masuk.

Mereka duduk. (-)

          Mereka tidak duduk.

2.4.A.   **Note the structure frame carefully:**

+	1. Hasan	**masih**	makan.	
	2. Hasan	**sudah**	makan.	
	3. Hasan	**sedang**	makan.	
?	4. Apa	Hasan		makan?	Ya.
	5. Apa	Hasan	**masih**	makan?	Ya, masih.
	6. Apa	Hasan	**sudah**	makan?	Ya, sudah.
	7. Apa	Hasan	**sedang**	makan?	Ya.

2.4.B.

+

(Statement)
1. Hasan is still eating.
2. Hasan has eaten.
3. Hasan is eating.

?

(Question)
4. Is Hasan eating?   Yes.
5. Is Hasan still eating?   Yes, he is.
6. Has Hasan eaten?   Yes, he has.
7. Is Hasan eating?   Yes.

2.4.C. Remarks
MASIH, SUDAH, SEDANG indicate WHETHER AN ACTION IS COMPLETE.
They are **NOT** concerned with **WHEN** an action occurs. Means for expressing this will be discussed later. At this stage it is only necessary to note that, to express **when** an action occurs, the verb does **not** change in form.
MASIH + VERB: indicates that the action **is still occurring or was still occurring.**
SUDAH + VERB: indicates that the action **has already occurred** or **had already occurred.**
SEDANG + VERB: indicates that the action **is in the process of occurring** or **was in the process of occurring.**

2.4.D. Exercises
1. Single substitution drill. In this drill, words are substituted in the same position in each sentence.
a) Replace the verb in the model sentence with the one given.
Hasan sudah tidur.

mandi	Hasan sudah mandi.
makan	Hasan sudah makan.
siap	Hasan sudah siap.
bangun	Hasan sudah bangun.
pergi	Hasan sudah pergi.
masuk	Hasan sudah masuk.
keluar	Hasan sudah keluar.

b) Replace the word *sudah* with the one given.
Minah sudah makan.

masih	Minah masih makan.
sedang	Minah sedang makan.
tidak	Minah tidak makan.

c) Replace the word *masih* with the one given.
Ibu masih mandi.

sedang	Ibu sedang mandi.
sudah	Ibu sudah mandi.
tidak	Ibu tidak mandi.

d) Replace the word *sedang* with the one given
Hasan sedang tidur.

sudah	Hasan sudah tidur.
masih	Hasan masih tidur.
tidak	Hasan tidak tidur.

2. Mixed substitution drill
a) In the following question, substitute the words given where appropriate. Pay special attention to the rising intonation.
Minah masih tidur?

sudah	Minah sudah tidur?
makan	Minah sudah makan?
ayah	Ayah sudah makan?
pergi	Ayah sudah pergi?
bangun	Ayah sudah bangun?
ibu	Ibu sudah bangun?
keluar	Ibu sudah keluar?
sedang	Ibu sedang keluar?
mandi	Ibu sedang mandi?
masih	Ibu masih mandi?
tidak	Ibu tidak mandi?

b) Substitute the words given where appropriate.
Apa Minah sudah tidur?

makan	Apa Minah sudah makan?
ayah	Apa Ayah sudah makan?
bangun	Apa Ayah sudah bangun?
mandi	Apa Ayah sudah mandi?
sedang	Apa Ayah sedang mandi?
Hasan	Apa Hasan sedang mandi?
tidak	Apa Hasan tidak mandi?
pergi	Apa Hasan tidak pergi?
mereka	Apa mereka tidak pergi?
ibu	Apa Ibu tidak pergi?

3. Response drill: give the appropriate short responses in affirmative.

Apa Hasan masih tidur?	Ya, masih.
Apa Ibu sedang makan?	Ya.
Apa Minah sudah pergi?	Ya, sudah.
Apa mereka masih makan?	
Apa Ayah sudah keluar?	
Apa Ibu sudah masuk?	
Apa dia sudah siap?	

23

Apa Ibu masih mandi?
Apa mereka sudah bangun?
Apa Hasan sedang mandi?

2.5.A. **Note the structure frame carefully:**

| 1. **Bangun,** Hasan! |
| 2. **Bangunlah,** Hasan! |

2.5.B.
1. Get up, Hasan!
2. (Please) get up, Hasan!

2.5.C. **Remarks**
Note that in an imperative sentence the particle *-lah* may be added
optionally to the verb.
Thus, *Pergi, Hasan./Pergilah, Hasan.* 'Go, Hasan'.
An imperative sentence can imply a strong command or a polite request,
depending on the tone of the voice.
Without *-lah* an imperative sentence often sounds abrupt.

2.5.D. **Exercise**
Single substitution drill: replace the verb in the model sentence with the
one given.
Bangunlah, Hasan!

pergi	Pergilah, Hasan!
masuk	Masuklah, Hasan!
keluar	Keluarlah, Hasan!
duduk	
makan	
minum	
mandi	

2.6.A. **Note the structure frame carefully:**

+	1. Ayah		minum	kopi		
—	2. Ayah	**tidak**	minum	teh.		
? +	3. Apa	Ayah		minum	kopi?	Ya.
?—	4. **Apa**	Ayah	**tidak**	minum	teh?	**Ya, tidak.**
? +		5. Ayah		minum	kopi?	Ya.
? —		6. Ayah	**tidak**	minum	teh?	**Ya, tidak.**

2.6.B

+ 1. Father drinks coffee.
− 2. Father does not drink tea.
? 3. Does father drink coffee? Yes.
? 4. Doesn't father drink tea? No, (he doesn't)
? 5. Does father drink coffee? Yes.
? 6. Doesn't father drink tea? No, (he doesn't)

2.6.C.   Remarks

1. The question *Apa ayah tidak minum teh?* is answered *Ya, tidak,* which means 'Yes, **you are right**; he does **not** drink tea.'

2. If you wish to indicate that father **does** drink tea in response to the question *Apa ayah tidak minum teh?* you must say, in full, *Ya, ayah minum teh.*

2.6.D.   Exercises

1. Transformation drill
a) Transform the following affirmative statements into the negative.
Ibu minum teh.

> Ibu tidak minum teh.

Ayah minum kopi.

> Ayah tidak minum kopi.

Minah makan nasi.

> Minah tidak makan nasi.

Hasan makan nasi goreng.

> Hasan tidak makan nasi goreng.

b) Transform the following affirmative statements into questions using the question marker *apa*.
Ayah minum kopi.

> Apa Ayah minum kopi?

Ibu minum teh.

> Apa Ibu minum teh?

Hasan makan nasi goreng.

> Apa Hasan makan nasi goreng?

Minah makan nasi goreng.

> Apa Minah makan nasi goreng?

c) Transform the following negative statements into negative questions, firstly with a rising intonation only and then by adding the question marker *apa*. Give the two questions one after the other.
Ayah tidak minum kopi.

> Ayah tidak minum kopi?
> Apa Ayah tidak minum kopi?

Ibu tidak minum teh.

> Ibu tidak minum teh?
> Apa Ibu tidak minum teh?

Hasan tidak makan nasi.

Minah tidak makan nasi goreng.

Hasan tidak makan nasi?
Apa Hasan tidak makan nasi?

Minah tidak makan nasi goreng?
Apa Minah tidak makan nasi
goreng?

2. Response drill: give responses to the following negative questions
according to the model.

Hasan tidak tidur?	Ya, tidak. Hasan tidak tidur.
Apa Hasan tidak mandi?	Ya, tidak. Hasan tidak mandi.
Minah tidak pergi?	Ya, tidak. Minah tidak pergi.
Apa Minah tidak masuk?	Ya, tidak. Minah tidak masuk.
Hasan tidak minum kopi?	Ya. tidak. Hasan tidak minum kopi.
Apa Hasan tidak makan nasi?	Ya, tidak. Hasan tidak makan nasi.
Ayah tidak minum teh?	Ya, tidak. Ayah tidak minum teh.
Apa Ayah tidak suka teh?	Ya, tidak. Ayah tidak suka teh.
Mereka tidak makan nasi goreng?	Ya, tidak. Mereka tidak makan nasi goreng.

2.7.A.   Note the structure frame carefully:

1. Apa Hasan		makan?	Ya. Ya, Hasan makan.
			Tidak. Tidak, Hasan **tidak** makan.
2. Apa Hasan	**sudah**	makan?	Ya, **sudah.** Ya, Hasan **sudah** makan.
			Belum. **Belum,** Hasan **belum** makan.

2.7.B.

1. Is Hasan eating?

Yes.
Yes, Hasan is eating.

No.
No, Hasan is not eating.

2. Has Hasan eaten yet?

Yes, he has.
Yes, Hasan has eaten.

No. (lit. not yet)
No, Hasan has not eaten yet.

2.7.C.   Remarks

1. *Apa Hasan makan?* simply asks 'Is Hasan eating?' and requires the response *Ya.* or *Ya, Hasan makan.*

> or *Tidak.* or *Tidak, Hasan tidak makan.*

2. If *sudah* is added to this question the query then concerns whether the action is complete yet (see 2.4.C.),
i.e. *Apa Hasan sudah makan?* means 'Has Hasan eaten yet?'
The affirmative response to this is *Ya, sudah.*

> or *Ya, Hasan sudah makan.*

The negative response is *Belum.*

> or *Belum, Hasan belum makan.*

Belum is the negative of *sudah* and indicates that the action has/had not yet occurred. In Indonesia *belum* MUST BE USED whenever the meaning 'not yet' is implied, even though in English we might just say 'no' or 'not'.

2.7.D.   Exercise

Response drill: answer each question firstly with the affirmative short answer and full answer, and then with the negative short answer and full answer. Each question is said twice.

Apa Hasan makan?	Ya.
	Ya, Hasan makan.
	Tidak.
	Tidak, Hasan tidak makan.
Apa Minah sudah mandi?	Ya, sudah.
	Ya, Minah sudah mandi.
	Belum.
	Belum, Minah belum mandi.
Apa Ibu sudah bangun?	Ya, sudah.
	Ya, Ibu sudah bangun.
	Belum.
	Belum, Ibu belum bangun.
Apa Ayah sudah siap?	Ya, sudah.
	Ya, Ayah sudah siap.
	Belum.
	Belum, Ayah belum siap.
Apa mereka makan nasi goreng?	Ya.
	Ya, mereka makan nasi goreng.
	Tidak.
	Tidak, mereka tidak makan nasi goreng.
Apa mereka sudah makan nasi goreng?	Ya, sudah.
	Ya, mereka sudah makan nasi goreng.
	Belum.
	Belum, mereka belum makan nasi goreng.

Apa Ayah minum kopi?	Ya.
	Ya, Ayah minum kopi.
	Tidak.
	Tidak, Ayah tidak minum kopi.
Apa Ayah sudah minum kopi?	Ya, sudah.
	Ya, Ayah sudah minum kopi.
	Belum.
	Belum, Ayah belum minum kopi.
Apa Minah sudah keluar dari	Ya, sudah.
kamar mandi?	Ya, Minah sudah keluar dari kamar
	mandi.
	Belum.
	Belum, Minah belum keluar dari
	kamar mandi.
Apa matahari sudah terbit?	Ya, sudah.
	Ya, matahari sudah terbit.
	Belum.
	Belum, matahari belum terbit.

2.8. Additional exercises based on the text.
Mixed substitution drill.
a) Substitute the words given where appropriate.
Ibu masuk ke kamar Hasan.

kamar mandi	Ibu masuk ke kamar mandi.
Minah	Minah masuk ke kamar mandi.
kamar makan	Minah masuk ke kamar makan.
mereka	Mereka masuk ke kamar makan.
kamar tidur	Mereka masuk ke kamar tidur.

b) Substitute the words given where appropriate.
Mereka duduk di kamar makan.

kamar Minah	Mereka duduk di kamar Minah.
tidur	Mereka tidur di kamar Minah.
saya	Saya tidur di kamar Minah.
makan	Saya makan di kamar Minah.

c) Substitute the words given where appropriate.
Minah keluar dari kamar mandi.

dia	Dia keluar dari kamar mandi.
kamar tidur	Dia keluar dari kamar tidur.
mereka	Mereka keluar dari kamar tidur.
kamar makan	Mereka keluar dari kamar makan.

2.9. Homework
Translation drill: give the Indonesian equivalents of the following
sentences.
a) Wake up, Hasan! The sun's already up.

b) Hasan, go to the bedroom!
c) Minah, sit in the dining-room!
d) Mother is drinking tea in the dining-room.
e) I have finished showering.
f) They don't like coffee.
g) Come out of the bathroom!
h) Do they eat fried rice for breakfast?
i) Doesn't father drink tea?
j) Has she eaten?

Chapter 3

3.1. Vocabulary
Check the pronunciation, read aloud and note the meaning.

anak	child, young person
bahasa	language
Bahasa Indonesia	Indonesian Language
baik	good, nice
baik-baik	properly, in an orderly manner
bangku	seat, bench
belajar	to learn, study
berbaris	to line up, form rows
berbicara	to speak, talk
berbunyi	to ring, sound
berhenti	to stop
berkumpul	to gather together, assemble
bermain	to play
bernyanyi	to sing
bertanya (kepada . . .)	to ask a question (of someone)
bisa	to be able (can)
boleh	to be allowed (may)
Cina	Chinese, China
datang	to come, arrive
dengan	with
engkau	you (see 4.2.C.1)
engkau sekalian	all of you
guru	teacher
Ibu	Miss, Mrs, madam (see 4.2.C.1)
Ingg(e)ris	English, British, England
itu	that, those, the (see 3.2.C.)
-kah	question particle
kelas	classroom, class
(ke)pada	to, towards (a person)
kita	we, us, our
lagu	song
lalu	then
lonceng	bell
marilah (kita)	let us
mau	to want (to), intend (to) (will)
murid	pupil
sekalian	all

sekolah	school
Tionghoa	Chinese
Tiongkok	China
Tuan	Mr, sir (see 4.2.C.1)
universitas	university

3.2.A.   Reading and comprehension

DI SEKOLAH

Teng teng, teng teng, lonceng sekolah berbunyi.

Murid-murid berhenti bermain lalu datang berkumpul.

Guru: "Baik-baiklah berbaris!"

Murid-murid berbaris baik-baik, masuk ke kelas, lalu duduk di bangku. Amat bertanya kepada guru.

M LOW '77

Amat:	"Bu, bolehkah saya bertanya?"
Guru:	"Ya, boleh."
Amat:	"Apa Ibu bisa berbicara bahasa Inggeris?"
Guru:	"Ya, bisa. Saya belajar bahasa itu di universitas.
	Apa engkau mau belajar bahasa Inggeris?"
Amat:	"Ya, saya mau belajar bahasa itu."
Guru:	"Anak-anak, apa engkau sekalian mau belajar lagu
	Inggeris?"
Murid-murid:	"Ya, ya, marilah kita bernyanyi!"

3.2.B. English Version
AT SCHOOL

Ding ding, ding, ding, the school bell rings. The pupils stop playing and then come and assemble.

Teacher:	'Line up properly (literally: in an orderly manner)!
	The pupils form a straight line, go into the classroom and
	sit down in their seats. Amat asks the teacher.
Amat:	'Miss, may I ask a question?'
Teacher:	'Yes, you may.'
Amat:	'Can you speak English, Miss?'
Teacher:	'Yes, I can. I studied it (literally: that language) at
	university. Do you want to learn English?'
Amat:	'Yes, I want to learn it (literally: that language).'
Teacher:	'Children, would you all like to learn an English song?'
Pupils:	'Yes, yes, let's sing.'

3.2.C. Special notes
In English nouns usually occur with 'the' or 'a' to indicate whether they are definite or indefinite, for example, 'the song' and 'a song'. In Indonesian no such specifier is necessary. Thus *lagu Inggeris* can mean 'the English song' or 'an English song', depending on the situation.

Students are often tempted to use *itu* to translate 'the', but *itu* is not used in all situations where English uses 'the'.

e.g. *Murid-murid berbaris baik-baik.* The students line up properly.
(**Not** *murid-murid itu* ....)
Matahari sudah terbit. The sun is already up.
(**Not** *matahari itu* ....)
Minah keluar dari kamar mandi. Minah comes out of the bathroom.
(**Not** ....*kamar mandi itu).*
But *itu* is always used to translate the English demonstrative 'that'.

e.g. *Saya belajar bahasa itu di universitas.*
I studied that language at university.

3.3.A.   Note the structure frame carefully

+	1. Murid-murid			bernyanyi.
	2. Murid-murid		suka	bernyanyi.
	3. Murid-murid		mau	bernyanyi.
	4. Murid-murid		boleh	bernyanyi.
	5. Murid-murid		bisa	bernyanyi.
?	6. **Apa** murid-murid			bernyanyi?
	7. **Apa** murid-murid		suka	bernyanyi?
	8. **Apa** murid-murid		mau	bernyanyi?
	9. **Apa** murid-murid		boleh	bernyanyi?
	10. **Apa** murid-murid		bisa	bernyanyi?
	11. Murid-murid	tidak		bernyanyi.
	12. Murid-murid	tidak	suka	bernyanyi.
	13. Murid-murid	tidak	mau	bernyanyi.
	14. Murid-murid	tidak	boleh	bernyanyi.
	15. Murid-murid	tidak	bisa	bernyanyi.

3.3.B.

1. The pupils	sing.	(are singing)
2. The pupils	like to sing.	(like singing)
3. The pupils	want to sing.	
4. The pupils	are allowed to sing.	(may sing)
5. The pupils	are able to sing.	(can sing)
6. Do the pupils	sing?	(Are the pupils singing?)
7. Do the pupils	like to sing?	(like singing?)
8. Do the pupils	want to sing?	
9. Are the pupils	allowed to sing?	(May the pupils sing?)
10. Are the pupils	able so sing?	(Can the pupils sing?)
11. The pupils	do not sing.	(are not singing)
12. The pupils	do not like to sing.	(like singing)
13. The pupils	do not want to sing.	
14. The pupils	are not allowed to sing	(must not sing)
15. The pupils	are not able to sing.	(cannot sing)

3.3.C.   Remarks

1. In chapter 2, all verbs are of simple root form.
Many verbs in Indonesian, however, consist of a ROOT with a PREFIX and/or a SUFFIX.
BERNYANYI has the form *BER*-ROOT. Note other verbs in the reading passage with the *BER*-prefix, e.g. *berhenti, bermain, berkumpul, etc.* The formation of the verb *BELAJAR* is an exception. With this verb the prefix is *BEL*-.

It is important to be able to recognise the root of each verb, and to learn the meaning of each combined form as you meet it. This will help you later on. Such verbs are listed in the full word list under their **root** in the back of the book.

2. Note that *TIDAK* immediately precedes the auxiliaries *SUKA, MAU,* etc. to indicate the negative of these verbs. Hence,

> *tidak mau*
> *tidak suka*
> *tidak bisa,* etc.

3. Note also that *BOLEH* means 'to be allowed to (may)',
and   *TIDAK BOLEH* means 'not to be allowed to',
         i.e. 'must not'.

4. *Murid-murid; bangku*
To indicate the plural, a noun is sometimes doubled, e.g. *murid-murid.* However a single noun (without doubling) may also be plural e.g. *bangku* in the sentence: *Murid-murid duduk di bangku.*

3.3.D.   Exercises
1. Single substitution drill
a) Replace the **noun** in the model sentence with the one given.
Murid-murid suka bernyanyi.

anak-anak	Anak-anak suka bernyanyi.
Hasan	Hasan suka bernyanyi.
Minah	Minah suka bernyanyi.
Ibu	Ibu suka bernyanyi.
Ayah	Ayah suka bernyanyi.
saya	Saya suka bernyanyi.
mereka	Mereka suka bernyanyi.
engkau	Engkau suka bernyanyi.

b) Replace the **verb** in the model sentence with the one given.
Anak-anak mau bermain.

belajar	Anak-anak mau belajar.
berhenti	Anak-anak mau berhenti.
berbaris	Anak-anak mau berbaris.
berbicara	Anak anak mau berbicara.
berkumpul	Anak-anak mau berkumpul.
makan	Anak anak mau makan.
minum	Anak-anak mau minum.
duduk	Anak-anak mau duduk.
mandi	Anak-anak mau mandi.

c) Replace the **verb** in the model sentence with the one given.
Apa mereka boleh berhenti?

berbicara	Apa mereka boleh berbicara?

berkumpul	Apa mereka boleh berkumpul?
bernyanyi	Apa mereka boleh bernyanyi?
bermain	Apa mereka boleh bermain?
bertanya	Apa mereka boleh bertanya?
duduk	Apa mereka boleh duduk?
masuk	Apa mereka boleh masuk?
keluar	Apa mereka boleh keluar?

d) Replace the **verb** in the model sentence with the one given.
Mereka tidak boleh berhenti.

bernyanyi	Mereka tidak boleh bernyanyi.
bertanya	Mereka tidak boleh bertanya.
berbicara	Mereka tidak boleh berbicara.
berkumpul	Mereka tidak boleh berkumpul.
bermain	Mereka tidak boleh bermain.
berbaris	Mereka tidak boleh berbaris.
keluar	Mereka tidak boleh keluar.
datang	Mereka tidak boleh datang
masuk	Mereka tidak boleh masuk.
makan	Mereka tidak boleh makan.
duduk	Mereka tidak boleh duduk.

2. Mixed substitution drill: substitute the word given where appropriate.
Murid-murid suka bernyanyi.

bisa	Murid-murid bisa bernyanyi.
mau	Murid-murid mau bernyanyi.
berhenti	Murid-murid mau berhenti.
berkumpul	Murid-murid mau berkumpul.
mereka	Mereka mau berkumpul.
anak-anak	Anak-anak mau berkumpul.
bermain	Anak-anak mau bermain.
makan	Anak-anak mau makan.
tidur	Anak-anak mau tidur.
pergi	Anak-anak mau pergi.
datang	Anak-anak mau datang.
belajar	Anak-anak mau belajar.
keluar	Anak-anak mau keluar.
duduk	Anak-anak mau duduk.

3. Transformation drill: transform the sentences according to the given sign.
 + indicates a positive statement
 — indicates a negative statement
 ? indicates a question
Anak-anak boleh bermain.   (—)

> Anak-anak tidak boleh bermain.

Mereka mau berkumpul.   (?)

> Apa mereka mau berkumpul?

Hasan dan Minah suka berbicara. (—)
>Hasan dan Minah tidak suka berbicara.

Hasan tidak mau belajar. (?)
>Apa Hasan tidak mau belajar?

Dia mau belajar Bahasa Indonesia. (—)
>Dia tidak mau belajar Bahasa Indonesia.

Minah suka belajar Bahasa Indonesia. (?)
>Apa Minah suka belajar Bahasa Indonesia?

Saya tidak suka belajar Bahasa Indonesia. (+)
>Saya suka belajar Bahasa Indonesia.

Minah bisa bernyanyi lagu Indonesia. (?)
>Apa Minah bisa bernyanyi lagu Indonesia?

3.4.A. Note the following structures carefully, and observe the different word order in each pair of questions.

> 1. Apa **boleh** saya bertanya?
>   Apa **saya** boleh bertanya?
>
> 2. Apa **bisa** engkau berbicara Bahasa Indonesia?
>   Apa **engkau** bisa berbicara Bahasa Indonesia?
>
> 3. Apa **mau** engkau belajar Bahasa Indonesia?
>   Apa **engkau** mau belajar Bahasa Indonesia?
>
> 4. Apa **suka** engkau belajar lagu Indonesia?
>   Apa **engkau** suka belajar lagu Indonesia?

3.4.B.
1. **May** I ask a question?
   May **I** ask a question?

2. **Can** you speak Indonesian?
   Can **you** speak Indonesian?

3. Do you **want** to learn Indonesian?
   Do **you** want to learn Indonesian?

4. Do you **like** to learn Indonesian songs?
   Do **you** like to learn Indonesian songs?

3.4.C. **Remarks**
This difference in word order of the auxiliary and the personal pronoun indicates a difference in emphasis, which in English is indicated by stress. Therefore note carefully the difference in stress, indicated by bold type in the English versions.

3.4.D. **Exercise**

Transformation drill: transform the following questions by changing the word order to alter the emphasis.

Apa boleh engkau bermain?
     Apa engkau boleh bermain?
Apa bisa mereka berbicara Bahasa Indonesia?
     Apa mereka bisa berbicara Bahasa Indonesia?
Apa mau engkau bernyanyi?
     Apa engkau mau bernyanyi?
Apa suka mereka berbaris?
     Apa mereka suka berbaris?
Apa mau Tuan datang?
     Apa Tuan mau datang?
Apa suka Ayah minum kopi?
     Apa Ayah suka minum kopi?
Apa mau Tom belajar bahasa itu?
     Apa Tom mau belajar bahasa itu?
Apa mau murid-murid berkumpul?
     Apa murid-murid mau berkumpul?
Apa boleh mereka berhenti?
     Apa mereka boleh berhenti?
Apa bisa Tuan masuk?
     Apa Tuan bisa masuk?

3.5.A. **Note these question formations carefully.**

```
1. Apa boleh saya bertanya?
2. Apakah boleh saya bertanya?
3. Bolehkah saya bertanya?
4. Boleh saya bertanya?
```

3.5.B.
1. 2. 3. 4. May I ask a question?

3.5.C. **Remarks**

The above examples are all questions, meaning 'May I ask a question?'
Example 1 (see 3.4.A.)
Examples 2 and 3: slightly more formal questions often occur with the question marker -*KAH* combined with
   either a) the question marker *APA*
    or b) the auxiliary (*boleh*, etc.) which is placed at the beginning of the question.
Example 4: using question intonation only without question markers is very common in spoken Indonesian (see 2.3.C.2.).
In all of the above examples, inversion of subject and auxiliary occurs (see 3.4.). This is very common in 'yes/no' questions containing auxiliaries.

3.5.D.   Exercises

1. Substitution drill

a) Replace the word *boleh* in the model with the given auxiliary.

Bolehkah mereka bermain?

mau	Maukah mereka bermain?
suka	Sukakah mereka bermain?
bisa	Bisakah mereka bermain?

b) Replace the **pronoun** in the model with the pronoun or noun given.

Apakah boleh saya bertanya?

mereka	Apakah boleh mereka bertanya?
Tom	Apakah boleh Tom bertanya?
murid-murid	Apakah boleh murid-murid bertanya?
engkau	Apakah boleh engkau bertanya?
engkau sekalian	Apakah boleh engkau sekalian bertanya?

2. Mixed substitution drill: substitute the words given where appropriate.

Boleh mereka bernyanyi?

mau	Mau mereka bernyanyi?
bisa	Bisa mereka bernyanyi?
engkau	Bisa engkau bernyanyi?
datang	Bisa engkau datang?
belajar	Bisa engkau belajar?
suka	Suka engkau belajar?
mau	Mau engkau belajar?
pergi	Mau engkau pergi?
mereka	Mau mereka pergi?
engkau sekalian	Mau engkau sekalian pergi?

3.6.A.   Note the following questions and answers carefully.

1. **Bolehkah saya bermain?**
   Ya, boleh.
   Tidak, tidak boleh.
2. **Bisakah Tuan berbicara Bahasa Indonesia?**
   Ya, bisa.
   Tidak, tidak bisa.
3. **Maukah engkau belajar Bahasa Indonesia?**
   Ya, mau.
   Tidak, tidak mau.
4. **Sukakah mereka bernyanyi?**
   Ya, suka.
   Tidak, tidak suka.

3.6.B.
1. May I play?
   Yes you may.
   No, you may not.

2. Can you speak Indonesian?

        Yes, I can.

        No, I can't.

3. Do you want to learn Indonesian?

        Yes, I do.

        No, I don't.

4. Do they like singing?

        Yes, they do.

        No, they don't.

3.6.C.   Remarks

In Indonesian the pronoun is not obligatory in answers of this type; in English it is.

3.6.D.   Exercise

Response drill: give short affirmative and then short negative responses to the following questions according to the model. Each question is said twice.

Bolehkah saya berbicara?

        Ya, boleh.

        Tidak, tidak boleh.

Maukah mereka berbaris?

        Ya, mau.

        Tidak, tidak mau.

Sukakah kamu sekalian belajar?

        Ya, suka.

        Tidak, tidak suka.

Bisakah mereka bernyanyi?

        Ya, bisa.

        Tidak, tidak bisa.

Bolehkah saya berhenti?

        Ya, boleh.

        Tidak, tidak boleh.

Maukah Tuan pergi?

        Ya, mau.

        Tidak, tidak mau.

Maukah murid-murid berkumpul?

        Ya, mau.

        Tidak, tidak mau.

Bolehkah engkau mandi?

        Ya, boleh.

        Tidak, tidak boleh.

Sukakah engkau minum kopi?

        Ya, suka.

        Tidak, tidak suka.

3.7.A.   **Note the structure frame carefully:**

1.

a) **Berhentilah!**
b) **Bermainlah!**
c) **Berkumpullah!**
d) Berhentilah bermain!
e) **Makanlah!**
f) **Duduklah!**
g) **Masuklah!**
h) Berhentilah makan!

2.

a) **Baik-baiklah** berbaris!	**Berbarislah** baik-baik!
b) **Baik-baiklah** berbicara!	**Berbicaralah** baik-baik!
c) **Baik-baiklah** duduk!	**Duduklah** baik-baik!
d) **Baik-baiklah** makan!	**Makanlah** baik-baik!

3.

a) **Marilah**(kita) bernyanyi.
b) **Marilah**(kita) belajar.
c) **Marilah**(kita) keluar.
d) **Marilah**(kita) masuk.

3.7.B.
1. a) (Please) stop!
   b) (Please) play!
   c) (Please) assemble!
   d) (Please) stop playing!
   e) (Please) eat!
   f) (Please) sit down!
   g) (Please) come in!
   h) (Please) stop eating!

2. a) (Please) line up properly! (i.e. in an orderly manner)
   b) (Please) talk clearly!
   c) (Please) sit down carefully!
   d) (Please) eat properly!

3. a) Let's sing.
   b) Let's study.
   c) Let's go outside.
   d) Let's come in.

3.7.C.   Remarks

Note that *berhentilah* etc. may mean a command, 'stop!', or a request, 'please stop', depending on the tone of the voice.

2. In a simple request the word order may be changed:

Berbarislah baik-baik!
or Baik-baiklah berbaris!

The particle *-LAH* is, however usually attached to the FIRST word in the request.

3. *Baik-baik* means 'carefully, properly, in an orderly manner' and may be translated into English in various ways, depending on the meaning of the verb.

4. The word *kita* in the sentence *Marilah kita bernyanyi* is optional.

3.7.D.   Exercises

Single substitution drill

a) Replace the **verb** in the model with the one given.

Baik-baiklah berbaris!

berbicara	Baik-baiklah berbicara!
berkumpul	Baik-baiklah berkumpul!
belajar	Baik-baiklah belajar!
bernyanyi	Baik-baiklah bernyanyi!
duduk	Baik-baiklah duduk!
makan	Baik-baiklah makan!
bermain	Baik-baiklah bermain!
minum	Baik-baiklah minum!

b) Replace the **verb** in the model sentence with the one given.

Marilah kita bermain.

belajar	Marilah kita belajar
bernyanyi	Marilah kita bernyanyi.
berkumpul	Marilah kita berkumpul.
berbicara	Marilah kita berbicara.
makan	Marilah kita makan.
pergi	Marilah kita pergi.
duduk	Marilah kita duduk.
keluar	Marilah kita keluar.
masuk	Marilah kita masuk.
berhenti	Marilah kita berhenti.

3.8.   Additional exercises

Fluency drill: study the following dialogues. Then memorize and dramatize them.

a) Guru: Maukah engkau bernyanyi?
   Minah: Tidak, saya tidak bisa bernyanyi.

b) Minah: Apa kamu mau pergi bermain?
   Hasan: Tidak, saya mau belajar.

c) Ratna: Tuan Brown datang dari Australia?
   Tuan Brown: Ya.
   Ratna: Tuan suka nasi goreng?
   Tuan Brown: Ya, suka.
   Ratna: Marilah makan!

d) Udin: Apa mereka sedang belajar bahasa Cina?
   Hasan: Ya, mereka mau pergi ke Tiongkok.
   Udin: Saya mau belajar bahasa Inggeris.
   Hasan: Engkau mau pergi ke Australia?
   Udin: Tidak.

e) Hasan: Lonceng sudah berbunyi?
   Minah: Ya, sudah.
   Hasan: Marilah kita masuk ke kelas.

f) Guru: Anak-anak, berhentilah bermain!
         Lonceng sudah berbunyi. Masuklah ke kelas!
   Murid-murid: Baiklah, Bu.

3.9. Homework

Translation drill: give the Indonesian equivalents of the following sentences.

a) May I come in? (enter)
b) Do you want to come in?
c) Can they speak Indonesian?
d) Do they like singing?
e) Please talk clearly!
f) Please stop singing!
g) They don't want to assemble in the classroom.
h) Yes, you may play.
i) No, they don't want to speak.
j) Would they like to learn an Indonesian song?

Chapter 4

4.1. Vocabulary

Check the pronunciation, read aloud and note the meaning.

ada	there is, there are
amplop	envelope
apa	what, what kind of
atas	top (of)
banyak	much, many, a lot of
bapak	father
Bapak	sir (see 4.2.C.1)
bukan	no, not
buku	book
dalam	in, inside
dapur	kitchen
dinding	wall
Dulah	name (m)
Ibu	Madam, miss, Mrs (see 4.2.C.1)
ini	this, these
jam	clock, watch
juga	also, too
kalender	calendar
kamu	you (see 4.2.C.1)
kantor	office
kantor pusat	head office, main office
kertas	paper
kursi	chair
laci	drawer
lemari	cupboard
maaf	excuse me, I'm sorry
mana	where
map	folder
meja	table
meja tulis	writing table, desk
mesin tulis	typewriter
Nona	Miss (see 4.2.C.1)
Nyonya	Mrs (see 4.2.C.1)
Pak	= Bapak
paket	parcel
pena	pen
permisi dulu	excuse me (see 4.2.C.3)

peta	map
pilem	film
pinsil	pencil
potret	photograph
prangko	stamp
presiden	president
Ratna	name (f)
rumah	house
sana	there
Saudara	Mr, Miss (see 4.2.C.1)
Sdr. + name	Mr + name
selamat malam	good evening
selamat pagi	good morning
selamat siang	good morning or good afternoon (depending on the time of day) (see 2.2.C.1)
selamat sore	good afternoon
siapa	who, whose
silakan	please
Suparman	name (m)
surat	letter
telepon	telephone
teman	friend
terima kasih	thank you
terima kasih kembali	you're welcome, don't mention it
tetapi	but
tinta	ink
ya, baiklah	O.K. then (lit: yes, O.K.)

4.2.A. Reading and comprehension
DI KANTOR
(Dulah is an office boy and Suparman is the head of an office in a government department. Dulah knocks at the door.)

Dulah: Tok, tok, tok.
Suparman: "Siapa itu? Silakan masuk!"
Dulah: "Selamat pagi, Pak. Ini ada surat untuk Bapak."
Suparman: "Oo, surat dari kantor pusat dari Saudara Nasution. Terima kasih, Dulah. Itu apa? Apa itu juga untuk saya?"
Dulah: "Bukan, Pak, ini bukan paket Bapak. Ini paket Nona Ratna."
Suparman: "Ya, baiklah, Dulah. Terima kasih."
Dulah: "Permisi dulu, Pak."
Di kantor Bapak Suparman ada meja tulis, kursi dan lemari. Di atas meja tulis ada mesin tulis, telepon, buku,

1	jam	6	mesin tulis
2	kursi	7	paket
3	lemari	8	peta
4	map	9	surat
5	meja	10	amplop

pena, pinsil, tinta dan map untuk surat-surat keluar dan
surat-surat masuk. Di dinding ada potret Presiden, jam,
kalender dan peta Indonesia. Di dalam laci ada amplop,
prangko dan kertas-kertas.

4.2.B. English version
AT THE OFFICE

Dulah: Tap, tap, tap.
Suparman: 'Who's that? Please come in.'
Dulah: 'Good morning, Sir. Here's a letter for you.'
Suparman: 'Oh, a letter from head office from Mr Nasution.
Thank you, Dulah. What's that? Is it also for me?'
Dulah: 'No, Sir, this isn't your parcel. It is Miss Ratna's
parcel.'
Suparman: 'O.K. then, Dulah. Thank you.'
Dulah: 'Excuse me, Sir.'
In Mr Suparman's office there is a desk, a chair and a
cupboard. On the desk is a typewriter, telephone, book,
pen, pencil, ink and a folder for inward and outward
mail. On the wall is a photo of the President, a clock, a
calendar and a map of Indonesia. In the drawer there
are envelopes, stamps and paper.

4.2.C. Cultural notes
1. In Indonesian there are many ways of addressing people.
a) *IBU* (= *BU)* is used when addressing a woman to whom you owe
respect because she is older than you, or of higher status. It may be
translated in various ways depending on the context:

Mrs   e.g. *Ibu Suparman* 'Mrs Suparman'
Madam   e.g. *selamat pagi, Bu (Bu . . .)*
                             'Good morning, madam' (Mrs . . .)
you (your)   e.g. *paket Ibu* 'your parcel'

It is also used to one's own mother, in which case it translates 'mother,
mum' (see Chapter 2).
The abbreviation *Bu* is only used
   i) before names, e.g. *Bu Suparman.*
or ii) as a term of address. e.g. *selamat pagi, Bu.* but not where it
translates an English pronoun (you, your, she, her). Hence: *Ini paket
Ibu* (not *Bu).* This is your parcel.

b) *BAPAK (+ PAK)* is used when addressing a male to whom you owe
respect because he is older than you, or of higher status. It is the male
counterpart of *IBU* and can also be translated in a variety of ways:

Mr   e.g. *Pak Suparman* 'Mr Suparman'
Sir   e.g. *Selamat pagi, Pak (Pak . . .)*
                             'Good morning, sir' (Mr . . .)
you (your)   e.g. *paket Bapak* 'your parcel'

It is also used to one's own father, in which case it translates 'father, dad'. The abbreviation *Pak* is used in the same way as *Bu* (see 4.2.C.1.a)

c) *SAUDARA* is used among adults when addressing those who are of similar age and social level to oneself, but is not used when speaking to close friends. It may be translated 'Mr' or 'Miss', 'you/your'. Sometimes for female counterparts the word *SAUDARI* is used instead.

d) *NONA* is used when addressing an unmarried woman until middle age. It is quite formal and does not necessarily imply that she is of higher status. It may be translated as 'Miss' or 'you/your'.

e) *NYONYA* is used when addressing a married woman. It is formal and does not necessarily imply that she is of higher status. It may be translated as 'Mrs', 'Madam' or 'you/your', depending on the context.

f) *TUAN* is used under the same conditions as *NONA* and *NYONYA*, but to a man. It may be translated as 'Mr', 'Master', 'Sir' or 'you/your', depending on context.

g) *ENGKAU* and *KAMU* are used when addressing
     i) children, juniors, pupils
and ii) persons you know very well who are of the same age or younger. They are translated 'you'.

2. The greetings *selamat pagi, selamat siang,* etc., are based on European usage, and represent an adaptation of expression in European languages. But also widely used are the more traditional forms of greeting: *Mau ke mana?* (where are you going?), *Dari mana?* (where have you been?), followed by an exchange of inquiries about each other's family and their activities.

3. There are two words in Indonesian for 'excuse me', *permisi* and *maaf.* *Permisi* or *permisi dulu* is used when taking or asking leave to depart, as in the reading passage:
           Permisi dulu, Pak.
Maaf is used when asking to be excused for imposing on someone, or for something one has failed to do. It is also used where we say 'sorry' in English, for instance after having done something wrong.

4.3.A.   **Note the structure frame carefully:**

+	1. **Itu**		**buku.**	
	2. **Itu**		**Dulah.**	
—	3. Itu	bukan	buku.	
	4. Itu	bukan	Dulah.	
?	5. Apa	itu		buku?	**Bukan**, itu **bukan** buku.
	6. Apa	itu		Dulah?	**Bukan**, itu **bukan** Dulah.
	7. Itu	juga	buku.	
	8. Itu	juga	Dulah.	

4.3.B.

+
1. That is a book.
2. That is Dulah
—
3. That is not a book.
4. That is not Dulah.

?
5. Is that a book? No, that is not a book.
6. Is that Dulah? No, that is not Dulah.

7. That is also a book.
8. That is also Dulah.

4.3.C.   Remarks

1. In Indonesian there is no equivalent of the English verb 'to be' in sentences such as:

Itu Dulah.	That is Dulah.
Itu buku.	That is a book.

2. Note that a noun is made negative by placing *BUKAN* before it. (cf. 2.3.C.1)

e.g. *Itu bukan Dulah.*	That is not Dulah.
Itu bukan buku.	That is not a book.

4.3.D.   Exercises

1. Mixed substitution drill
a) Substitute the words given where appropriate.
Itu meja tulis.

kursi	Itu kursi.
buku	Itu buku.
Hasan	Itu Hasan.
Ratna	Itu Ratna.
ini	Ini Ratna.
map	Ini map.
potret	Ini potret.
kalender	Ini kalender.
peta	Ini peta.
tinta	Ini tinta.

b) Substitute the words given where appropriate.
Apa itu buku, Hasan?

pinsil	Apa itu pinsil, Hasan?
potret	Apa itu potret, Hasan?
map	Apa itu map, Hasan?
ini	Apa ini map, Hasan?
lemari	Apa ini lemari, Hasan?
meja tulis	Apa ini meja tulis, Hasan?
kursi	Apa ini kursi, Hasan?
Ibu	Apa ini Ibu, Hasan?
Ayah	Apa ini Ayah, Hasan?

2. Single substitution drill: replace the **noun** in the model sentence with the one given.

Ini bukan mesin tulis.

telepon	Ini bukan telepon.
paket	Ini bukan paket.
kantor	Ini bukan kantor.
Ratna	Ini bukan Ratna.
sekolah	Ini bukan sekolah.
surat	Ini bukan surat.
map	Ini bukan map.
pena	Ini bukan pena.
tinta	Ini bukan tinta.

3. Multiple substitution drill

a) Replace the *noun* in the model sentences with the one given.
Imagine you are looking at photographs.

	Itu Hasan.	Itu juga Hasan.	Itu bukan Hasan.
Ratna	Itu Ratna.	Itu juga Ratna.	Itu bukan Ratna.
Minah	Itu Minah	Itu juga Minah.	Itu bukan Minah.
Ibu	Itu Ibu.	Itu juga Ibu.	Itu bukan Ibu.
Ayah	Itu Ayah.	Itu juga Ayah.	Itu bukan Ayah.
Bapak Suparman	Itu Bapak Suparman.	Itu juga Bapak Suparman.	Itu bukan Bapak Suparman.
dia	Itu dia.	Itu juga dia.	Itu bukan dia.
saya	Itu saya.	Itu juga saya.	Itu bukan saya.
mereka	Itu mereka.	Itu juga mereka.	Itu bukan mereka.

b) Replace the **noun** in the model sentences with the one given.

	Ini surat.	Ini juga surat.	Ini bukan surat.
paket	Ini paket.	Ini juga paket.	Ini bukan paket.
pena	Ini pena.	Ini juga pena.	Ini bukan pena.
pinsil	Ini pinsil.	Ini juga pinsil.	Ini bukan pinsil.
potret	Ini potret.	Ini juga potret.	Ini bukan potret.
map	Ini map.	Ini juga map.	Ini bukan map.
tinta	Ini tinta.	Ini juga tinta.	Ini bukan tinta.
kalender	Ini kalender.	Ini juga kalender.	Ini bukan kalender.
peta	Ini peta.	Ini juga peta.	Ini bukan peta.
telepon	Ini telepon.	Ini juga telepon.	Ini bukan telepon.
lemari	Ini lemari.	Ini juga lemari.	Ini bukan lemari.
kursi	Ini kursi.	Ini juga kursi.	Ini bukan kursi.
meja tulis	Ini meja tulis.	Ini juga meja tulis.	Ini bukan meja tulis.
mesin tulis	Ini mesin tulis.	Ini juga mesin tulis	Ini bukan mesin tulis.

4. Response drill: give affirmative and then negative responses to the following questions according to the model.

Apa ini lemari?	Ya, itu lemari.
	Bukan, itu bukan lemari.
Apa ini meja tulis?	Ya, itu meja tulis.
	Bukan, itu bukan meja tulis.
Apa ini mesin tulis?	Ya, itu mesin tulis.
	Bukan, itu bukan mesin tulis.

Apa ini paket?
Apa ini surat?
Apa ini peta?
Apa ini potret?
Apa itu kalender?
Apa itu map?
Apa itu tinta?
Apa itu Hasan?
Apa itu Tuan Suparman?
Apa itu Ayah?
Apa itu Minah?

4.4.A. Note the structure frame carefully:

+	1. Ini		surat saya.
	2. Ini		suratmu.
	3. Ini		suratkau.
	4. Ini		suratnya.
	5. Ini		surat mereka.
	6. Ini		surat Ayah.
—	7. Ini	bukan	surat saya.
	8. Ini	bukan	suratmu.
	9. Ini	bukan	suratkau.
	10. Ini	bukan	suratnya.
	11. Ini	bukan	surat mereka.
	12. Ini	bukan	surat Ayah.
?	13. Apa	ini	surat saya?
	14. Apa	ini	suratmu?
	15. Apa	ini	suratkau?
	16. Apa	ini	suratnya?
	17. Apa	ini	surat mereka?
	18. Apa	ini	surat Ayah?

4.4.B.

1. This is my letter.
2. This is your letter.
3. This is your letter.
+ 4. This is his letter (**or** her letter).

    5. This is their letter. (**or** these are their letters)
    6. This is father's letter.
— 7.-12. This is not my letter, etc.
? 13.-18. Is this my letter? etc.

4.4.C.   Remarks

1.	*SAYA*	means I, ME, MY
	DIA	means HE, HIM, (**or** SHE, HER)
	KAMU	means you
	ENGKAU	means you
	MEREKA	may mean THEY, THEM, THEIR

When these pronouns (*saya, dia, mereka*) have the POSSESSIVE meaning (i.e. my, his/her, their) they FOLLOW the noun.
Hence, *surat saya* — my letter

2. If the possessive is a noun, instead of a pronoun, the same order applies.
Hence, *surat Ayah* — father's letter
       surat Saudara — your letter

3. When *DIA* has the possessive meaning it becomes -*NYA* and is attached as a suffix to the preceding noun.
Hence, *suratnya* his/her letter
Likewise, *KAMU* becomes -*MU*   *: suratmu* — your letter
         ENGKAU becomes-*KAU*   *: suratkau* — your letter

4.4.D.   Exercises

1. Mixed substitution drill: substitute the words given where appropriate.
Itu mesin tulis saya.

Ayah	Itu mesin tulis Ayah.
paket	Itu paket Ayah.
Suparman	Itu paket Suparman.
surat	Itu surat Suparman.
Nyonya Brown	Itu surat Nyonya Brown.
kursi	Itu kursi Nyonya Brown.
nya	Itu kursinya.
ini	Ini kursinya.
potret	Ini potretnya.
mesin tulis	Ini mesin tulisnya.
kau	Ini mesin tuliskau.
mu	Ini mesin tulismu.
jam	Ini jammu.
Ibu	Ini jam Ibu.
Saudara	Ini jam Saudara.
teman	Ini teman Saudara.
saya	Ini teman saya.
guru	Ini guru saya.

2. Transformation drill: transform the sentence according to the sign given.

+ indicates a positive statement
— indicates a negative statement
? indicates a question
Ini kursi Ayah. (?)

    Apa ini kursi Ayah?

Itu bukan suratnya. (+)

    Itu suratnya.

Itu meja tulis Ratna. (—)

    Itu bukan meja tulis Ratna.

Itu map Nona Minah. (?)

    Apa itu map Nona Minah?

Itu potret Presiden. (—)

    Itu bukan potret Presiden.

Itu paket Ibu. (—)

    Itu bukan paket Ibu.

Itu bukan kalender Dulah. (+)

    Itu kalender Dulah.

Apa itu sekolah Hasan? (—)

    Itu bukan sekolah Hasan.

3. Response drill: give full affirmative and then full negative responses to the following questions according to the model.

Apa itu potret ibunya?   Ya, itu potret ibunya.
        Bukan, itu bukan potret ibunya.

Apa itu paketmu?
        Ya, itu paket saya.
        Bukan, itu bukan paket saya.

Apa itu mesin tulis Ayah?
        Ya, itu mesin tulis Ayah.
        Bukan, itu bukan mesin tulis Ayah.

Apa itu buku mereka?
        Ya, itu buku mereka.
        Bukan, itu bukan buku mereka.

Apa itu surat Saudara?
        Ya, itu surat saya.
        Bukan, itu bukan surat saya.

Apa itu meja tulisnya?
        Ya, itu meja tulisnya.
        Bukan, itu bukan meja tulisnya.

Apa itu kantor Nona?
        Ya, itu kantor saya.
        Bukan, itu bukan kantor saya.

Apa ini kursikau?
        Ya, itu kursi saya.
        Bukan, itu bukan kursi saya.

Apa itu pena guru?

> Ya, itu pena guru.
> Bukan, itu bukan pena guru.

Apa itu jam Bapak?

> Ya, itu jam Bapak.
> Bukan, itu bukan jam Bapak.

4.5.A. Note the structure frame carefully:

1. **Siapa** itu? 2. Itu **siapa**?	Itu Dulah.
3. **Apa** itu? 4. Itu **apa**?	Itu kantor.
5. Itu buku **siapa**? 6. Buku **siapa** itu?	Itu buku saya.
7. Ini buku **apa**? 8. Buku **apa** ini?	Ini buku Bahasa Indonesia.

4.5.B.

1. Who is that?
2. Who is that?

That is Dulah.

3. What is that?
4. What is that?

That is an office.

5. Whose book is that?
6. Whose book is that?

That is my book.

7. What (kind of) book is this?
8. What (kind of) book is this?

This is an Indonesian language book.

4.5.C. Remarks

1. *SIAPA* means WHO, and the answer will concern a PERSON.
APA means WHAT, and the answer will concern a THING.

2. These two words are INTERROGATIVE PRONOUNS. *Apa* has already been introduced with a somewhat different function, i.e. as a question marker (see 2.3)
Note that as a question marker *apa* can be omitted (see 2.3.C.2) but as an interrogative pronoun it must occur.

e.g. a) *Apa itu buku?*
  or *Itu buku?*

Is that a book?

but b) *Itu apa?/Apa itu?*

What is that?

4.5.D. Exercises

1. Question drill: form two questions to which the word given is the answer, according to the model. Say the two questions one after the other.

Dulah	Itu siapa?
	Siapa itu?
Meja	Itu apa?
	Apa itu?
Kursi	Itu apa?
	Apa itu?
Pena	Itu apa?
	Apa itu?
Minah	Itu siapa?
	Siapa itu?
Ayah	Itu siapa?
	Siapa itu?
Tinta	Itu apa?
	Apa itu?
Saudara Nasution	Itu siapa?
	Siapa itu?
Bapak Suparman	Itu siapa?
	Siapa itu?

2. Single substitution drill

a) Replace the **noun** in the model sentence with the one given.

Itu surat siapa?

pena	Itu pena siapa?
pinsil	Itu pinsil siapa?
paket	Itu paket siapa?
meja	Itu meja siapa?
meja tulis	Itu meja tulis siapa?
mesin tulis	Itu mesin tulis siapa?
tinta	Itu tinta siapa?

b) Replace the **noun** in the model sentence with the one given.

Potret siapa itu?

map	Map siapa itu?
kursi	Kursi siapa itu?
jam	Jam siapa itu?
kalender	Kalender siapa itu?
kopi	Kopi siapa itu?
rumah	Rumah siapa itu?
kamar	Kamar siapa itu?

c) Replace the **noun** in the model sentence with the one given.

Pilem apa itu?

lagu	Lagu apa itu?
bahasa	Bahasa apa itu?
buku	Buku apa itu?

kantor   Kantor apa itu?

kamar   Kamar apa itu?

3. Answer drill: give the appropriate answer according to the hint given.

Pilem apa itu? (Indonesia)

                          Itu pilem Indonesia.

Pilem siapa itu? (Ayah)

                    Itu pilem Ayah.

Kalender siapa itu? (Pak Suparman)

                    Itu kalender Pak Suparman.

Lagu apa itu? (Indonesia)

                    Itu lagu Indonesia.

Mesin tulis siapa itu? (Tuan Brown)

                    Itu mesin tulis Tuan Brown

Potret siapa itu? (Presiden)

                    Itu potret Presiden.

Kamar siapa itu? (Ibu)

                    Itu kamar Ibu.

Itu kamar apa? (tidur)

                    Itu kamar tidur.

Murid siapa dia? (Tuan Brown)

                    Dia murid Tuan Brown.

Anak siapa dia? (Pak Suparman)

                    Dia anak Pak Suparman.

4. Mixed substitution drill: substitute the words given where appropriate.

Apa buku itu untuk saya?

Ibu	Apa buku itu untuk Ibu?
Ayah	Apa buku itu untuk Ayah?
paket	Apa paket itu untuk Ayah?
surat	Apa surat itu untuk Ayah?
Dulah	Apa surat itu untuk Dulah?
potret	Apa potret itu untuk Dulah?
dari	Apa potret itu dari Dulah?
peta	Apa peta itu dari Dulah?
map	Apa map itu dari Dulah?
Minah	Apa map itu dari Minah?
ini	Apa map ini dari Minah?
kalender	Apa kalender ini dari Minah?

4.6.A.   Note the following structure frames carefully:

1.
> a) **Di kantor** Bapak Suparman **ada** meja tulis.
> b) **Di atas meja ada** mesin tulis.
> c) **Di dinding ada** jam.

2. | Di mana mesin tulis Pak Suparman?
Mesin tulis Pak Suparman di atas meja.

3. | a) Apa **ada** mesin tulis **di atas meja?**
Ya, **ada.**
Tidak, tidak **ada.**
b) Apa mesin tulis (itu) di atas meja?
Ya.
Tidak

4. | a) Di atas meja **banyak** surat.
b) Di kantor Pak Suparman **banyak** kursi.

4.6.B.

1. a) In Mr Suparman's office **there is** a desk.
   b) On the table **there is** a typewriter.
   c) On the wall **there is** a clock.

2. Where is Mr Suparman's typewriter?
   Mr Suparman's typewriter is on the table.

3. a) **Is there** a typewriter on the table?
   Yes, **there is.**
   No, **there isn't.**
   b) Is the typewriter on the table?
   Yes.
   No.

4. a) **There are a lot of** letters on the table
   b) **There are a lot of** chairs in Mr Suparman's office.

4.6.C. Remarks
1 a) *ADA* in the above examples means 'there is (a)/there are (some)'
b) It is usually followed by an *unspecific* noun phrase, e.g. 1a) *meja tulis,*
1b) *mesin tulis* but NOT *mesin tulis Pak Suparman* or *mesin tulis itu,*
c) It is usually used when PLACE or POSITION is indicated.

2. In frame 1, *ada* always occurs.
In frame 2, *ada* does not occur.
In frame 3, in example a) *ada* occurs, but in example b) it doesn't.
In frame 4, when *banyak* is used *ada* is usually omitted.

4.6.D.   Exercises

1. Answer drill: give the appropriate answer according to the hint given.

Di mana mesin tulis Pak Suparman? (di atas meja)

> Mesin tulis Pak Suparman di atas meja.

Di mana kopi Ayah? (di kamar makan)

> Kopi Ayah di kamar makan.

Di mana tehkau? (di dapur)

> Teh saya di dapur.

Di mana pena Saudara? (di atas meja tulis)

> Pena saya di atas meja tulis.

Di mana Ibu? (di kamar tidur)

> Ibu di kamar tidur.

Di mana Ayah? (di kantor)

> Ayah di kantor.

Di mana guru? (di kelas)

> Guru di kelas.

Di mana Minah? (di rumah)

> Minah di rumah.

2. Mixed substitution drill

a) Substitute the words given where appropriate.

Apa ada mesin tulis di atas meja itu?

telepon	Apa ada telepon di atas meja itu?
kantormu	Apa ada telepon di kantormu?
kamarmu	Apa ada telepon di kamarmu?
lemari	Apa ada lemari di kamarmu?
meja tulis	Apa ada meja tulis di kamarmu?
jam	Apa ada jam di kamarmu?
kalender	Apa ada kalender di kamarmu?
peta Indonesia	Apa ada peta Indonesia di kamarmu?
kelasmu	Apa ada peta Indonesia di kelasmu?
rumahnya	Apa ada peta Indonesia di rumahnya?

b) Substitute the words given where appropriate.

Di atas meja itu tidak ada mesin tulis.

telepon	Di atas meja itu tidak ada telepon.
kantor saya	Di kantor saya tidak ada telepon.
kamar saya	Di kamar saya tidak ada telepon.
lemari	Di kamar saya tidak ada lemari.
jam	Di kamar saya tidak ada jam.
kalender	Di kamar saya tidak ada kalender.
peta Indonesia	Di kamar saya tidak ada peta Indonesia.
kelas saya	Di kelas saya tidak ada peta Indonesia.
rumahnya	Di rumahnya tidak ada peta Indonesia.
potret Presiden	Di rumahnya tidak ada potret Presiden.

3. Response drill: give short affirmative and then short negative responses to the following questions according to the model. Each question is said twice.

Apa ada jam di kamarmu?
                          Ya, ada.
                          Tidak, tidak ada.
Apa jam itu di kamarmu?
                          Ya.
                          Tidak.
Apa ada peta di kelasmu?
                          Ya, ada.
                          Tidak, tidak ada.
Apa peta itu di kelasmu?
                          Ya.
                          Tidak.
Apa ada kalender di kamar Tuan?
                          Ya, ada.
                          Tidak, tidak ada.
Apa kalender Tuan di kamar?
                          Ya.
                          Tidak.
Apa ada guru di kelas?
                          Ya, ada.
                          Tidak, tidak ada.
Apa guru di kelas?
                          Ya.
                          Tidak.
Apa Ibu di rumah?
                          Ya.
                          Tidak.

4. Transformation drill: transform the following statements into two types of question according to the model. Each statement is said twice.

Di kelas ada peta Indonesia.
                          Apa di kelas ada peta Indonesia?
                          Apa ada peta Indonesia di kelas?
Di rumahnya ada potret Presiden.
                          Apa di rumahnya ada potret Presiden?
                          Apa ada potret Presiden di rumahnya?
Di kamar mereka ada lemari.
                          Apa di kamar mereka ada lemari?
                          Apa ada lemari di kamar mereka?
Di kantor Ayah ada telepon.
                          Apa di kantor Ayah ada telepon?
                          Apa ada telepon di kantor Ayah?

Di atas mejamu ada surat.

> Apa di atas mejamu ada surat?
> Apa ada surat di atas mejamu?

Di sana ada tinta.

> Apa di sana ada tinta?
> Apa ada tinta di sana?

5. Translation drill. Translate the following sentences into English. Then master them.

a) Apa banyak kertas di lemari?
b) Di sekolah itu tidak banyak guru.
c) Banyak murid di kelas itu.
d) Di atas meja banyak nasi goreng.
e) Di dalam laci tidak banyak prangko.
f) Apa tidak banyak amplop di dalam laci itu?
g) Apa banyak kopi di dapur?
h) Tidak banyak paket di sana?
i) Di dinding banyak potret?
j) Banyak surat untuk Bapak Suparman?

4.7.   Additional exercises

Fluency drill. Study the following dialogues. Then memorize and dramatize them.

a)   Hasan — Selamat pagi, Ratna.
      Ratna — Selamat pagi, Hasan. Apa itu?
      Hasan — Surat untukmu. Dari kantor pusat.
      Ratna — Terima kasih, Hasan.
      Hasan — (Terima kasih) kembali.

b)   Dulah — Selamat siang, Minah.
      Minah — Oo, Dulah, selamat siang. Mau ke mana? (see 4.2.C.2)
      Dulah — Saya mau pergi ke rumah Pak Suparman. Ini paket
              untuknya. Dari Saudara Nasution.

c)   Hasan — Selamat sore, Pak.
      Pak Suparman — Selamat sore, Hasan.
      Hasan — Ayah saya mau berbicara dengan Bapak. Apa ada telepon
              di kantor Bapak?
      Pak Suparman — Ya, ada, Hasan, tetapi di rumah saya tidak ada
              telepon.

d)   Ratna — Selamat malam, Bu.
      Ibu H. — Selamat malam, Ratna.
      Ratna — Bu, apa Hasan di rumah?
      Ibu H. — Tidak, dia pergi ke rumah temannya.

e)   Ratna — (Tok, tok, tok).
      Minah — Siapa itu? Silakan masuk!
      Ratna — Maaf, Minah. Apa di kamarmu ada peta Indonesia?

Minah — Ya, ada. Marilah ke kamar saya.
Ratna — Apa kamu masih belajar Bahasa Indonesia?
Minah — Ya, masih. Saya suka bahasa itu.
Ratna — Saya juga mau belajar bahasa itu, tetapi di sekolah saya
belum ada guru Bahasa Indonesia.

4.8. Homework
Translation drill: give the Indonesian equivalents of the following
sentences.
a) Whose typewriter is that?
b) That is my father's typewriter.
c) What (kind of) book is this?
d) Minah, is that letter from the head office?
e) Mother, is this your parcel?
f) Father, where is your office?
g) Is there a clock in their room?
h) Hasan, is that your friend?
i) Are there stamps and envelopes in the drawer?
j) Is their teacher in the classroom?

Chapter 5

5.1. Vocabulary

Check the pronunciation, read aloud and note the meaning.

A.

ada	to be in (e.g. at home), to be, to exist
apotek	chemist shop
bagus	nice, beautiful, attractive, good
baik	kind
bersih	clean
besar	big
daerah	area, region
dan lain-lain	etc., and so on
dekat	near, close
di mana	(at) where
di sana	(at) there
dokter	doctor
hari ini	today
harus	to have to, must
jauh	far
kalau	if
kamar tunggu	waiting room
kantor pos	post office
kasihan	poor thing! poor . . .!
kecil	small, little
kira	to think, suppose
kurus	thin (of body)
lekas	quickly, quick
memang	indeed, certainly, actually
mudah-mudahan	I hope that . . ., hopefully
nanti	later, presently
nanti sore	this afternoon (referring to the future)
nyamuk	mosquito
obat	medicine
orang	person
pagi-pagi	in the morning
panas	hot
pucat	pale
pulang	to go home, come home
resep	prescription, recipe
restoran	restaurant

sakit	ill, sick, sore
sayang	unfortunately, what a pity
sebelum	before
sehat	healthy
sekali	very
sekarang	now
sembuh	to recover, healed, better (in health)
sini	here
sorenya	that afternoon
tatkala	when (conjunction)
tempat	place
tempat tidur	bed
tiba	to arrive
tinggal	to stay, live, remain
Udin	name (m)
yang	who, which, that

5.1.B. Parts of the body

badan	body
bibir	lip(s)
dagu	chin
gigi	tooth, teeth
hidung	nose
jari	finger
kaki	leg, foot, paw
kepala	head
kerongkongan	throat
kulit	skin
leher	neck
lengan	arm
lidah	tongue
mata	eye(s)
muka	face
mulut	mouth
paha	thigh
perut	stomach
pinggang	waist, back
pipi	cheek
punggung	upper back
rambut	hair
tangan	hand
tapak kaki	sole of foot
telinga	ear

Bahagian badan

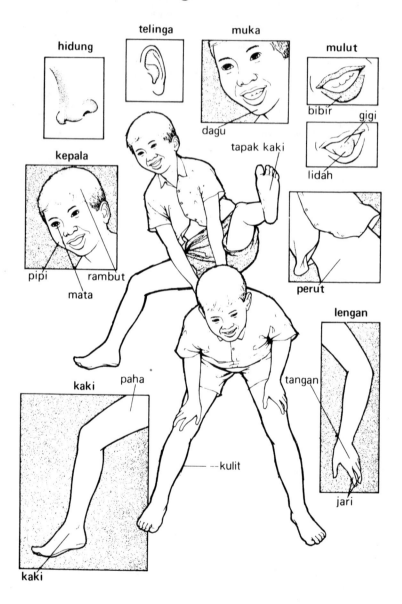

hidung

telinga

muka

mulut

bibir

gigi

dagu

kepala

tapak kaki

lidah

pipi

rambut

mata

perut

lengan

kaki

paha

tangan

kulit

jari

kaki

5.2.A.   Reading and comprehension

SAKIT

Ibu:	"Pak, saya kira Udin sakit."
Bapak:	"Di mana dia sekarang?"
Ibu:	"Dia masih di tempat tidur. Badannya panas dan dia tidak mau makan." Ayah pergi ke kamar Udin.
Bapak:	"Udin, engkau sakit apa?"
Udin:	"O, Pak, kepala saya sakit, badan saya sakit, semua sakit."
Bapak:	"Kalau kamu sakit, tinggallah di tempat tidur hari ini. Nanti sore kita pergi ke dokter. Sekarang saya harus pergi ke kantor."
	Sorenya Bapak dan Udin pergi ke dokter. Tatkala mereka tiba di sana sudah banyak orang duduk di kamar tunggu. Ada yang sakit mata, ada yang sakit kaki, ada yang sakit telinga, ada yang sakit perut dan lain-lain. Kamar tunggu itu tidak bagus tetapi besar dan bersih. Dokter itu baik sekali.
Dokter:	"Ini resep untukmu, Udin. Mudah-mudahan engkau lekas sembuh!"
Udin:	"Terima kasih, Dokter." Udin keluar.
Bapak:	"Marilah kita pulang. Kasihan, anak kecil itu!"
Udin:	"Dia sakit apa?"
Bapak:	"Dia sakit malaria. Sayang, masih banyak nyamuk malaria di daerah ini."
Udin:	"Ya, dia kurus dan pucat. Bapak, marilah kita pergi ke apotek sebelum pulang."
Bapak:	"Baiklah, apotek tidak jauh dari sini. Dekat kantor pos."

5.2.B.   English

UNWELL

Mother: 'Dad, I think Udin is sick.'
Father: 'Where is he now?'
Mother: 'He is still in bed. He is hot and doesn't want to eat.'
         Father goes to Udin's room.
Father: 'Udin, what's wrong with you?'
Udin: 'Oh, dad, my head is aching, I'm aching all over.'
         (lit: my body is aching, everything is aching)
Father: 'If you are sick, stay in bed today. This afternoon we shall
         go to the doctor. I have to go to the office now.'
         In the afternoon father and Udin go to the doctor. When
         they arrive there, there are already a lot of people sitting in
         the waiting room; some have eye trouble, some leg trouble,
         some ear trouble, some stomach trouble and so on. The
         waiting room is not beautiful, but it is big and clean. The
         doctor is very kind.
Doctor: 'Here is a prescription for you, Udin. I hope you'll get well
         soon.'
Udin: 'Thank you, Doctor.' Udin leaves the room.
Father: 'Let's go home. That poor little child!'
Udin: 'What's wrong with him?'
Father: 'He has malaria. Unfortunately, there are still a lot of
         malarial mosquitoes in this area.'
Udin: 'Yes, he is thin and pale. Dad, let's go to the chemist's
         before going home.'
Father: 'O.K., the chemist's isn't far from here. It's near the post
         office.

5.3.A.   Note the structure frame carefully:

+	1. **Kamar itu** 2. **Kamar ini**			**besar.** **bersih.**
-	3. Kamar itu 4. Kamar ini	**tidak** **tidak**		besar. bersih.
?	5. **Apa(kah)** 6. Apa(kah)	kamar itu kamar ini		besar? bersih?

5.3.B.

1. The (that) room is big.
2. This room is clean.
3. The (that) room is not big.
4. This room is not clean.
5. Is the (that) room big?
6. Is this room clean?

5.3.C. Remarks

1. Note that *TIDAK* is used to negate ADJECTIVES, as well as verbs (cf. 2.3.C.1. and 4.3.C.2.).

2. As discussed in 3.5.C., the particle *-KAH* indicates a QUESTION, and is often attached to the question indicator *APA*. Hence, you may say:

APA kamar itu besar?
or: APAKAH kamar itu besar?

3. The demonstrative adjectives *itu*, 'that', and *ini*, 'this', follow the noun (in English they precede the noun).

5.3.D. Exercises

1. Mixed substitution drill: substitute the words given where appropriate.
Kamar itu bersih.

besar	Kamar itu besar.
kamar tunggu	Kamar tunggu itu besar.
kelas	Kelas itu besar.
sekolah	Sekolah itu besar.
jauh	Sekolah itu jauh.
apotek	Apotek itu jauh.
kantor	Kantor itu jauh.
kecil	Kantor itu kecil.
tempat tidur	Tempat tidur itu kecil.
meja tulis	Meja tulis itu kecil.

2. Transformation drill: transform the following sentences according to the given sign.

Badannya panas. (—)
Badannya tidak panas.
Kamar tunggu itu bersih. (?)
Apa(kah) kamar tunggu itu bersih?
Apa tempat itu besar? (+)
Tempat itu besar.
Apa anak itu pucat sekali? (+)
Anak itu pucat sekali.
Apa kopinya panas? (—)
Kopinya tidak panas.
Apotek itu jauh. (?)
Apa(kah) apotek itu jauh?
Badan anak itu tidak kecil. (+)
Badan anak itu kecil.
Rumah saya bagus. (—)
Rumah saya tidak bagus.

5.4.A.   Note the structure frame carefully:

1. **Kamar besar itu**	kamar Ibu.
2. **Anak kecil itu**	sakit.
3. **Kopi panas ini**	kopi Ayah.

5.4.B.
1. That big room is mother's room.
2. That small child is sick.
3. This hot coffee is father's.

5.4.C.   Remarks
1. Adjectives **follow nouns** in Indonesian.
e.g. *kamar besar* = big room.

2. The demonstrative adjectives *ini* and *itu* come last in the phrase.
e.g. *kamar besar itu* = that big room.

5.4.D.   Exercises
1. Transformation drill: transform the following sentences according to the model.
Kamar itu bersih.

Itu kamar bersih.

Tempat tidur itu kecil.

Itu tempat tidur kecil.

Apotek itu besar.

Itu apotek besar.

Kopi itu panas.

Itu kopi panas.

Orang itu sakit.

Itu orang sakit.

Rumah itu bagus.

Itu rumah bagus.

Obat itu baik.

Itu obat baik.

2. Substitution drill
a) Replace the preposition *di* with the one given.
Di mana anak kecil itu?

| ke | Ke mana anak kecil itu? |
| dari | Dari mana anak kecil itu? |

b) Replace *kopi* in both positions with the noun given.
Kopi panas itu kopi siapa?

teh	Teh panas itu teh siapa?
nasi	Nasi panas itu nasi siapa?
nasi goreng	Nasi goreng panas itu nasi goreng siapa?

c) Replace *bersih* with the adjective given.

Kantor bersih itu kantor saya.

besar	Kantor besar itu kantor saya.
bagus	Kantor bagus itu kantor saya.
kecil	Kantor kecil itu kantor saya.

3. Mixed substitution drill: substitute the word given where appropriate.

Di mana kantor besar itu?

apotek	Di mana apotek besar itu?
lemari	Di mana lemari besar itu?
meja	Di mana meja besar itu?
kecil	Di mana meja kecil itu?
bagus	Di mana meja bagus itu?
potret	Di mana potret bagus itu?
anak	Di mana anak bagus itu?
baik	Di mana anak baik itu?
dokter	Di mana dokter baik itu?

5.5.A. **Note the structure frame carefully:**

1.

+	a) **Udin**			**sakit.**
	b) **Mata Ibu**			**sakit.**
−	c) Udin		**tidak**	sakit.
	d) Mata Ibu		**tidak**	sakit.
?	e) Apa(kah)	Udin		sakit?
	f) Apa(kah)	mata Ibu		sakit?

2.

a) Apa(kah)	**Udin**	**masih**	**sakit?**

i) Ya, **masih.**
ii) Ya, dia **masih sakit.**
iii) Tidak, **sudah sembuh.**
iv) Tidak, dia **sudah sembuh.**

b) Apa(kah)	**Udin**	**sudah**	**sembuh?**
			.

i) Ya, **sudah.**
ii) Ya, dia **sudah sembuh.**
iii) **Belum, masih sakit.**
iv) **Belum, dia masih sakit.**

c) Apa(kah)	**mata Ibu**	**sudah**	**sembuh?**

i) Ya, **sudah.**
ii) Ya, **mata Ibu sudah sembuh.**
iii) **Belum, masih sakit.**
iv) **Belum, mata Ibu masih sakit.**

5.5.B.
1. a) Udin is sick.
   b) Mother's eyes are sore.
   c) Udin is not sick.
   d) Mother's eyes are not sore.
   e) Is Udin sick?
   f) Are mother's eyes sore?

2. a) Is Udin still sick?
       i) Yes, he is.
       ii) Yes, he is still sick.
       iii) and iv) No, he has recovered/is better.
       or No, he is better.

   b) Is Udin better (yet)?
       i) Yes, he is.
       ii) Yes, he is better.
       iii) and iv) No, he is still sick.
       (lit: not yet, he is still sick).

   c) Are mother's eyes better (yet)?
       i) Yes, they are.
       ii) Yes, mother's eyes are better.
       iii) and iv) No, they are still sore.
       (lit: not yet, they are still sore).

5.5.C.   Remarks
1. Note that this structure indicates
a) that someone is sick, e.g. *Udin sakit.* 'Udin is sick';
b) that someone's eyes, ears, arms, etc., are sore or aching or hurting. e.g.
Mata Ibu sakit. 'Mother's eyes are sore'.
So the word *sakit* is a general word with a wide range of applications in
Indonesian, for which English requires the use of different words.
2. The phrase 'is better/has recovered', is usually rendered in Indonesian
by *SUDAH sembuh.*
3. Study the possible answers to the questions carefully, especially the
negative answer to the question using *SUDAH:*
Apakah Udin SUDAH sembuh? BELUM, masih sakit.
        or *BELUM, dia masih sakit.*
        (lit: NOT YET, he is still sick).

5.5.D.   Exercises
1. Mixed substitution drill: substitute the word given where appropriate.
Mata Ibu masih sakit.

saya	Mata saya masih sakit.
kaki	Kaki saya masih sakit.
telinga	Telinga saya masih sakit.
gigi	Gigi saya masih sakit.
tidak	Gigi saya tidak sakit.
lidah	Lidah saya tidak sakit.

nya	Lidahnya tidak sakit.
kerongkongan	Kerongkongannya tidak sakit.
pinggang	Pinggangnya tidak sakit.
badan	Badannya tidak sakit.

2. Response drill: give affirmative and then negative responses to the following questions according to the model. Each question is said twice.
Apa perutnya masih sakit?
Ya, perutnya masih sakit.
Tidak, perutnya sudah sembuh.
Apa kerongkonganmu sudah sembuh?
Ya, kerongkongan saya sudah sembuh.
Belum, kerongkongan saya belum sembuh.
Apa telinga Saudara masih sakit?
Ya, telinga saya masih sakit.
Tidak, telinga saya sudah sembuh.
Apa gigikau sudah sembuh?
Ya, gigi saya sudah sembuh.
Belum, gigi saya belum sembuh.
Apa pinggang Ibu masih sakit?
Ya, pinggang Ibu masih sakit.
Tidak, pinggang Ibu sudah sembuh.
Apa kakimu sudah sembuh?
Ya, kaki saya sudah sembuh.
Belum, kaki saya belum sembuh.
Apa matanya masih sakit?
Ya, matanya masih sakit.
Tidak, matanya sudah sembuh.
Apa kepala Ibu sudah sembuh?
Ya, kepala Ibu sudah sembuh.
Belum, kepala Ibu belum sembuh.

5.6.A.   **Note the structure frame carefully:**

		1. Ibu **sakit apa?**		
	+	2. Ibu		**sakit mata.**
	—	3. Ibu	**tidak**	**sakit mata.**
?	4. Apa(kah)	Ibu		**sakit mata?**

5.6.B.
1. What's wrong with mother?
2. Mother has eye trouble.
3. Mother does not have eye trouble.
4. Has mother eye trouble?

5.6.C.   Remarks

1. Note that *Ibu sakit mata* means 'Mother has eye trouble.'

i.e. *Ibu sakit + mata*   ) indicates that mother has an ache
           telinga   ) or sickness of the eye, ear,
          gigi, etc.   ) tooth etc.

Compare *Ibu sakit mata,*   Mother has eye trouble.
with *Mata Ibu sakit,*   Mother's eyes are sore (see 5.5.A.1.b)

Note these additional examples:

a) *Gigi saya sakit.*   My teeth hurt (e.g. from drinking ice water)
Kepala saya sakit.   My head hurts (e.g. because I accidentally
                             bumped it).
Kerongkongan saya sakit. My throat hurts (e.g. because I sing too much).

b) *Saya sakit gigi.*   I have a toothache.
Saya sakit kepala.   I have a headache.
Saya sakit kerongkongan. I have a throat infection.

The first indicates a specific pain, for which the simplest English equivalent is 'hurts'.
The second indicates a more general and continuing complaint.

2. Special note: *Dia sakit malaria* means 'He has malaria.'
i.e. *Dia sakit* + name of the disease.

5.6.D.   Exercises

1. Single substitution drill: replace the word *mata* with the one given.
Dia sakit mata sekarang.

telinga   Dia sakit telinga sekarang.
gigi   Dia sakit gigi sekarang.
pinggang
perut
kaki
kepala
kerongkongan
kulit

2. Transformation drill: transform the sentence according to the given sign.
Apa Ratna sakit telinga? (—)
                    Ratna tidak sakit telinga.
Hasan sakit kepala.   (?)
                    Apa Hasan sakit kepala?
Dia masih sakit kerongkongan. (?)
                    Apa dia masih sakit kerongkongan?
Minah tidak sakit malaria. (+)
                    Minah sakit malaria.
Apa engkau masih sakit kaki? (+)
                    Engkau masih sakit kaki.

Bapak tidak sakit mata. (?)

Ayah sakit pinggang. (?)

Saya sakit perut sekarang. (-)

                Apa Bapak sakit mata?

                Apa Ayah sakit pinggang?

                Saya tidak sakit perut sekarang.

3. Answer drill: answer according to the hints given.

Udin sakit apa? (telinga)

                Udin sakit telinga.

Engkau sakit apa? (gigi)

                Saya sakit gigi.

Tuan sakit apa? (perut)

                Saya sakit perut.

Nyonya sakit apa? (kepala)

                Saya sakit kepala.

Hasan sakit apa? (pinggang)

                Hasan sakit pinggang.

Minah sakit apa? (mata)

                Minah sakit mata.

Ayah sakit apa? (malaria)

                Ayah sakit malaria.

Kamu sakit apa? (kerongkongan)

                Saya sakit kerongkongan.

5.7.A.   **Note the following sentences carefully:**

1. Di kamar tunggu **ada orang yang** sakit mata, **ada yang** sakit telinga, **ada yang** sakit pinggang, **ada yang** sakit perut dan lain-lain.
2. Di dalam laci **ada amplop yang** besar, **ada yang** kecil.
3. Di kelas **ada murid-murid yang** sedang bernyanyi, **ada yang** sedang berbicara.
4. Di kelas itu **ada murid-murid yang** bersih, **ada yang** tidak.
5. **Ada murid-murid yang** mau pergi, **ada yang** tidak.
6. **Ada anak-anak yang** mau bermain, **ada yang** tidak.

5.7.B.

1. In the waiting room there are people who have eye trouble, some who have ear-ache, some with back trouble, some with stomach trouble and so on.

2. In the drawer there are big envelopes and small ones.

3. In the classroom there are pupils who are singing and some who are talking.

4. In that class there are some pupils who are clean and some who are not.

5. There are some pupils who want to go and some who don't.

6. There are some children who want to play and some who don't.

5.7.C.   Remarks

We have seen that *ada* means 'there is/are' (see 4.6.C).
YANG means 'who/which'. Thus *ada yang* 'there is (someone) who
is . . .' or 'there are (people/those) who are . . .' e.g. *ada yang sakit,*
'there is (someone) who is sick' or 'there are (people/those) who are sick.'

5.7.D.   Exercise

Translation and fluency drill: translate the following sentences into
English. Then master them.

Pagi-pagi **ada orang yang** suka minum kopi, **ada yang** suka minum teh.

Ada anak-anak yang sudah tidur, **ada yang** masih belajar.

Ada mereka yang sudah bangun, **ada yang** masih tidur.

Ada anak-anak yang boleh masuk, **ada yang** tidak.

Ada anak-anak yang mau belajar Bahasa Indonesia, **ada yang** tidak.

Di restoran itu **ada orang yang** sedang makan, **ada yang** sedang berbicara.

Di sana **ada anak-anak yang** kurus dan pucat, **ada yang** sehat.

Ada anak-anak yang suka bernyanyi, **ada yang** tidak.

Di atas meja **ada paket yang** besar, **ada yang kecil.**

Di atas meja **ada surat-surat yang** untuk Nona Ratna, **ada yang** untuk Pak
Suparman.

5.8.   Additional exercises based on patterns in the text.

Note the structure in the following substitution drills carefully.

1. Mixed substitution drill: substitute the words given where appropriate.

Ini muka saya.

rambut	Ini rambut saya.
hidung	Ini hidung saya.
mu	Ini hidungmu.
itu	Ini mulutmu.
itu	Itu mulutmu.
lengan	Itu lenganmu.
kau	Itu lengankau.
jari	Itu jarikau.
tapak kaki	Itu tapak kakikau.
nya	Itu tapak kakinya.
tangan	Itu tangannya.
Saudara	Itu tangan Saudara.
punggung	Itu punggung Saudara.
leher	Itu leher Saudara.
Nona	Itu leher Nona.
paha	Itu paha Nona.
pipi	Itu pipi Nona.
bibir	Itu bibir Nona.
dagu	Itu dagu Nona.

2. Expansion drill

Expand the following sentences by adding the word *sekali* after the adjectives. (*Sekali,* when following an adjective, is equivalent to 'very').

Badannya panas.
  Badannya panas sekali.
Kamar tunggu itu besar.
  Kamar tunggu itu besar sekali.
Apotek itu jauh.
  Apotek itu jauh sekali.
Anak itu pucat.
  Anak itu pucat sekali.
Kantor itu bersih.
  Kantor itu bersih sekali.
Dokter itu baik.
  Dokter itu baik sekali.
Tempat tidur itu kecil.
  Tempat tidur itu kecil sekali.

3. Mixed substitution drill: substitute the words given where appropriate.

Saya kira Udin sakit.
engkau   Saya kira engkau sakit.
dia
kamu
Nyonya
Tuan
Saudara
sehat
Nona
Hasan

4. Double substitution drill: substitute the words given where appropriate according to the model.

Kasihan, anak itu! Dia sakit malaria.

Ratna/telinga   Kasihan, Ratna! Dia sakit telinga.
nyonya itu/pinggang Kasihan, nyonya itu! Dia sakit pinggang.
Ibu/gigi   Kasihan, Ibu! Dia sakit gigi.
Hasan/perut   Kasihan, Hasan! Dia sakit perut.
Ayah/kaki   Kasihan, Ayah! Dia sakit kaki.
Minah/tangan   Kasihan, Minah! Dia sakit tangan.
Dulah/lidah   Kasihan, Dulah! Dia sakit lidah.
tuan itu/kaki   Kasihan, tuan itu! Dia sakit kaki.

5. Translation and fluency drill. Translate the following sentences into English. Then master them.

a) Sayang, rumahnya kecil.
b) Sayang, saya tidak bisa datang.
c) Sayang, hari ini panas.
d) Sayang, dokter tidak ada.

e) Sayang, tidak ada telepon di rumah saya.
f) Sayang, banyak nyamuk malam ini.
g) Sayang, dia tidak bisa berbicara Bahasa Indonesia
h) Sayang, rumah Hasan jauh dari sini.

6. Single substitution drill: replace *engkau* with the word given meaning you.

Mudah-mudahan engkau lekas sembuh.

Ibu	Mudah-mudahan Ibu lekas sembuh.
Nona	Mudah-mudahan Nona lekas sembuh.
Nyonya	Mudah-mudahan Nyonya lekas sembuh.
Saudara	Mudah-mudahan Saudara lekas sembuh.
Bapak	Mudah-mudahan Bapak lekas sembuh.
Tuan	Mudah-mudahan Tuan lekas sembuh.
kamu	Mudah-mudahan kamu lekas sembuh.

7. Mixed substitution drill: substitute the word given where appropriate.

Banyak orang duduk di kamar tunggu.

anak-anak	Banyak anak-anak duduk di kamar tunggu.
kelas	Banyak anak-anak duduk di kelas.
belajar	Banyak anak-anak belajar di kelas.
murid-murid	Banyak murid-murid belajar di kelas.
bermain	Banyak murid-murid bermain di kelas.
bernyanyi	Banyak murid-murid bernyanyi di kelas.
sekolah	Banyak murid-murid bernyanyi di sekolah.
berkumpul	Banyak murid-murid berkumpul di sekolah.

8. Expansion drill: expand the following sentences with the words given.

Saya pergi ke kantor.

harus	Saya harus pergi ke kantor.
sekarang	Sekarang saya harus pergi ke kantor.
	or Saya harus pergi ke kantor sekarang.

Dia pergi ke dokter.

harus	Dia harus pergi ke dokter.
nanti sore	Nanti sore dia harus pergi ke dokter.
	or Dia harus pergi ke dokter nanti sore.

Mereka pergi ke apotek.

mau	Mereka mau pergi ke apotek.
sebelum pulang	Sebelum pulang mereka mau pergi ke apotek.
	or Mereka mau pergi ke apotek sebelum pulang.

Apotek itu jauh.

tidak	Apotek itu tidak jauh.
dari sini	Apotek itu tidak jauh dari sini.

5.9.   Additional exercises
Fluency drill: study the following dialogues. Then memorize and dramatize them.

a) Minah — Di mana Udin? Dia tidak di kelas.
  Hasan — Dia sakit. Dia harus tinggal di rumah hari ini.
  Minah — Dia sakit apa?
  Hasan — Dia sakit telinga.
  Minah — Kasihan, Udin! Mudah-mudahan dia lekas sembuh.

b) Udin — Apa itu, Ibu?
  Ibu — Ini resep obat telingamu. Saya mau pergi ke apotek.
  Udin — Apa apotek jauh dari sini?
  Ibu — Tidak, tidak jauh. Dekat kantor pos.

c) Ibu — Apa perutmu masih sakit?
  Hasan — Tidak, Ibu. Sudah sembuh.
  Ibu — Apa banyak orang di kamar tunggu dokter itu?
  Hasan — Ya, banyak. Saya duduk dekat anak yang sakit malaria.
    Dia kurus dan pucat.
  Ibu — Apa kamar tunggu itu besar?
  Hasan — Ya, besar dan bersih.
  Ibu — Apa dokter itu baik?
  Hasan — Ya, baik.

5.10   Homework
Translation drill: give the Indonesian equivalents of the following sentences.

a) What's wrong with him? He is thin and pale.
b) This afternoon we shall go to the chemist's.
c) Here is (some) medicine for you, Udin.
d) Go to the chemist's before you come home.
e) Are mother's eyes better?
f) There are some children who want to go and some who don't.
g) On the table there are big parcels and small ones.
h) Poor Ratna! She has a toothache.
i) Does father have to go to the office today?
j) If you are not sick, get up and have a shower.

Chapter 6

6.1.A.   Vocabulary

Check the pronunciation, read aloud and note the meaning:

akan	will (indicates the future)
aku	I, me
Amerika	American, America
anakku	= *anak + ku:* my child
Asma	name (f)
bagaimana	how, like what
bakmi goreng	fried noodles
begitu	so, very; like that (see also *tidak begitu)*
berapa	how many, how much
bertanggungjawab	to be responsible
berumur . . .	to be . . . years old
bioskop	cinema
bir	beer
bodoh	stupid
botol	bottle
Burhan	name (m)
cantik	attractive, pretty
cinta	love
dulu	formerly, before
entahlah	I don't know . . ., who knows . . .?
ganteng	handsome
gelas	glass
gemuk	fat
haus	thirsty
ibu kota	capital city
ingat	to remember
Inggeris	English, British, England
jadi	so
jatuh	to fall
jatuh cinta	to fall in love
kami	we, our, us (see 6.2.C.3)
kenapa	why
kira-kira	approximately, about
kota	city, town
langsung	straight, direct(ly)
lapar	hungry
makan malam	to have the evening meal; evening meal (n)

makan siang	to lunch; lunch (n)
malas	lazy
mana	which
mulai	to begin
Mulyono	name (m)
nama	name
nanti malam	this evening, tonight (referring to the future)
negara	country, state, nation
pada	(see *kepada* 3.1)
pintar	clever
piring	plate
pula	also
putih	white
rajin	hard-working, diligent
se -	one, same (see 6.3.A)
sedikit	little, not much, few
si	(see 6.2.C.2)
sopan	well-mannered, polite
susu	milk
tadi malam	last night
tahu	to know
tahun	year
tentu	of course, certainly, surely
tidak begitu . . .	not very . . .
tunggal	the only . . .
umur	age

6.1.B.   Numbers

1 — satu	19 — sembilan belas
2 — dua	20 — dua puluh
3 — tiga	21 — dua puluh satu
4 — empat	22 — dua puluh dua
5 — lima	23 — dua puluh tiga
6 — enam	24 — dua puluh empat
7 — tujuh	25 — dua puluh lima
8 — delapan	26 — dua puluh enam
9 — sembilan	27 — dua puluh tujuh
10 — sepuluh	28 — dua puluh delapan
11 — sebelas	29 — dua puluh sembilan
12 — dua belas	30 — tiga puluh
13 — tiga belas	40 — empat puluh
14 — empat belas	50 — lima puluh
15 — lima belas	60 — enam puluh
16 — enam belas	70 — tujuh puluh
17 — tujuh belas	80 — delapan puluh
18 — delapan belas	90 — sembilan puluh

100 — seratus   999 — sembilan ratus sembilan puluh sembilan
101 — seratus satu   1,000 — seribu
                     1,000,000 — sejuta

6.2.A.   Reading and Compehension
JATUH CINTA?

Asma anak tunggal Tuan dan Nyonya Burhan. Dia anak yang baik, cantik dan juga pintar di sekolah. Dia berumur 16 tahun. Mereka tinggal di ibu kota negara Indonesia, Jakarta.

Nyonya Burhan sedang makan siang dengan anaknya Asma.

Nyonya Burhan: "Engkau sedikit sekali makan, Asma. Kenapa? Sakitkah engkau?"

Asma: "Tidak, Bu, saya tidak sakit. Saya tidak begitu lapar. Entahlah - - - Tadi malam saya tidak bisa tidur."

Nyonya Burhan: "Mmm . . . Itu tidak baik. Minumlah susu itu!"

Asma: "Saya tidak haus, Bu . . . O ya, Ibu. Bolehkah saya pergi ke bioskop nanti malam?"

Nyonya Burhan: "Ya, tentu boleh. Dengan siapa engkau akan pergi?"

Asma: "Dengan teman saya."

Nyonya Burhan: "Siapa namanya dan berapa umurnya?"

Asma: "Namanya Mulyono. Dia sudah datang ke sini dulu. Umurnya kira-kira 17 tahun. Dia sekelas dengan saya dan dia ganteng, Bu."

Nyonya Burhan: "Ya, sekarang saya ingat. Ke bioskop mana engkau
akan pergi dan apa nama pilemnya*?"
Asma: "Kami mau pergi ke Capitol dan (nama) pilemnya,
'Fiddler on the Roof'. Pilem Amerika, jadi dalam
bahasa Inggeris.
Ibu, apakah Ibu suka kepada si Mulyono?"
Nyonya Burhan: "Ya, tentu, dia anak yang baik dan sopan. Bagaimana
dia di sekolah?"
Asma: "Dia pintar, rajin dan bertanggungjawab. Dia bukan
anak yang malas atau bodoh. Saya suka sekali padanya.
Saya tahu dia suka pula pada saya."
Nyonya Burhan: "Asma, anakku, engkau boleh pergi. Dari bioskop
engkau harus langsung pulang."
* *nya* here, although literally meaning 'its film', is best translated simply
'the'. (cf. *satenya* in 7.2.A)

6.2.B.   English version
FALLING IN LOVE?
Asma is the only child of Mr and Mrs Burhan. She is good (lit: a good
child), attractive and also clever at school. She is 16 years old. They live in
the capital city of Indonesia, Jakarta.
Mrs Burhan is having lunch with her daughter Asma.

Mrs Burhan: 'You are eating very little, Asma. Why? Are you sick?'
Asma: 'No, Mother, I'm not sick. I'm not very hungry. I don't
know . . . last night I couldn't sleep.'
Mrs Burhan: 'Mmm . . . That's not good. Drink your milk.'
(lit: that milk)
Asma: 'I'm not thirsty, Mother . . . Oh, by the way, Mother.
May I go to the pictures this evening?'
Mrs Burhan: 'Yes, of course you may. Who are you going with?'
Asma: 'With my friend.'
Mrs Burhan: 'What's his name and how old is he?'
Asma: 'His name is Mulyono. He came here once (lit: he has
already been here before). He is about 17. He's in the
same class as me and he is very handsome.'
Mrs Burhan: 'Yes, now I remember. Which cinema are you going to
and what's the name of the film?'
Asma: 'We want to go to the Capitol and the film is "Fiddler
on the Roof". It's an American film, so it's in English.
Mother, do you like Mulyono?'
Mrs Burhan: 'Yes, of course, he is nice and well-mannered. What's he
like at school?'
Asma: 'He is clever, hard-working and responsible. He is not a
lazy or a stupid boy. I like him very much. I know he
also likes me.'
Mrs Burhan: 'Asma, my child, you may go. You must come straight
home from the cinema.'

6.2.C.   Cultural notes

1. In Jakarta, the capital city of Indonesia, life is much the same as in any other big city in the world. The pressure of modern life throws individuals on their own resources and the influence of the cinema and the trends set by the large international community lead people to accept a way of life which village communities would not tolerate.
Country people still cling to traditions which differ widely from place to place, and marriages are usually arranged by the families of those concerned; girls are not expected to discuss such matters freely with their parents, let alone make their own arrangements.

2. *Si* is often used before a name to denote familiarity with the person, if he is an equal or younger. Hence when Asma refers to her friend Mulyono, she calls him *si Mulyono*.
Si is a term of reference, not of address.
It is also used before adjectives to indicate a person (or a pet) with the quality expressed by the adjective.
e.g. *si sakit* — 'the patient'
   si Gemuk — 'Fatty'
   si Putih — 'Snowy' see 8.6.D.5.

3. When expressing 'we', Indonesians make a distinction which we do not have in English.
KAMI means WE (us, our), EXCLUDING THE PERSON(S) ADDRESSED.
Here, for example, Asma uses *kami* to mean '*Mulyono* and I', but **not** her mother, whom she is addressing. i.e. *kami* = I + he/she/they.

KITA means WE (us, our) when INCLUDING THE PERSON(S) ADDRESSED.
i.e. *Kita* = I + you.
Refer to 3.2.A:
Murid-murid: 'Ya, ya, marilah kita bernyanyi.' Here, the pupils mean **us**, **including** each other and their teacher whom they are addressing.

6.3.A.   Note the following frames

1.
a) **sepuluh** — ten
b) **sebelas** — eleven
c) **seratus** — one hundred
d) **seribu** — one thousand
e) **sejuta** — one million

2.	a) Dia **sekelas** dengan saya.	He is in the same class as me.
	or	
	b) Dia **teman sekelas** saya.	He is my class-mate.
	c) Hasan **sekamar** dengan Amat.	Hasan shares a room with Amat.
	or	
	d) Hasan **teman sekamar** Amat.	Hasan is Amat's room-mate.

3.	a) **sepiring** bakmi goreng.	— a plate of fried noodles. (see 7.2)
	b) **segelas** susu.	— a glass of milk (see 7.1).
	c) **sebotol** bir	— a bottle of beer.

6.3.B. Remarks

The prefix *se-* has the basic meaning of 'one' and is used in a number of ways.

a) It is used instead of *satu* before numbers (see frame 1)

b) It is used to indicate that someone shares or has something in common with another. (see frame 2)

c) It is also used instead of *satu* before nouns indicating a 'container' full of something. (see frame 3)

6.3.C. Exercises

1. Single substitution drill: replace the word *sekelas* with the one given.
Amat sekelas dengan Hasan.

serumah	Amat serumah dengan Hasan.
sesekolah	Amat sesekolah dengan Hasan.
sekantor	Amat sekantor dengan Hasan.
sekamar	Amat sekamar dengan Hasan.

2. Transformation drill: transform the following sentences according to the given sign.
Dia sekelas dengan saya. (—)
> Dia tidak sekelas dengan saya.

Apa engkau serumah dengan Ratna? (+)
> Engkau serumah dengan Ratna.

Ayah sekantor dengan Bapak Suparman (—)
> Ayah tidak sekantor dengan Bapak Suparman.

Ratna sesekolah dengan Rustam. (?)
> Apa Ratna sesekolah dengan Rustam?

Apa engkau seumur dengan dia? (+)
> Engkau seumur dengan dia.

6.4.A.   Note the structure frame carefully:

1. **Berapa umur** anak itu?	2. a) **Dia berumur** 16 tahun.
	b) **Umurnya** 16 tahun.
3. **Berapa umurmu?**	4. a) **Saya berumur** 10 tahun.
	b) **Umur saya** 10 tahun.

6.4.B.

1. How old is that child?

3. How old are you?

2. a) He is 16 years old.
   b) He is 16 years old.

4. a) I am 10 years old.
   b) I am 10 years old.

6.4.C.   Remarks

1. In English we say: How old is + NOUN? but in Indonesian they say: *BERAPA UMUR* + NOUN? (lit: how much is the age of + NOUN?)

e.g. *Berapa umur anak itu?*

The NOUN may be replaced by a PRONOUN.

e.g. *Berapa umurnya?*

2. Note the 2 ways of answering this question in Indonesian:

DIA BERUMUR 16 tahun.   lit: He has the age of 16 years.

or: *UMURNYA 16 tahun.*   lit: His age is 16 years.

6.4.D.   Exercises

1. Mixed substitution drills.

a) Substitute the words given where appropriate.

Dia berumur 10 tahun.

5	Dia berumur lima tahun.
saya	Saya berumur lima tahun.
30	Saya berumur tiga puluh tahun.
22	Saya berumur dua puluh dua tahun.
guru	Guru berumur dua puluh dua tahun.
35	Guru berumur tiga puluh lima tahun.
Ibu	Ibu berumur tiga puluh lima tahun.
engkau	Engkau berumur tiga puluh lima tahun.
14	Engkau berumur empat belas tahun.

b) Substitute the words given where appropriate.

Umurnya 11 tahun.

21	Umurnya dua puluh satu tahun.
36	Umurnya tiga puluh enam tahun.
saya	Umur saya tiga puluh enam tahun.
Nyonya	Umur Nyonya tiga puluh enam tahun.
19	Umur Nyonya sembilan belas tahun.

Nona	Umur Nona sembilan belas tahun.
17	Umur Nona tujuh belas tahun.
Saudara	Umur Saudara tujuh belas tahun.
mu	Umurmu tujuh belas tahun.

6.5.A.   Note the structure frames carefully:

1.
a) **Siapa nama nona itu?**	**Namanya** Minah.
nyonya itu?	**Namanya** Ratna Burhan.
tuan itu?	**Namanya** Suparman.
guru itu?	**Namanya** Amir Hamzah Nasution.
anak itu?	**Namanya** Hasan.
teman itu?	**Namanya** Ratna.

b) Siapa namanya?	Namanya. . . . .

2.
Siapa nama**kau?**	Nama saya Hasan.
nama**mu?**	Nama saya Minah.
nama **Nyonya?**	Nama saya Ratna Burhan.
Tuan?	Nama saya Suparman.
Ibu?	Nama saya Minah.
saya?	Nama saya Dulah.
Saudara?	Nama saya Amir Hamzah Nasution.

3.
a) **Apa** nama **buku itu?**	**Namanya** 'Indonesia'.
pilem itu?	**Namanya** 'Jatuh Cinta'.
sekolah itu?	**Namanya** 'Taman Siswa.'
bioskop itu?	**Namanya** 'Capitol.'

b) Apa namanya?	. . . .

6.5.B.

1. a) What is the name of that lady (i.e. unmarried lady)?
   Her name is Minah,
   etc.

   b) What is his name?   His name is . . . .

2. What is your name?   My name is Hasan.
   What is your name?   My name is Minah.
   What is your name?   My name is Ratna Burhan,
                                           etc.

3. a) What is the name of that book?

> Its name is 'Indonesia'.

What is the name of that film?

> Its name is *'Jatuh Cinta'*
> etc.

b) What is its name? . . . .

6.5.C.   Remarks

1. In English we say: What is the name of + noun indicating person?

> e.g. What is the name of that lady?

but in Indonesian they say: *SIAPA NAMA* + noun indicating person?

> e.g. *SIAPA NAMA nyonya itu?*
> (lit: WHO is the name of that lady?)

The NOUN indicating the person may be replaced by a PRONOUN.

> e.g. *Siapa namaKAU?*
> (lit: Who is your name?)

2. When asking the name of a *THING,* they say: *APA NAMA* + noun
> indicating thing.
> e.g. *APA NAMA buku itu?*
> (What is the name of that book?)

Here too, the *NOUN* indicating the thing may be replaced by a
PRONOUN.

> e.g. *Apa namaNYA?*
> What is its name?

3. Cultural notes

a) Generally an Indonesian does not have a family name corresponding to
our surname. He usually has a personal name, and if further identification
is necessary, his name indicates he is the son of so and so. However, there
are exceptions to this pattern.

For example:

i) among the Bataks (a group living on the island of Sumatra) families
have clan names, passed on from generation to generation, e.g. Amir
Hamzah *Nasution* (Nasution is the clan name).

ii) A Javanese may have several personal names — one or two given at
birth.

b) Married women sometimes take their husband's name (e.g. Nyonya
Burhan), but not in all cases.

6.5.D.   Exercises

1. Single substitution drill

a) Replace the noun *dokter* with the one given.

Siapa nama dokter itu?	
nyonya	Siapa nama nyonya itu?
tuan	Siapa nama tuan itu?
guru	Siapa nama guru itu?
ibu	Siapa nama ibu itu?
anak	Siapa nama anak itu?
teman	Siapa nama teman itu?
bapak	Siapa nama bapak itu?

b) Replace the noun *pilem* with the one given.

Apa nama pilem itu?	
obat	Apa nama obat itu?
sekolah	Apa nama sekolah itu?
bioskop	Apa nama bioskop itu?
buku	Apa nama buku itu?
apotek	Apa nama apotek itu?

2. Answer drill: answer first in full and then in short answer forms, using the hints given.

Siapa nama anak itu?	(Amir Nasution).
	Nama anak itu Amir Nasution.
	Namanya Amir Nasution.
Apa nama bioskop itu?	(Capitol)
	Nama bioskop itu Capitol.
	Namanya Capitol.
Siapa nama murid itu?	(Udin)
	Nama murid itu Udin.
	Namanya Udin.
Siapa nama nyonya itu?	(Ratna Burhan).
	Nama nyonya itu Ratna Burhan.
	Namanya Ratna Burhan.
Apa nama buku itu?	(Indonesia)
	Nama buku itu Indonesia.
	Namanya Indonesia.
Apa nama sekolah itu?	(Taman Siswa).
	Nama sekolah itu Taman Siswa.
	Namanya Taman Siswa.
Siapa nama nona itu?	(Kartini)
	Nama nona itu Kartini.
	Namanya Kartini.
Siapa nama guru itu?	(Minah)
	Nama guru itu Minah.
	Namanya Minah.
Siapa nama dokter itu?	(Santi Suparman)
	Nama dokter itu Santi Suparman.
	Namanya Santi Suparman.

6.6.A. Note the structure frame carefully:

1.

> **Hasan pintar.**
> **Minah lapar.**

2.

a) **Apa (kah)** Hasan **pintar?** **Apa (kah)** Minah **lapar?**	b) **Apa (kah) pintar** Hasan? **Apa (kah) lapar** Minah?
c) **Pintarkah** Hasan? **Laparkah** Minah?	

6.6.B.

1. Hasan is clever.
   Minah is hungry.

2. a), b) and c) Is Hasan clever?
   Is Minah hungry?

6.6.C. Remarks

Two ways of forming a question with particle *-KAH* are:

1. *APAKAH* + statement (5.3.C.2)
e.g. *Apakah Hasan pintar?* Is Hasan clever?
You may also say:
Apakah pintar Hasan? Is Hasan clever? (emphasising *pintar*)

2. *By adding -KAH* to the word or idea being queried.
e.g. *PintarKAH Hasan?*
Note that the word to which *-KAH* is added is usually moved to the beginning of the sentence.

6.6.D. Exercises

1. Mixed substitution drill: substitute the words given where appropriate.
Kuruskah nyonya itu?

anak	Kuruskah anak itu?
lapar	Laparkah anak itu?
haus	Hauskah anak itu?
pintar	Pintarkah anak itu?
ganteng	Gantengkah anak itu?
rajin	Rajinkah anak itu?
bersih	Bersihkah anak itu?
kamar	Bersihkah kamar itu?
sekolah	Bersihkah sekolah itu?
jauh	Jauhkah sekolah itu?
apotek	Jauhkah apotek itu?
kantor	Jauhkah kantor itu?
kecil	Kecilkah kantor itu?
besar	Besarkah kantor itu?

2. Response drill: answer each question first with the short affirmative answer and then with the full one. Each question is said twice.

Apa(kah) jauh apotek itu?
> Ya, jauh.
> Ya, apotek itu jauh.

Apa(kah) besar sekolah itu?
> Ya, besar.
> Ya, sekolah itu besar.

Apa(kah) cantik anak itu?
> Ya, cantik.
> Ya, anak itu cantik.

Apa(kah) bersih kamar itu?
> Ya, bersih.
> Ya, kamar itu bersih.

Apa(kah) bagus rumah itu?
> Ya, bagus.
> Ya, rumah itu bagus.

Apa(kah) baik guru itu?
> Ya, baik.
> Ya guru itu baik.

6.7.A.   Note the structure frame carefully:

+	1. Dia		anak yang		baik.
—	2. Dia 3. Dia	bukan	anak yang anak yang	 tidak	baik. baik.
?	4. Apa dia		anak yang		baik?

6.7.B.
1. He is a good child.
2. He is **not** a good child.
3. He is a child who is **not** good. (**or:** not well behaved.)
4. Is he a good child?

6.7.C.   Remarks
We have seen that adjectives follow the noun (see 5.4).
Very often the noun and adjective are separated or linked by *YANG* which means 'who/which', thus:
> *anak yang baik* means, literally, 'a child who is good'.

However, *yang* is used much more frequently than 'who/which' is used in English; and Indonesian often says *anak yang baik,* where in English we would say simply 'a good child'.

6.7.D.   Exercises

1. Mixed substitution drill: substitute the words given where appropriate.
Dia anak yang baik.

pintar	Dia anak yang pintar.
cantik	Dia anak yang cantik.
murid	Dia murid yang cantik.
sopan	Dia murid yang sopan.
teman	Dia teman yang sopan.
rajin	Dia teman yang rajin.
bertanggungjawab	Dia teman yang bertanggungjawab.
anak	Dia anak yang bertanggungjawab.
besar	Dia anak yang besar.
kecil	Dia anak yang kecil.
ganteng	Dia anak yang ganteng.

2. Transformation drill: transform the following positive sentences into
the negative, first using *bukan* and then using *tidak*. Each positive sentence
is said twice.

Dia anak yang rajin.

> Dia bukan anak yang rajin.
> Dia anak yang tidak rajin.

Dia murid yang pintar.

> Dia bukan murid yang pintar.
> Dia murid yang tidak pintar.

Engkau anak yang sopan.

> Engkau bukan anak yang sopan.
> Engkau anak yang tidak sopan.

Kamu anak yang bersih.

> Kamu bukan anak yang bersih.
> Kamu anak yang tidak bersih.

Dia guru yang bertanggungjawab.

> Dia bukan guru yang bertanggungjawab.
> Dia guru yang tidak bertanggungjawab.

Dia ibu yang baik.

> Dia bukan ibu yang baik.
> Dia ibu yang tidak baik.

6.8.A.   Note the following sentences carefully:

> 1. Saya belajar.
> 2. Saya belajar tadi malam.
> 3. Saya belajar nanti malam.

6.8.B.

1. I studied/I study.
2. I studied last night.
3. I shall study tonight.

6.8.C.   Remarks

1. *TADI* + time of day expresses time of day JUST PAST.

   e.g. *tadi malam* — last night

   tadi pagi — this morning

   NANTI + time of day expresses time of day ABOUT TO COME.

   e.g. *nanti malam* — tonight (about to come)

   nanti sore — this afternoon

2. The form of the verb is the same for present, past and future time.

6.8.D.   Exercises

1. Mixed substitution drill:

a) Substitute the words given where appropriate.

Saya tidak bisa tidur tadi malam.

datang	Saya tidak bisa datang tadi malam.
pergi	Saya tidak bisa pergi tadi malam.
belajar	Saya tidak bisa belajar tadi malam.
Hasan	Hasan tidak bisa belajar tadi malam.
pulang	Hasan tidak bisa pulang tadi malam.
pagi	Hasan tidak bisa pulang tadi pagi.
Ibu	Ibu tidak bisa pulang tadi pagi.
Minah	Minah tidak bisa pulang tadi pagi.
mau	Minah tidak mau pulang tadi pagi.
Ratna	Ratna tidak mau pulang tadi pagi.
Dulah	Dulah tidak mau pulang tadi pagi.

b) Substitute the words given where appropriate.

Dia boleh pergi ke bioskop nanti malam.

Minah	Minah boleh pergi ke bioskop nanti malam.
bisa	Minah bisa pergi ke bioskop nanti malam.
mau	Minah mau pergi ke bioskop nanti malam.
saya	Saya mau pergi ke bioskop nanti malam.
mereka	Mereka mau pergi ke bioskop nanti malam.
sore	Mereka mau pergi ke bioskop nanti sore.
Ibu	Ibu mau pergi ke bioskop nanti sore.
bisa	Ibu bisa pergi ke bioskop nanti sore.
Dulah	Dulah bisa pergi ke bioskop nanti sore.
boleh	Dulah boleh pergi ke bioskop nanti sore.
engkau	Engkau boleh pergi ke bioskop nanti sore.
harus	Engkau harus pergi ke bioskop nanti sore.
Saudara	Saudara harus pergi ke bioskop nanti sore.

6.9.A.   Note the following sentences carefully:

1. Dia sudah makan.
2. Dia sedang makan.
3. Dia masih makan.
4. Dia **akan** makan.

6.9.B.
1. He has (already) eaten.
2. He is eating.
3. He is still eating.
4. He is going to eat **or** He will eat.

6.9.C.   Remarks
AKAN + VERB: indicates that an action **is going to occur in the future.**
(cf. 2.4.C)

6.9.D.   Exercises
1. Mixed substitution drills:
a) Substitute the words given where appropriate.
Dengan siapa engkau akan pergi?

dia	Dengan siapa dia akan pergi?
mereka	Dengan siapa mereka akan pergi?
datang	Dengan siapa mereka akan datang?
Saudara	Dengan siapa Saudara akan datang?
belajar	Dengan siapa Saudara akan belajar?
kamu	Dengan siapa kamu akan belajar?
makan siang	Dengan siapa kamu akan makan siang?
Ibu	Dengan siapa Ibu akan makan siang?
makan malam	Dengan siapa Ibu akan makan malam?
Ayah	Dengan siapa Ayah akan makan malam?
kamu sekalian	Dengan siapa kamu sekalian akan makan malam?

b) Substitute the words given where appropriate.
Nyonya Brown sedang makan siang dengan anaknya.

masih	Nyonya Brown masih makan siang dengan anaknya.
sudah	Nyonya Brown sudah makan siang dengan anaknya.
akan	Nyonya Brown akan makan siang dengan anaknya.
mau	Nyonya Brown mau makan siang dengan anaknya.
makan pagi	Nyonya Brown mau makan pagi dengan anaknya.
masih	Nyonya Brown masih makan pagi dengan anaknya.
temannya	Nyonya Brown masih makan pagi dengan temannya.
sedang	Nyonya Brown sedang makan pagi dengan temannya.

6.10.   Exercises based on patterns in the text.
1. Mixed substitution drill:
a) Substitute the words given where appropriate.
Ke bioskop mana engkau akan pergi?

dia	Ke bioskop mana dia akan pergi?
sekolah	Ke sekolah mana dia akan pergi?
Hasan	Ke sekolah mana Hasan akan pergi?

kantor	Ke kantor mana Hasan akan pergi?
Ayah	Ke kantor mana Ayah akan pergi?
Ibu	Ke kantor mana Ibu akan pergi?
rumah	Ke rumah mana Ibu akan pergi?
Ratna	Ke rumah mana Ratna akan pergi?
kelas	Ke kelas mana Ratna akan pergi?
mereka	Ke kelas mana mereka akan pergi?

b) Substitute the words given where appropriate.

Engkau harus langsung pulang.

saya	Saya harus langsung pulang.
mereka	Mereka harus langsung pulang.
Minah	Minah harus langsung pulang.
pergi	
kita	
kami	
makan	
Ibu	
Ayah	

6.11 Additional exercises

Fluency drill. Study the following dialogues. Then memorize and dramatize them.

a) Udin — Ke mana kamu (pergi) tadi malam, Ratna?
Ratna — Saya pergi ke bioskop dengan Dulah.
Udin — Apa nama pilemnya? Apa bagus?
Ratna — Namanya 'Jatuh Cinta'. Pilem itu tidak begitu bagus.
Udin — Apa Dulah teman sekelasmu?
Ratna — Ya, dia duduk dekat saya di kelas.

b) Asma — Minah, engkau sudah makan siang?
Minah — Belum, saya akan pergi makan sekarang.
Asma, mari kita pergi ke restoran.
Asma — Ke restoran mana?
Minah — Ke restoran Tionghoa. Dekat bioskop Cinema. Tidak jauh dari sini.

c) Hasan — Dulah, dengan siapa engkau serumah sekarang?
Dulah — Dengan teman dari Australia.
Hasan — Siapa namanya?
Dulah — Bill, dia seumur dengan saya.
Umurnya kira-kira 18 tahun.
Hasan — Apa dia teman yang baik? Apa dia bisa berbicara Bahasa Indonesia?
Dulah — Ya, dia sopan, rajin dan bertanggungjawab. Saya suka sekali padanya. Dia bisa berbicara Bahasa Indonesia.
Hasan — Sekarang saya ingat. Dia sudah datang ke rumah saya dulu.

6.12.   Homework

Translation drill: give the Indonesian equivalents of the following sentences.

a) How old is that beautiful child?

b) What is the name of your class-mate?

c) What is the name of the restaurant near the post office?

d) Is that bedroom clean?

e) He is not a responsible pupil.

f) I like that teacher very much.

g) Who are they going to the pictures with this evening?

h) Minah, you must come straight home from school.

i) I couldn't come last night.

j) I'm not very hungry now.

CHAPTER 7

Development Exercises

Development exercises draw upon and give you practice in all the grammar you have studied so far. The new vocabulary items and phrases introduced are intended to consolidate your mastery of these forms and to develop a sense of confidence in the use of the language in different situations.
The dialogues in this chapter may be used for comprehension and dramatization. (Comprehension questions and answers are provided on tapes accompanying this book.)
Students should be encouraged to use their imaginations and construct similar dialogues of their own.

7.1.A.   Conversation
ENGKAU MAKAN APA UNTUK MAKAN PAGI?
Tom anak Australia dan dia bersekolah di Indonesia. Udin anak Indonesia; dia teman sekelas Tom. Mereka selalu bersama-sama pergi ke sekolah. Mereka berumur kira-kira 9 tahun.
Udin   : "Nyonya, di mana Tom? Apa dia sudah siap?"

Ibu Tom	: "O, Udin, masuklah! Tom masih makan pagi."
Udin	: "Biasanya dia makan apa untuk makan pagi?"
Ibu Tom	: "Dia makan telur mata sapi dan roti panggang. Dan engkau makan apa?"
Udin	: "Saya makan nasi goreng dan minum segelas susu."
Ibu Tom	: "Tom suka minum air jeruk." Kemudian Tom keluar.
Tom:	: "Ayo, marilah kita pergi."

7.1.B. Vocabulary

air	water
air jeruk	orange juice
ayo(h)	come on
bersama-sama	together
bersekolah	to go to school, to attend school
biasanya	usually
gelas	glass
jeruk	orange (citrus fruit)
kemudian	then, afterwards
panggang (memanggang)	to toast, roast, grill
roti	bread
roti panggang	toast
sapi	cow
segelas susu	(see 6.3)
selalu	always
telur	egg
telur mata sapi	fried egg

7.2.A. Conversation

DI RESTORAN

Nyonya dan Tuan Harun lapar ketika keluar dari bioskop, lalu pergi ke restoran.

Pelayan:	"Selamat malam, Tuan, Nyonya."
Nyonya & Tuan H:	"Selamat malam."
Pelayan:	"Tuan dan Nyonya mau makan apa? Ada soto, sate dan bakmi goreng."
Nyonya Harun:	"Saya mau bakmi goreng."
Tuan Harun:	"Saya mau sate."
Pelayan:	"Sate ayam, sate kambing, atau sate daging, Tuan?"
Tuan Harun:	"Saya mau sate ayam."
Pelayan:	"Sepiring bakmi goreng dan sepiring sate ayam. Tuan dan Nyonya mau minum apa?"
Nyonya Harun:	"Saya mau teh."
Tuan Harun:	"Saya mau kopi."

Pelayan:	"Apa Nyonya mau makan bakmi dengan sumpit?"
Nyonya Harun:	"Tidak, dengan sendok dan garpu."
	Tidak lama kemudian pelayan masuk dengan sate, bakmi, secangkir teh dan secangkir kopi.
Tuan Harun:	"Mmmm . . . memang enak satenya! Apa bakmimu panas?"
Nyonya Harun:	"Ya, panas. Tetapi kurang pedas. Saya mau cabe."

7.2.B. Vocabulary

ayam	chicken
bakmi	noodles
cabe	chili
cangkir	cup
daging	meat (here: beef)
enak	delicious
garpu	fork
Harun	name (n)
kambing	goat
karena	because (of)
ketika	when, at the time when (conjunction)
kurang . . .	not . . . (enough); less, not quite
lama	long (of time)
pedas	hot (of taste of chili)
pelayan	waiter, waitress, servant, shop assistant, attendant
sate	skewered meat grill

sendok	spoon
soto	thick meat soup with vegetables
sumpit	chop sticks
tidak lama kemudian	not long afterwards.

7.3.A.   Conversation
DI MANA KANTOR POS?

Dulah:	"Maaf, Pak, bolehkah saya bertanya?"
Polisi:	"Ya, tentu boleh."
Dulah:	"Di mana kantor pos? Apa jauh dari sini?"
Polisi:	"Tidak, tidak jauh. Kantor pos dekat gedung bioskop."
Dulah:	"Di sebelah kanan atau di sebelah kiri?"
Polisi:	"Di sebelah kiri. Di sebelah kanan gedung bioskop itu setasiun. Saudara orang baru di sini?"
Dulah:	"Ya, saya baru datang dari Sulawesi. Terima kasih, Pak. Sekarang saya sudah tahu."
Polisi:	"Terima kasih kembali."

7.3.B.   Vocabulary

atau	or
baru	new; just
gedung	building
Jawa	Java
kanan	right

kiri	left
polisi	police, policeman
pos	post, mail
sebelah	side
setasiun	station
Sulawesi	Celebes

7.4.A.   Conversation
IBU SAKIT.

Ana bertemu dengan Bambang di jalan.

Bambang:	"Dari mana Ana?" (see 4.2.C.2)
Ana:	"Dari apotek."
Bambang:	"Siapa yang sakit?"
Ana:	"Ibu saya."
Bambang:	"Sakit apa ibumu?"
Ana:	"Sakit kerongkongan. Badannya panas. Beliau tidak mau makan."
Bambang:	"Kasihan! Apa beliau mau minum air jeruk?"
Ana:	"Ya, mau. Beliau banyak minum air jeruk dan air teh."
Bambang:	"Permisi dulu, Ana. Sampai bertemu lagi. Mudah-mudahan ibumu lekas sembuh."
Ana:	"Ya, mudah-mudahanlah."

98

7.4.B. Vocabulary

Ana	name (f)
Bambang	name (m)
beliau	he/she (of someone whom one respects)
bertemu (dengan)	to meet
jalan	street, road
sampai bertemu lagi	goodbye, see you later (lit: until we meet again)

7.5.A. Conversation
RUMAH BARU

Tini: "Ke mana engkau tadi pagi, Ira?"

Ira: "Saya pergi dengan Kakak ke rumah abang saya. Dia baru pindah."

Tini: "Ke mana dia pindah?"

Ira: "Ke Kebayoran."

Tini: "Sukakah engkau rumah itu?"

Ira: "Ya, suka sekali. Daerahnya baik. Tidak begitu ramai. Halamannya luas. Di belakang rumah itu ada pohon mangga dan pepaya. Di mukanya ada kebun bunga."

Tini: "Apakah abangmu suka rumah itu?"

Ira: "Ya, karena rumah itu dekat sekali dari kantornya."

7.5.B. Vocabulary

abang	older brother
belakang	back (of)
bunga	flower
halaman	yard
Ira	name (f)
kakak	older sister (or brother)

Kebayoran	name of a suburb in Jakarta
kebun	garden
luas	wide, extensive
mangga	mango
muka	front
pepaya	pawpaw
pindah	to move (house)
pohon	tree
ramai	noisy; crowded, bustling
tadi pagi	this morning (time past)
Tini	name (f)

7.6. Homework

a) Give the equivalent of the following phrases in Bahasa Indonesia.
1. the name of the book
2. Ratna's letter.
3. father's desk
4. (the) teacher's typewriter
5. my school
6. his house
7. her friend's name
8. their school
9. your eyes
10. our pupils

b) Supply the correct form *(apa, siapa)* and translate.
1. . . . . nama sekolah itu?
2. . . . . mereka itu?
3. . . . . dia teman Saudara?
4. Nama abangnya . . . . ?
5. Nama pilem itu . . . . ?
6. . . . . guru Nona?
7. Dengan . . . . dia makan?
8. Dengan . . . . dia bermain?
9. Engkau minum . . . . ?
10. Meja tulis . . . . itu?

c) Form questions to which the following sentences could be the answers. Use *apa* or *siapa* according to whether a person or a thing is indicated.
1. Nama nona itu Ratna.
2. Nama bioskop itu Capitol.
3. Nama buku itu 'Langkah Baru'.
4. Nama pilem itu 'Jatuh Cinta'.
5. Nama murid itu Hasan.
6. Nama restoran itu 'Selamat Makan'.
7. Nama guru itu Minah.

8. Nama dokter itu Harun.
9. Nama bunga itu 'wattle'.
10. Nama polisi itu Suparman.

d) Supply the correct form *(bukan, tidak)*.
1. Itu . . . . meja tulis Ayah.
2. Teman saya . . . . guru.
3. Dia . . . . mau pergi.
4. Ini . . . . potret ibu saya.
5. Bukan, itu . . . . tinta.
6. Saya . . . . lapar.
7. Apotek . . . . jauh.
8. Ibu . . . . di rumah.
9. Di kamar saya . . . . ada jam.
10. Hasan . . . . .suka kopi.

e) Give the equivalent of the following sentences in Bahasa Indonesia.
1. My head hurts.
2. My mother had a back-ache.
3. My sister has a toothache.
4. My tongue hurts.
5. He has a throat infection.
6. Hasan has malaria.
7. Father has eye trouble.
8. I have a stomach-ache.
9. Ratna has ear trouble.
10. His leg hurts.

f) Give negative responses to the following questions, using full sentences.
1. Apakah dia orang yang bertanggungjawab?
2. Apa baik temanmu itu?
3. Apa bagus rumah itu?
4. Apa apotek itu jauh dari sini?
5. Apa Udin sakit gigi?
6. Apa dia pergi ke kantor tadi pagi?
7. Apa Udin mau bermain dengan Hasan?
8. Apa engkau pergi ke bioskop tadi malam?
9. Apa dia di kantor sekarang?
10. Apa itu mesin tulis yang baik?

g) Give short positive responses to the following questions.
1. Apa ada lemari di kamarmu?
2. Apa Hasan masih tidur?
3. Apa engkau sudah makan?
4. Apa Nona mau mandi?
5. Apa murid-murid boleh bertanya?
6. Apa ibumu suka kopi?
7. Apa kamar tidur itu bersih?

8. Apa anak itu sopan?
9. Apa guru itu guru yang baik?
10. Besarkah sekolah itu?

h) Write the correct forms of the verbs in brackets in the following sentences.
1. Murid-murid sedang (baris).
2. Hasan tidak mau (tanya)
3. Ratna, (mainlah) dengan Minah!
4. (Makanlah) nasi goreng itu!
5. (Kumpullah) di sana!
6. Lonceng sekolah sudah (bunyi).
7. Apa Ibu masih (tidur)?
8. (Ajarlah) baik-baik, Amran!
9. Ibu dan Ayah sedang (bicara).
10. Marilah kita (nyanyi).

i) Give the equivalent of the following sentences in English.
1. Bangunlah! Hari sudah siang.
2. Permisi dulu, Pak. Saya harus pergi.
3. Hasan, baik-baiklah duduk!
4. Mudah-mudahan engkau lekas sembuh.
5. Baiklah, sampai bertemu lagi, Udin.
6. Marilah kita bernyanyi bersama-sama.
7. Marilah kita pergi ke rumah Udin sebelum pulang.
8. Dari sekolah saya harus langsung pulang.
9. Entahlah . . . , saya tidak tahu di mana Ibu.
10. Kasihan, Dulah! Dia sakit telinga.

j) Answer the following questions in Bahasa Indonesia as if they were directed to you personally. You may use your imagination. Avoid **plain** 'yes' or 'no' answers.
1. Siapa nama Saudara?
2. Berapa umur Saudara?
3. Apa Saudara suka belajar Bahasa Indonesia?
4. Apa Saudara murid yang rajin?
5. Apa Saudara makan pagi sebelum pergi ke sekolah?
6. Dari sekolah, apa Saudara langsung pulang?
7. Apa ada peta Indonesia di kelas Saudara?
8. Apa Saudara suka nasi goreng?
9. Apa sekolah jauh dari rumah Saudara?
10. Apa Saudara suka pepaya dan mangga?

k) Translation. Translate the following sentences into Bahasa Indonesia.
1. He's not a responsible teacher.
2. The area is not very crowded.
3. What is the name of your room-mate?
4. There are some children who want to go and some who don't.

5. Does father have to go to the office today?
6. He is thin and pale. What's wrong with him?
7. Are there stamps and envelopes in that drawer?
8. Hasan, is that letter from the head office?
9. Children, please talk clearly.
10. They have to assemble in front of the building near the post office.

Chapter 8

8.1. Vocabulary

Check the pronunciation, read aloud and note the meaning.

alamat	address
apa saja	anything at all; whatever there is, whatever you like
bercakap	to talk, chat
betul	correct, true; very
bisu	dumb, mute
bunyi	noise, sound
buta	blind
cepat	fast, quick(ly)
dahulù	= *dulu*
dapat	to be able to (can)
dokter mata	eye doctor
dulu	first, now (i.e. before doing something else)
gambar	drawing, picture
jangan	do not (negative imperative indicator)
kotor	dirty
kucing	cat
luar	outside, outer part
lupa	to forget, not remember (to)
melihat (lihat)	to see, look (at)
memasak (masak)	to cook
membaca (baca)	to read
memegang (pegang)	to hold, take hold of, touch
memekik (pekik)	to scream
menangis (tangis)	to cry, weep
menanti (nanti)	to wait (for)
mencium (cium)	to smell, sniff, kiss
mencoba (coba)	to try (to)
mencuci (cuci)	to wash (something)
mendengar (dengar)	to hear, listen (to)
mengajar (ajar)	to teach
mengambil (ambil)	to get, fetch, take (from a place)
mengapa (apa)	what is/was . . . doing?, why (see 8.10)
mengarang (karang)	to write, compose
mengecap (kecap)	to taste
mengeong (ngeong)	to miaow
menggambar (gambar)	to draw (a picture)

menghafal (hafal)	to memorize, know by heart
menulis (tulis)	to write
menunjuk (tunjuk)	to indicate, point to
menyalin (salin)	to copy
menyanyi (nyanyi)	to sing (intransitive)
meraba (raba)	to feel, grope for, touch
merasa (rasa)	to feel (concerning one's emotions, attitudes)
nak	= anak (nak is used only as a term of address)
pakaian	clothes, clothing
pandai	good at, clever
Putih	'Snowy' (name of a pet, see 6.2.C.2), white
ribut	noisy
Rohana	name (f)
sayur	vegetable(s)
sekolah dasar	primary school
tuli	deaf
wah!	my! well! (expresses mild emotion)

See also the table in 8.3.C.4 for other new vocabulary.

8.2.A. Reading comprehension
GURU YANG BAIK
(Di Sekolah Dasar)
Rohana guru. Dia sedang mengajar murid-muridnya di kelas 1.

Guru:	"Anak-anak, lihatlah baik-baik! Ini apa?"
	Guru menunjuk matanya.
Anak-anak:	"Itu mata."
Guru:	"Kita melihat dengan mata. Ini apa?"
	Guru memegang telinganya.
Anak-anak:	"Itu telinga."
Guru:	"Kita mendengar dengan telinga. Ini apa?"
	Dia menunjuk hidungnya.
Anak-anak:	"Itu hidung."
Guru:	"Kita mencium dengan hidung. Dengan apa kita mengecap?"
Anak-anak:	"Kita mengecap dengan lidah."
Guru:	"Kita merasa atau meraba dengan apa?"
Anak-anak:	"Dengan tangan."
Guru:	"Jadi kita melihat dengan mata, mendengar dengan telinga, kita mencium dengan hidung, mengecap dengan lidah dan meraba dengan tangan. Sekarang, dengarlah baik-baik! Apa orang buta bisa melihat?"
Anak-anak:	"Orang buta tidak bisa melihat."
Guru:	"Ya, itu betul. Orang buta tidak dapat melihat. Apa orang tuli bisa mendengar?"
Anak-anak:	"Orang tuli tidak bisa mendengar."

Guru:	"Ya, orang tuli tidak bisa mendengar."
Anak-anak:	"Dan orang bisu tidak bisa bercakap."
Guru:	"Wah, memang pintar kamu sekalian. Siapa mau menggambar? Sekarang marilah kita menggambar. Ambillah pinsil dan kertas!"
Ratna:	"Ya, saya mau menggambar bunga."
Amran:	"Saya mau menggambar rumah."
Guru:	"Ya, boleh. Apa saja. Janganlah ribut! Saya mau menggambar orang."
Anak-anak:	"Ya, ya, saya juga mau menggambar orang."
Guru:	"Jangan lupa menulis namamu! Menggambarlah! Biasanya gambarmu bagus-bagus."
	Memang pandai guru itu mengajar.
Ira:	"Permisi, Bu. Saya mau mencuci tangan saya. Tangan saya kotor."
Guru:	"Ya, boleh. Tangan harus bersih, sebelum menggambar."

8.2.B.   English version
A GOOD TEACHER
(In Primary School)
Rohana is a teacher. She is teaching her pupils in first class.

| Teacher: | 'Children, watch carefully! What is this?' |
| | The teacher points to her eye. |

Children:	'That's your eye.'
Teacher:	'We see with our eyes. What is this?'
	The teacher takes hold of her ear.
Children:	'That's your ear.'
Teacher:	'We hear with our ears. What's this?'
	She points to her nose.
Children:	'That's your nose.'
Teacher:	'We smell with our noses. What do we taste with?'
Children:	'We taste (things) with our tongues.'
Teacher:	'What do we feel or touch with?'
Children:	'With our hands.'
Teacher:	'So we see with our eyes, hear with our ears, we smell with our noses, taste with our tongues and we touch with our hands. Now, listen carefully! Can a blind man see?'
Children:	'A blind man cannot see.'
Teacher:	'Yes, that's right. A blind man cannot see. Can a deaf man hear?'
Children:	'A deaf man can't hear.'
Teacher:	'Right, a deaf man can't hear.'
Children:	'And a dumb man can't speak.'
Teacher:	'Well, all of you are indeed clever. Who wants to draw a picture? Let's draw a picture now. Take a pencil and some paper!'
Ratna:	'Yes, I'm going to draw a flower.'
Amran:	'I'm going to draw a house.'
Teacher:	'Yes, you may. Anything you like. Don't be noisy. I'm going to draw a person.'
Children:	'Yes, yes, I want to draw a person too.'
Teacher:	'Don't forget to write down your name. Go ahead and draw, usually your drawings are beautiful.'
	That teacher certainly teaches well. (lit: is clever at teaching)
Ira:	'Excuse me, teacher. I want to wash my hands. They (lit: **my** hands) are dirty.'
Teacher:	'Yes, you may. The hands should be clean, before drawing.

8.2.C. Cultural notes.

1. In the Indonesian region pointing, beckoning, offering or receiving anything must always be done with the right hand. The left, which is used for cleansing the body after visiting the toilet, is regarded as unclean. To use it for general social purposes is considered very impolite.

In Java, especially to someone respected, things and directions are indicated by use of the right thumb. In other parts of the country, use of the right index finger is normal.

The customary European way of beckoning, with an upward movement of the index finger is regarded as very impolite. One beckons with downward, inward movements of the right hand.

2. You will notice that the Indonesian text says simply: *Itu mata,* (That is eye) whereas the English version says: 'That is **your** eye'; the Indonesian: *Kita melihat dengan mata* (we see with eyes), the English: 'We see with **our** eyes'. Unless there is a special reason for including it, Indonesian **omits the possessive pronoun** in expressions of this type.

3. Grammatical notes

a) In Indonesian, as in English, verbs are of two major types — **TRANSITIVE** and **INTRANSITIVE**. A transitive verb is one which **takes an object**, and an intransitive verb is one which **does not take an object**.

b) However verbs which are transitive in English may be intransitive in Indonesian, and vice-versa.

c) In English a verb is often both transitive and intransitive. However in Indonesian most verbs can be clearly categorized as either transitive or intransitive.

e.g.   In English the same verb 'to ring' is used in the sentences:
            The bell rings.   (INTRANSITIVE)
and   He rings the bell.   (TRANSITIVE).

In Indonesian 'to ring' would be translated by a different verbal derivative in each of these sentences — the intransitive verb *berbunyi* in the first, and the transitive form *membunyikan* in the second. (The latter will be introduced in a later chapter).

d) The simple root verbs (e.g. *tidur, mandi, bangun)* and *ber*-root verbs (e.g. *bertanya, berkumpul, berbunyi, berhenti)* are intransitive. However:

    i) There are some simple root verbs and *ber*-root verbs (e.g. *mau, suka, belajar, berbicara, bernyanyi)* which can have a following noun. Yet these do not behave like normal transitive verbs in Indonesian, as will become clear in later chapters. Therefore, it is best to regard them as intransitive verbs.

    ii) There are, however, a small number of simple root verbs (e.g. *makan, minum)* which may be either transitive or intransitive.

e) In this chapter we introduce a new verbal prefix, *ME-*. Many *me*-root verbs are **transitive**. But there are also *me*-root verbs which are **intransitive,** and some which may be **either transitive or intransitive.**

8.3.A.   **Note the form of the verbs in the following sentences.**

1.	a)	Guru memegang telinganya.
	b)	Ratna mengambil pinsil.

2.
a)	Anak itu membaca surat.
b)	Anak itu membaca.
c)	Ibu memasak bakmi.
d)	Ibu memasak.

3.
a)	Rustam memekik.
b)	Ratna menangis.
c)	Kucing itu mengeong.
d)	Murid-murid sedang menyanyi.

8.3.B.
1. a) The teacher takes hold of her ear.
   b) Ratna is getting a pencil.

2. a) The child is reading a letter.
   b) The child is reading.
   c) Mother is cooking noodles.
   d) Mother is cooking.

3. a) Rustam screams.
   b) Ratna cries.
   c) The cat miaows.
   d) The pupils are singing.

8.3.C. Remarks
1. Some *ME*-root verbs are always transitive, i.e. they always have an object (see frame 1).

2. Some *ME*-root verbs are either transitive or intransitive according to whether or not they have an object (see frame 2).

3. Some *ME*-root verbs never have an object so are always intransitive (see frame 3).

4. When the prefix *me-* is attached to certain roots, changes occur in the initial sound of the root, or an extra sound appears before the root (see frames 2, 3, 4 and 5 of the following table). In the roots listed in frame 1 of the table, however, no changes occur.
a) The prefix *me* + m is used with all roots beginning with b, f and p.

b) The prefix *me* + n is used with all roots beginning with d, j, c and t.

c) The prefix *me* + ng is used with all roots beginning with vowels g, h and k.

d) The prefix *me* + ny is used with all roots beginning with s.
e) When *me-* prefix is attached to roots beginning with p, t, k and s, this first sound of the root is dropped.

The following table shows these sound changes.

The *me-* prefix.

Initial sound	root	prefix	derived form	meaning
1. l	lihat		melihat	to see, look (at)
m	masak		memasak	to cook
n	nanti		menanti	to wait
ng	ngeong		mengeong	to miaow
ny	nyanyi	me-	menyanyi	to sing
r	raba		meraba	to feel, touch
y	yakin		meyakini	to convince
w	wakil		mewakili	to represent
2. b	baca		*mem*baca	to read
f	fitnah	mem-	*mem*fitnah	to slander
p	pekik		*mem*ekik	to scream
3. d	dengar		*men*dengar	to hear
j	jual		*men*jual	to sell
c	coba	men-	*men*coba	to try (to)
t	tangis		*men*angis	to cry
4. a,e,i,o,u	ajar	meng-	*meng*ajar	to teach
g	gambar		*meng*gambar	to draw (a picture)
h	hafal		*meng*hafal	to memorize
k	karang		*meng*arang	to write, compose
5. s	salin	meny-	*meny*alin	to copy

A summary of the table is:

Prefix	Root beginning with
me + m	b,f,p̸,
me + n	d,j,c,t̸
me + ng	vowel, g,h,k̸
me + ny	s̸
me-	all other sounds

The slashed sounds are dropped when the *me-* prefix is attached.

8.3.D. Exercise

Transformation drill: substitute the phrase or word given, transforming the verb to the appropriate form.

Dia sedang membaca buku.

tulis surat	Dia sedang menulis surat.
ambil mesin tulis	Dia sedang mengambil mesin tulis.
gambar orang	Dia sedang menggambar orang.

masak nasi goreng	Dia sedang memasak nasi goreng.
ajar muridnya	Dia sedang mengajar muridnya.
karang lagu	Dia sedang mengarang lagu.
pegang anaknya	Dia sedang memegang anaknya.
raba kepalanya	Dia sedang meraba kepalanya.
salin lagu	Dia sedang menyalin lagu.
kecap nasi goreng	Dia sedang mengecap nasi goreng.
pekik	Dia sedang memekik.
tangis	Dia sedang menangis.
nanti	Dia sedang menanti.
hafal	Dia sedang menghafal.
nyanyi	Dia sedang menyanyi.

8.4.A.   Note these questions carefully:

1.
   a) Dia mau mendengar **apa? Lagu Indonesia.**
   b) Dia mau menggambar **apa? Bunga.**
   c) Dia mau makan **apa? Nasi goreng.**

2.
   a) **Apa** dia mau mendengar? **Ya.**
   b) **Apa** dia mau menggambar? **Ya.**
   c) **Apa** dia mau makan? **Tidak.**

8.4.B.

1. a) What does he want to hear? An Indonesian song.
   b) What does he want to draw? A flower.
   c) What does he want to eat? Fried rice.

2. a) Does he want to hear? Yes.
   b) Does he want to draw? Yes.
   c) Does he want to eat? No.

8.4.C.   Remarks

1. In frame 1 the interrogative pronoun *apa* (meaning 'what') is the object of the verb and the answer required is a noun. This *apa* can never be dropped.

2. In frame 2, *apa* is simply a 'yes/no' question indicator, i.e. the question requires the answer 'yes' or 'no'. This *apa* is often dropped, especially in the spoken language (see 2.3.C.2).

8.4.D.   Exercises

1. Transformation drill: substitute the verbs given, changing their form where appropriate.
Apa engkau mau menggambar?

lihat	Apa engkau mau melihat?
dengar	Apa engkau mau mendengar?

kecap	Apa engkau mau mengecap?
tulis	Apa engkau mau menulis?
coba	Apa engkau mau mencoba?
baca	Apa engkau mau membaca?
ajar	Apa engkau mau mengajar?
pergi	Apa engkau mau pergi?
keluar	Apa engkau mau keluar?
makan	Apa engkau mau makan?
minum	Apa engkau mau minum?
duduk	Apa engkau mau duduk?
masuk	Apa engkau mau masuk?
main	Apa engkau mau bermain?
nyanyi	Apa engkau mau bernyanyi?
tanya	Apa engkau mau bertanya?
bicara	Apa engkau mau berbicara?

2. Answer drill: answer according to the hint given.

Dia mau menggambar apa? (bunga)
     Dia mau menggambar bunga.
Engkau mau menulis apa? (surat)
     Saya mau menulis surat.
Ibu mau minum apa? (teh)
     Ibu mau minum teh.
Tom mau belajar apa? (Bahasa Indonesia)
     Tom mau belajar Bahasa Indonesia.
Mereka mau makan apa? (nasi goreng)
     Mereka mau makan nasi goreng.
Guru mau mengambil apa? (pinsil dan kertas)
     Guru mau mengambil pinsil dan kertas.
Anak-anak mau melihat apa? (pilem Indonesia)
     Anak-anak mau melihat pilem Indonesia.
Murid-murid mau mendengar apa? (lagu Indonesia)
     Murid-murid mau mendengar lagu Indonesia.
Engkau mau mencoba apa? (nasi goreng)
     Saya mau mencoba nasi goreng.
Saudara mau mengajar siapa? (Ratna)
     Saya mau mengajar Ratna.

8.5.A. **Note the following sentences carefully.**

1.
> a) **Bacalah buku itu!**
> b) **Jangan(lah) baca buku itu!**
>
> c) **Cucilah pakaian itu sekarang!**
> d) **Jangan(lah) cuci pakaian itu sekarang!**

2.

a) Ini buku yang baik. **Bacalah!**
b) Ini buku yang tidak baik. **Janganlah baca!**
c) Pakaian ini kotor. **Cucilah!**
d) Pakaian ini tidak kotor. **Janganlah cuci!**

8.5.B.

1. a) Read that book.
   b) Don't read that book.

   c) Wash those clothes now.
   d) Don't wash those clothes now.

2. a) This is a good book. Read it.
   b) This is a bad book. Don't read it.

   c) These clothes are dirty. Wash them.
   d) These clothes are not dirty. Don't wash them.

8.5.C.   Remarks

1. All the bold sentences in the frames are **imperative**. They give an order or request.

2. *Jangan* introduces a negative order or request. It corresponds to the English 'Don't'. — **lah** is used with *jangan* in emphasis rather than to soften the order.

3. Sentences a) and c) in both frames are **positive** imperative sentences and they are transitive i.e. they have an object.

In frame 1, the objects are stated *(buku itu, pakaian itu)*.

In frame 2, the objects are not stated in the imperative sentence, but are mentioned in the context.

4. In sentences a) and c) in both frames, the order is for **a specific action to be done to a specific object**. In such sentences, **the prefix** *me-* **is dropped**.

5. Sentences b) and d) in both frames are negative imperatives **prohibiting** a specific action to a specific object. Therefore, in these sentences, too, **the prefix** *me-* **is dropped**.

8.5.D.   Exercises

1. Transformation drill: transform the following sentences into the negative imperative.

Bacalah buku itu!	Jangan(lah) baca buku itu!
Ambillah potret itu!	Jangan(lah) ambil potret itu!
Rabalah kepalanya!	Jangan(lah) raba kepalanya!
Peganglah surat itu!	Jangan(lah) pegang surat itu!
Masaklah nasi goreng itu!	Jangan(lah) masak nasi goreng itu!
Ciumlah bunga itu!	Jangan(lah) cium bunga itu!
Kecaplah bakmi itu!	Jangan(lah) kecap bakmi itu!

2. Response drill: using the hints provided, give the positive or negative statement resulting from the order, according to the model.

Ciumlah bunga itu! (dia)
                Dia mencium bunga itu.
Jangan ambil pinsil dan kertas itu! (mereka)
                Mereka tidak mengambil pinsil dan kertas
                itu.
Tulislah namamu! (saya)
                Saya menulis nama saya.
Jangan raba kepalanya! (saya)
                Saya tidak meraba kepalanya.
Kecaplah nasi goreng itu! (dia)
                Dia mengecap nasi goreng itu.
Bacalah buku itu! (dia)
                Dia membaca buku itu.
Jangan masak sate itu! (dia)
                Dia tidak memasak sate itu.
Jangan ajar anak itu! (dia)
                Dia tidak mengajar anak itu.
Lihatlah gambar itu! (mereka)
                Mereka melihat gambar itu.
Cucilah tanganmu! (dia)
                Dia mencuci tangannya.

3. Translation and fluency drill.
a) Translate the following sentences into English. Then master the sentences.

Bacalah!   Ini surat dari Ibu.
Salinlah!   Itu lagu baru.
Tulislah!   Ini nama buku yang baru itu.
Ambillah!   Air jeruk ini untukmu.
Dengarlah!   Ini lagu Indonesia.
Hafallah!   Ini kata-kata baru.
Cucilah!   Ini pakaian yang kotor.

b) Translate the following sentences into English. Then master the sentences.

Jangan baca!   Itu bukan suratmu.
Jangan salin!   Itu lagu lama.
Jangan tulis!   Itu bukan namanya.
Jangan ambil!   Itu bukan untukmu.
Jangan dengar! Kabar itu tidak betul.
Jangan cuci!   Pakaian itu bersih.
Jangan pegang! Piring itu panas.

4. Response drill: give positive responses according to the model.
Boleh saya melihat potret itu?
                Ya, boleh. Lihatlah!

Boleh saya mengecap sate itu?

      Ya, boleh. Kecaplah!

Boleh saya menyalin lagu itu?

      Ya, boleh. Salinlah!

Boleh saya menggambar Nyonya?

      Ya, boleh. Gambarlah!

Boleh saya menanti Ibu di sini?

      Ya, boleh. Nantilah!

Boleh saya mengambil bunga itu?

      Ya, boleh. Ambillah!

8.6.A. **Note the following sentences carefully.**

1.
a) **Membaca bukulah** sekarang!
b) **Janganlah membaca buku** sekarang!

c) **Mencuci pakaianlah** sekarang!
d) **Janganlah mencuci pakaian** sekarang!

2.
a) **Membacalah** sekarang!
b) **Janganlah membaca** sekarang!

c) **Mencucilah** sekarang!
d) **Janganlah mencuci** sekarang!

3
a) **Memekiklah!**
b) **Janganlah memekik!**

c) **Menyanyilah!**
d) **Janganlah menyanyi!**

8.6.B.

1. a) Read a book now.
 b) Don't read books (a book) now.

 c) Wash the clothes now. or: Do the washing now.
 d) Don't wash the clothes now. or: Don't do the washing now.

2. a) Read now. or: Do some reading now.
 b) Don't read now.

 c) Do the washing now.
 d) Don't do the washing now.

3. a) Scream.
 b) Don't scream.

 c) Sing.
 d) Don't sing.

8.6.C. Remarks

1. In certain positive and negative orders or requests when the verb is transitive, the *me*-**prefix may occur,**

e.g. *Membaca bukulah.*

  Janganlah membaca buku. (see frame 1)

This is when the order is not directed to a specific object, but rather to an **activity** (e.g. reading books, rather than reading a particular book).

2. Note that in such cases if -*lah* occurs in a positive request it is attached to **the object** and **not** to the verb.

3. In frame 2, **no object is mentioned,** either in the imperative sentence or in the context. Thus these verbs are intransitive (see 8.3.C.2). Here again orders are directed at the **activity,** so **the prefix** *me-* **is retained.**

4. The sentences in frame 3 contain **intransitive** verbs, which by definition never have an object (see 8.3.C.3.). Here interest centres entirely on the **activity.** In a positive or negative order or request, when a *me*-root verb is intransitive **the prefix** *me-* **is retained.**

8.6.D. Exercises

1. Translation and fluency drill: translate the following sentences into English. Then master the sentences.

a) Memasak sayurlah hari ini. Teman saya tidak makan daging.

b) Janganlah menulis surat kepadanya.

c) Jangan menanti temanmu di sana. Jalan ramai.

d) Mencuci rambutlah dulu, Ratna, sebelum tidur.

e) Menghafal lagulah bersama-sama.

f) Menggambar bungalah kamu sekalian.

g) Janganlah membaca surat sekarang. Makanlah dulu!

h) Janganlah memasak sate siang ini. Saya mau bakmi.

2. Mixed substitution drill: substitute the words given where appropriate.
Menulislah di sana!

di kamarmu	Menulislah di kamarmu!
membaca	Membacalah di kamarmu!
sekarang	Membacalah sekarang!
mengajar	Mengajarlah sekarang!
menyalin	Menyalinlah sekarang!
baik-baik	Menyalinlah baik-baik!
menyanyi	Menyanyilah baik-baik!
bersama-sama	Menyanyilah bersama-sama!
memasak	Memasaklah bersama-sama!

3. Transformation drill: substitute the verbs given, changing their forms as appropriate.
Minah, jangan menghafal sekarang!

karang	Minah, jangan mengarang sekarang!
ajar	Minah, jangan mengajar sekarang!
masak	Minah, jangan memasak sekarang!

baca	Minah, jangan membaca sekarang!
tulis	Minah, jangan menulis sekarang!
salin	Minah, jangan menyalin sekarang!
lihat	Minah, jangan melihat sekarang!

4. Response drill: give affirmative and negative responses to the following questions according to the model.
Bolehkah saya mencuci?

Ya, mencucilah!
Tidak, janganlah mencuci!

Bolehkah saya membaca?

Ya, membacalah!
Tidak, janganlah membaca!

Bolehkah saya mengarang?

Ya, mengaranglah!
Tidak, janganlah mengarang!

Bolehkah saya menulis? .

Ya, menulislah!
Tidak, janganlah menulis!

Bolehkah saya menggambar?

Ya, menggambarlah!
Tidak, janganlah menggambar!

5. Sentence formation drill: form the following sentences into the imperative according to the model.
Minah menangis.

Minah, jangan menangis di sini!
Menangislah di luar!

Hasan memekik.

Hasan, jangan memekik di sini!
Memekiklah di luar!

Putih mengeong.

Putih, jangan mengeong di sini!
Mengeonglah di luar!

Anak-anak menyanyi.

Anak-anak, jangan menyanyi di sini!
Menyanyilah di luar!

8.7.A.   Note the structure frame carefully:

1. **Jangan lupa membaca!**
2. Jangan **mau** membaca!
3. Jangan **lupa menulis namamu!**
4. Jangan **mau** menulis namamu!

8.7.B.
1. Don't forget to read.
2. Refuse to read.
3. Don't forget to sign your name.
4. Refuse to sign your name.

8.7.C.   Remarks

These are common phrases. Here *mau* is a simple verb, rather than an auxiliary. It is the simple verbs *lupa* and *mau* which are imperative and are being negated by *jangan*, not the following *me-* verbs. Therefore there is **no** change in the form of the *me-* verbs in sentences 3 and 4.

8.7.D.   Exercises

1. Mixed substitution drill: substitute the words given where appropriate.
Jangan lupa memasak!

mau	Jangan mau memasak!
baca	Jangan mau membaca!
lupa	Jangan lupa membaca!
karang	Jangan lupa mengarang!
coba	Jangan lupa mencoba!
salin	Jangan lupa menyalin!
mau	Jangan mau menyalin!

2. Translation and fluency drill: translate the following sentences into English. Then master them.
a) Jangan lupa makan obatmu!
b) Jangan lupa makan!
c) Jangan lupa belajar!
d) Jangan mau belajar bahasa!
e) Jangan mau memasak!
f) Jangan lupa mengambil buku itu!
g) Jangan lupa menulis surat itu!
h) Jangan lupa membaca surat itu!
i) Jangan lupa minum susu!

8.8.A.   Note the structure frame carefully.

1. **Baik-baiklah** membaca buku itu!
2. **Cepat-cepatlah** mencuci piring itu!
3. **Di sanalah** menanti Ibu!
4. **Bersama-samalah** menghafal lagu itu!
5. **Banyak-banyaklah** memasak sate!
6. **Banyaklah** membaca buku!

8.8.B.

1. Read that book properly (carefully).
2. Wash those dishes quickly.
3. Wait for mother there.
4. Memorize that song together.
5. Cook lots of sate.
6. Read lots of books.

8.8.C.   Remarks

1. *Baik* is an adjective meaning 'good'. To form an adverb, an adjective is sometimes doubled, e.g. *Baik-baiklah membaca* — Read nicely. The adverb *baik-baik* may be translated into English in various ways depending on the meaning of the verb (see 3.7.C.2).

2. The orders and requests in the frame are directed at the adverbs. Therefore there is no change in the form of the *me-* verbs.

8.8.D.   Exercise

Translation and fluency drill: translate the following sentences into English. Then master the sentences.

1. Baik-baiklah menyalin surat itu!
2. Cepat-cepatlah membaca buku itu!
3. Baik-baiklah menggambar orang itu!
4. Baik-baiklah mengambil nasi goreng itu!
5. Cepat-cepatlah memasak sate itu!
6. Banyak-banyaklah mengambil bakmi itu!
7. Di sanalah menanti Ibu!
8. Bersama-samalah mencuci piring itu!
9. Banyaklah menulis dalam bahasa Inggeris!
10. Cepat-cepatlah mencuci pakaian itu!

8.9.A.   Note the following sentences carefully:

1. Gambarmu **bagus-bagus.**
2. Di sana rumah **besar-besar.**

8.9.B.

1. Your pictures are beautiful.
2. There the houses are big.

8.9.C.   Remarks

The doubling of an adjective indicates that the noun to which it refers is plural. It may also intensify the quality indicated by the adjective.

8.9.D. Exercise

Translation and fluency drill: translate the following sentences into English. Then master them.

1. Di sana anak-anak kurus-kurus.
2. Anak-anak Nyonya Amin gemuk-gemuk.
3. Di kelas itu murid pandai-pandai.
4. Di restoran itu pelayan malas-malas.
5. Di kamar itu kursi besar-besar.
6. Orang yang sakit malaria biasanya pucat-pucat.
7. Pilem Inggeris biasanya baik-baik.
8. Di restoran itu piring dan gelas bersih-bersih.

8.10.A. Note the following question and its answers carefully:

1.	Dia **mengapa** di sana?

2.	a) Dia menulis.	or Dia **sedang** menulis.
	b) Dia menulis surat.	or Dia **sedang** menulis surat.
	c) Dia mengambil kertas.	or Dia **sedang** mengambil kertas.

8.10.B.
1. What is he doing there?
2. a) He (she) is writing.   or He (she) is writing.
   b) He (she) is writing a letter.   or He (she) is writing a letter.
   c) He (she) is fetching (some) paper. or He (she) is fetching (some) paper.

8.10.C. Remarks
The phrase *dia mengapa* here means 'What is he/she doing'.
In a different context the word *mengapa* means 'why' (i.e. = *kenapa*).

8.10.D. Exercises
Answer drill
a) Answer using the hints given, according to the model.
Mengapa Ibu di dapur? (masak nasi)
    Ibu sedang memasak nasi.
Mengapa Nona Rohana sekarang? (ajar murid-muridnya)
    Nona Rohana sedang mengajar murid-muridnya.
Mengapa Suparman di kamarnya? (baca buku)
    Suparman sedang membaca buku.
Mengapa nyonya itu sekarang? (tulis surat)
    Nyonya itu sedang menulis surat.
Mengapa engkau di sini? (nanti teman)
    Saya sedang menanti teman.
Mengapa Minah di kelas? (gambar)
    Minah sedang menggambar.

Mengapa Ayah di kamar duduk? (baca)
>Ayah sedang membaca.

Mengapa Amran di sana? (karang lagu)
>Amran sedang mengarang lagu.

b) Answer using the hints given according to the model.

Mengapa dia menangis? (perutnya sakit)
>Dia menangis, karena perutnya sakit.

Mengapa kucing itu mengeong? (lapar)
>Kucing itu mengeong, karena lapar.

Mengapa kamu banyak sekali minum? (haus)
>Saya banyak sekali minum, karena haus.

Mengapa anak itu kurus dan pucat? (dia sakit malaria)
>Anak itu kurus dan pucat, karena dia sakit malaria.

Mengapa Saudara tidak pergi ke kantor tadi pagi? (saya pergi ke dokter mata)
>Saya tidak pergi ke kantor tadi pagi, karena saya pergi ke dokter mata.

Mengapa dia tidak mau pergi ke bioskop? (dia mau belajar)
>Dia tidak mau pergi ke bioskop, karena dia mau belajar.

Mengapa kamu suka sekali kepada Amir? (dia orang yang baik dan bertanggungjawab)
>Saya suka sekali kepada Amir, karena dia orang yang baik dan bertanggungjawab.

Mengapa murid-murid suka sekali kepada guru itu? (dia pandai mengajar)
>Murid-murid suka sekali kepada guru itu, karena dia pandai mengajar.

8.11.   Exercises based on patterns in the text.

1. Answer drill: answer according to the hint given.

Dengan apa kita melihat? (mata)
>Kita melihat dengan mata.

Dengan apa engkau menggambar? (tinta)
>Saya menggambar dengan tinta.

Dengan siapa Ibu berbicara? (Ayah)
>Ibu bericara dengan Ayah.

Dengan siapa Hasan bermain? (Minah)
>Hasan bermain dengan Minah.

Dengan siapa dia makan? (temannya)
>Dia makan dengan temannya.

Dengan siapa engkau pergi? (guru)
>Saya pergi dengan guru.

Dengan apa mereka bermain? (kertas-kertas)
>Mereka bermain dengan kertas-kertas.

2. Transformation drill: transform the following sentences according to the sign given, affirmative, negative or question.

Apa orang itu bisa menggambar? (—)
Orang itu tidak bisa menggambar.

Tadi pagi Ibu tidak dapat memasak. (+)
Tadi pagi Ibu dapat memasak.

Apa guru dapat datang tadi malam? (+)
Guru dapat datang tadi malam.

Dia bisa berbicara Bahasa Indonesia. (?)
Apa dia bisa berbicara Bahasa Indonesia?

Anak itu tidak dapat masuk. (+)
Anak itu dapat masuk.

Murid itu bisa keluar. (?)
Apa murid itu bisa keluar?

Orang sakit itu tidak dapat berbicara. (+)
Orang sakit itu dapat berbicara.

Guru tidak dapat mengajar tadi pagi. (+)
Guru dapat mengajar tadi pagi.

Anak itu tidak bisa menulis. (+)
Anak itu bisa menulis.

Hasan dapat membaca (?)
Apa Hasan dapat membaca?

3. Make sentences explaining the meaning of the following words in bold type.

Orang itu **buta**.   Orang itu tidak bisa melihat.
Orang itu **tuli**.   Orang itu tidak bisa mendengar.
Orang itu **bisu**.   Orang itu tidak bisa berbicara.

4. Transformation drill: substitute the verbs given; change their form where appropriate.

Siapa mau menggambar?

tulis	Siapa mau menulis?
dengar	Siapa mau mendengar?
lihat	Siapa mau melihat?
ajar	Siapa mau mengajar?
coba	Siapa mau mencoba?
baca	Siapa mau membaca?
pergi	Siapa mau pergi?
datang	Siapa mau datang?
masuk	Siapa mau masuk?
nyanyi	Siapa mau bernyanyi?
bicara	Siapa mau berbicara?
tanya	Siapa mau bertanya?
keluar	Siapa mau keluar?
ambil	Siapa mau mengambil?

5. Mixed substitution drill: substitute the words given where appropriate.
Guru itu pandai mengajar.

Rohana	Rohana pandai mengajar.
mengarang	Rohana pandai mengarang.
menggambar	Rohana pandai menggambar.
Hasan	Hasan pandai menggambar.
menulis	Hasan pandai menulis.
berbicara	Hasan pandai berbicara.
Amran	Amran pandai berbicara.
bernyanyi	Amran pandai bernyanyi.
memasak	Amran pandai memasak.

8.12. Additional Exercises

Fluency drill: study the following dialogues. Then memorize and dramatize them.

a) Minah — Boleh saya memasak?
   Ibu — Ya, boleh. Engkau mau memasak apa?
   Minah — Saya mau memasak telur mata sapi.
   Saya lapar sekali. Ibu mau minum kopi?
   Ibu — Tidak, terima kasih. Saya mau minum segelas air jeruk.
   Saya haus.

b) (Tini berumur 4 tahun. Dia menangis.)
   Ibu — Mengapa engkau menangis? Jangan menangis, Nak! (Ibu
   mencium Tini.)
   Engkau mau mangga, mau pepaya?
   Tini — Tidak, Bu. Saya sakit telinga.
   Ibu — (Ibu meraba kepala Tini). Oo, engkau panas. Mari kita ke
   kamar tidur. (Tini berhenti menangis. Ibu pergi ke dapur
   mengambil obat.)
   Minumlah obat ini. Tentu telingamu akan sembuh.
   Tini — Terima kasih, Bu.

c) Ibu — Mengapa engkau, Rohana? Marilah makan, semua sudah
   siap.
   Rohana — Saya sedang menulis surat, Bu.
   Ibu — Janganlah menulis surat sekarang!
   Makanlah dahulu!
   Rohana — Ya, Bu.

8.13. Homework

a. Translation drill: give the Indonesian equivalents of the following sentences.
a) Do you want to see my drawing?
b) Children, listen carefully!
c) Minah, don't forget to write that letter!
d) Who wants to hear an Indonesian song?

e) Cook some chicken for this evening!
f) Don't take those flowers! They *(bunga itu)* are not yours.
g) May I copy the song now?
h) Refuse to go!
i) Can you see from there?
j) What is he doing in his room?

b. Write Indonesian sentences according to the instruction given.
a) Tell Dulah not to touch *(pegang)* your book.
b) Ask mother what father is doing in the kitchen.
c) Ask Ratna why she is crying.
d) Tell Tini not to take your pen.
e) Ask Minah to smell that beautiful *(bagus)* flower.
f) Tell Ira and Tini to come in and not to wait outside.
g) Ask Udin whether he has forgotten to copy the letter.
h) Ask Ira who she wants to go with.

Chapter 9

9.1.A. Vocabulary
Check the pronunciation, read aloud and note the meanings.

bacaan	reading material, the act of reading aloud
beberapa	several
belian	purchases
berbelanja	to go shopping
buah	classifier for all kinds of inanimate objects (see 9.9)
buatan	workmanship, made in + place, made by + person
capek	tired
cukup	sufficient, enough
dingin	cold
dolar	dollar
gambaran	picture, drawing (n)
gugur	to fall (of leaves, flowers)
habis	finished, used up
hampir	almost
harga	price, cost
hawa	weather, air, climate
helai	classifier for clothing, sheets of paper and other thin material, also for hair and cotton
jualan	ware, merchandise
kanguru	kangaroo
karangan	composition
kulkas	refrigerator
kwalitet, kualitas	quality
mahal	expensive
mahasiswa	student (at tertiary level)
makanan	food
masakan	cooking, cuisine
memakai (pakai)	to wear, use, make use of
membeli (beli)	to buy
membuat (buat)	to make
minuman	drink (n)
mulai (mula)	to begin
murah	cheap
musim	season
musim bunga/semi	spring

musim dingin	winter
musim gugur	autumn
musin hujan	wet season
musim kemarau/kering	dry season
musim panas	hot season, summer
orang	person; classifier for people
pasang	a pair, set
pendek	short
sabun	soap
sabun cuci	washing powder
sabun mandi	toilet soap
sambil	while
semi	young shoot
Suarni	name (f)
tahan	to stand, endure
taman	park
tebal	thick
toko	shop
tulisan	writing (n)
uang	money
walaupun	although
walaupun begitu	nevertheless
wol	wool

9.1.B.
Clothing, accessories, etc.

baju	dress, coat
baju tidur	night-dress
bedak	powder (face powder, talc)
celana	pants, trousers
dasi	necktie
gaun	dress
gincu bibir	lipstick
jas	coat
jas hujan	raincoat
kaus kaki	socks
kaus tangan	gloves
kemeja	shirt
minyak harum/wangi	perfume
pakaian	clothing
pakaian dalam	underwear, underclothes
pantalon	long trousers
piyama	pyjamas
rok	skirt
sepatu	shoes
sikat	brush
sikat gigi	toothbrush

sikat rambut	hair brush
sisir	comb
tas	handbag

9.2.A. Reading and comprehension
MEMBELI PAKAIAN

Amin seorang mahasiswa dari Indonesia. Dia belajar di universitas di Canberra. Dia serumah dengan Peter Henderson. Peter juga mahasiswa.

Peter: "Dari mana, Min?"

Amin: "Dari toko. Saya pergi berbelanja dengan Suarni."

Peter: "Apa yang kaubeli?"

Amin: "Pakaian tebal. Saya tidak tahan hawa dingin. Saya harus memakai pakaian tebal."

Peter: "Memang hawa sudah mulai dingin. Sekarang musim gugur, kemudian datang musim dingin. Dalam musim semi atau musim bunga tidak begitu dingin. Kalau hari baik banyak orang duduk di taman-taman sambil makan siang."

Amin: "Walaupun begitu, saya masih suka musim panas. Peter, inilah pakaian yang saya beli. Apakah cukup tebal? Apa baik kwalitetnya?"

Peter: "Pantalon ini wol yang baik, Min. Buatannya bagus. Di mana kaubeli? Apa mahal? Berapa harganya?"

Amin: "Saya beli di toko 'Kanguru'. Harga pantalon itu 15 dolar. Semua mahal, tidak ada yang murah. Hampir habis uang saya. Yang saya beli hanya sehelai pantalon, celana pendek, baju jas, dua helai kemeja, sepasang piyama dan dua pasang kaus kaki. O, ya, sabun mandi, sabun cuci dan sikat gigi."

Peter: "Suarni bagaimana? Apa yang dibelinya?"

Amin: "Juga pakaian. Dia membeli beberapa helai gaun, rok, pakaian dalam, baju tidur, jas hujan, kaus tangan, sepatu dan sebuah tas."

Peter: "Gincu, bedak, sisir dan minyak harum? Apa tidak dibelinya?"

Amin: "Ya, tentu saja . . . Banyak yang dibelinya. Kami masuk toko, keluar toko. Sekarang saya capek, lapar dan haus."

Peter: "Di kulkas ada makanan dan minuman. Marilah kita makan bersama-sama."

9.2.B. English version
BUYING CLOTHES

Amin is a student from Indonesia. He is studying at university in Canberra. He lives in the same house as Peter Henderson. Peter is also a student.

Peter: 'Where have you been, Amin (lit: where have you come from)?'

Amin: 'To the shops (lit: from the shop). I've been shopping with Suarni.'

Peter: 'What did you buy?'

Amin: 'Warm clothing (lit: thick clothing). I can't stand cold weather. I have to wear warm clothing.'

Peter: 'The weather certainly is becoming (lit: has begun to be) cold. It's

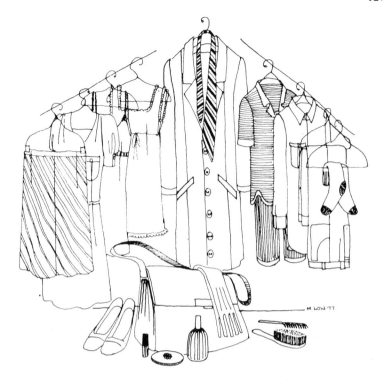

now autumn; then comes winter. In spring it's not so cold. If it's fine many people sit in the parks to eat their lunch (lit: while eating lunch).'

Amin: 'Nevertheless, I still like summer. Peter, these are the clothes that I bought. Are they thick enough?
Are they of good quality?'

Peter: 'These trousers are of good wool, Amin. They're well made (lit: their workmanship is good). Where did you buy them? Were they expensive? How much were they?'

Amin: 'I bought them at the 'Kangaroo' shop. They cost 15 dollars. They were all expensive, there weren't any cheap ones. I'm nearly out of money. All I bought was a pair of trousers, a pair of short trousers, a coat, two shirts, a pair of pyjamas and two pairs of socks. O, yes, toilet soap, washing powder and a toothbrush.'

Peter: 'What about Suarni? What did she buy?'

Amin: 'She bought some clothing, too. She bought several dresses, a skirt, some underwear, a night-dress, a raincoat, some gloves, some shoes and a handbag.'

Peter: 'Lipstick, powder, comb and perfume? Didn't she buy these?'

Amin: 'Yes, of course . . . She bought a lot. We were in and out of the shops. Now I'm tired, hungry and thirsty.'

Peter: 'There's some food and drink in the fridge. Let's eat together.'

9.2.C. Cultural notes

1. Since Indonesia has a tropical, equatorial climate there are only 2 seasons:

musim kemarau	dry season
musim hujan	wet season

To express the 4 seasons in countries with a temperate climate the following terms are used:

musim semi (lit: season of young shoots)	spring
musim bunga (lit: flower season)	spring
musim panas (lit: hot season)	summer
musim gugur (lit: season of falling leaves)	autumn
musim dingin (lit: cold season)	winter

2. Whereas we say in English 'if it is fine' or 'if it is a fine day', in Indonesian they say *Kalau hari baik,* i.e. lit: 'if the day is fine'.

9.3.A. Note the following sentences carefully:

1. Di mana **engkau membeli pakaian itu?**
2. **Saya membeli pakaian itu** di toko "Kanguru".
3. **Pakaian itu saya beli** di toko "Kanguru".
4. **Pakaian itu dibeli Amin** di toko "Kanguru".

9.3.B.

1. Where did you buy those clothes?
2. I bought those clothes in the 'Kangaroo' shop.
3. I bought those clothes in the 'Kangaroo' shop.
4. Amin bought those clothes in the 'Kangaroo' shop.

9.3.C. Remarks

1. The sentence pattern in the first two sentences is:

a) Question Indicator + SUBJECT + VERB + OBJECT
Di mana   engkau membeli pakaian itu?
b)   SUBJECT + VERB + OBJECT + Place phrase
Saya membeli pakaian itu di toko "Kanguru".

In these two sentences the pronouns *engkau* and *saya* are the subjects. Such sentences are called **SUBJECT FOCUS** constructions. They can be compared with active sentences in English. In subject focus constructions the object follows the verb.

2. a) The sentence pattern in the third sentence is:

OBJECT	+	SUBJECT	+ VERB	+	Place phrase
Pakaian itu		saya	beli		di toko "Kanguru".

b) The sentence pattern in the fourth sentence is:

OBJECT	+	VERB	+	SUBJECT	+	Place phrase
Pakaian itu		dibeli		Amin		di toko "Kanguru".

In these sentences the noun *pakaian* is the object. Such sentences are called **OBJECT FOCUS** constructions. They can be compared with passive sentences in English, although object focus constructions are often used in Indonesian where in English we would use the active form. In object focus constructions the object usually precedes the verb, but in some cases MAY FOLLOW IT. However, when the object does precede the verb, the object focus construction MUST be used.

3. *Membeli* is a transitive verb. Only transitive verbs may be used in **the object focus construction**. For an Indonesian verb to be classed as transitive it must fulfil two conditions:
a) It must be able to take both the prefix *me-* and *di-*, i.e. it must occur in both a **subject focus** (e.g. *mem*beli) and an **object focus** construction (e.g. *di*beli).

b) It must have **an object** (e.g. *pakaian itu*) (see frame).

Thus the verbs *tidur, berbunyi, menangis* are **not** transitive since forms such as *menidur, ditidur, memberbunyi, diberbunyi, ditangis* NEVER OCCUR.

9.3.D. Recognition exercise
1. Indicate whether the following verbs are transitive or intransitive by placing the word 'transitive' or 'intransitive' in the brackets.
a) Mereka **bernyanyi** di kelas. (   )
b) Murid-murid **duduk** di bangku. (   )
c) Ibu sedang **menulis surat** di kamarnya. (   )
d) Amin pandai **menggambar**. (   )
e) Minah **mencium bunga** yang bagus itu. (   )
f) Ibu belum **bangun**. (   )
g) Anak-anak **berkumpul** di halaman sekolah. (   )
h) Rohana sedang **mengarang**. (   )
i) Dia sedang **mengarang lagu**. (   )
j) Saya sudah **makan**, Ibu. (   )
k) Nanti malam kita akan **makan nasi goreng**. (   )
l) Saya harus **pergi** ke apotek. (   )

2. Observe the sentence pattern in the following sentences. Indicate whether the sentences are subject focus construction by placing the words "Subject focus" or "Object focus" in the brackets.
a) **Buku** itu **saya baca** di sekolah. (   )
b) Di mana **engkau mengarang lagu?** (   )
c) **Kemeja** itu **dibeli Amin** tadi pagi. (   )
d) **Kertas itu kami ambil** dari lemari. (   )

e) **Siapa mengarang lagu itu?** ( )
f) **Ibu** sedang **mencuci pakaian.** ( )
g) **Baju tidur itu saya cuci** dengan air panas. ( )
h) **Susu** itu sudah **diminum Hasan.** ( )
i) **Dia** mau **menanti temannya** dekat kantor pos. ( )
j) **Surat** itu **ditulis Amir** kemarin. ( )

9.4.A. Note the following sentences carefully.

1. a) i. **Saya membeli pakaian itu** di toko "Kanguru".
   ii. **Pakaian itu saya beli** di toko "Kanguru".
   b) i. **Kamu membeli pakaian itu** di toko "Kanguru".
   ii. **Pakaian itu kamu beli** di toko "Kanguru".
   c) i. **Kami membeli pakaian itu** di toko "Kanguru".
   ii. **Pakaian itu kami beli** di toko "Kanguru".

2. a) i. **Amin membeli pakaian itu** di toko "Kanguru".
   ii. **Pakaian itu dibeli (oleh) Amin** di toko "Kanguru".
   b) i. **Dia membeli pakaian itu** di toko "Kanguru".
   ii. **Pakaian itu dibelinya** (or **dibeli olehnya**) di toko "Kanguru".
   c) i. **Mereka membeli pakaian itu** di toko "Kanguru".
   ii. **Pakaian itu dibeli (oleh) mereka** di toko "Kanguru".
   d) i. **Guru saya membeli pakaian itu** di toko "Kanguru".
   ii. **Pakaian itu dibeli (oleh) guru saya** di toko "Kanguru". .

9.4.B.
1. a) i., ii. I bought those clothes in the 'Kangaroo' shop.
   b) i., ii. You bought those clothes in the 'Kangaroo' shop.
   c) i., ii. We bought those clothes in the 'Kangaroo shop.
2. a) i., ii. Amin bought those clothes in the 'Kangaroo' shop.
   or: a)ii. Those clothes were bought by Amin in the 'Kangaroo' shop.
   b) i., ii. He (she) bought those clothes in the 'Kangaroo' shop.
   or: b)ii. Those clothes were bought by him/her in the 'Kangaroo' shop.
   c) i., ii. They bought those clothes in the 'Kangaroo' shop.
   or: c)ii. Those clothes were bought by them in the 'Kangaroo' shop.
   d) i., ii. My teacher bought those clothes in the 'Kangaroo' shop.
   or: d)ii. Those clothes were bought by my teacher in the 'Kangaroo' shop.

9.4.C.   Remarks
1. Compare the sentence patterns in both frames. Sentences a)i., b)i., c)i.
in frame 1 and a)i., b)i., c)i. and d)i. in frame 2 are subject focus
constructions. The rest of the sentences in both frames are object focus
constructions.

2. Sentences a)ii., b)ii., c)ii., in frame 1 are object focus constructions in which the **subject** (i.e. the doer of the action) is a **first or second person** pronoun. In such constructions, the prefix *me-* does not occur, and the word order is **usually** Object + Subject + Verb.

3. Sentences a)ii., b)ii., c)ii. and d)ii. in frame 2 are object focus constructions in which the **subject** is a **third person** pronoun (*dia, mereka*) or a name or noun functioning as third person *(Amin, guru saya).* In such sentences, the verb has the prefix *di-,* and the subject noun or pronoun follows the verb. The preposition *oleh,* 'by', sometimes precedes the subject. Thus the order is usually Object + *di-*Verb (+ *oleh)* + Subject.

4. The use of *oleh* is optional and is more common in written than spoken Indonesian.

9.4.D. Exercises

1. Mixed substitution drill: substitute the word given where appropriate.
Buku itu saya beli di toko "Kanguru".

bedak	Bedak itu saya beli di toko "Kanguru".
kami	Bedak itu kami beli di toko "Kanguru".
kemeja	Kemeja itu kami beli di toko "Kanguru".
Saudara	Kemeja itu Saudara beli di toko "Kanguru".
tas	Tas itu Saudara beli di toko "Kanguru".
Nona	Tas itu Nona beli di toko "Kanguru".
kita	Tas itu kita beli di toko "Kanguru".

2. Transformation drill: transform the **subject focus** sentences into **object focus.**
Kami melihat orang itu di sekolah.
    Orang itu kami lihat di sekolah.
Aku membeli sepatu itu tadi pagi.
    Sepatu itu aku beli tadi pagi.
Saya memasak nasi goreng untuk anak-anak.
    Nasi goreng saya masak untuk anak-anak.
Kami membaca surat itu di kamar.
    Surat itu kami baca di kamar.
Saudara mengarang lagu itu tadi malam.
    Lagu itu Saudara karang tadi malam.
Kita menjual buku-buku itu kepada murid-murid.
    Buku-buku itu kita jual kepada murid-murid.
Aku menyalin lagu itu dari buku Amin.
    Lagu itu aku salin dari buku Amin.
Saya mengambil kopi untuk Ayah.
    Kopi saya ambil untuk Ayah.

3. Single substitution drill: replace the pronoun in the model sentence with the word given.
Kertas dan pena diambilnya dari meja.

murid-murid	Kertas dan pena diambil murid-murid dari meja.
mereka	Kertas dan pena diambil mereka dari meja.
Hasan	Kertas dan pena diambil Hasan dari meja.
guru	Kertas dan pena diambil guru dari meja.
Ayah	Kertas dan pena diambil Ayah dari meja.
temannya	Kertas dan pena diambil temannya dari meja.
anak-anak	Kertas dan pena diambil anak-anak dari meja.

4. Transformation drill: transform the **subject focus** into **object focus** construction.

Amir memakai pena saya.
> Pena saya dipakai (oleh) Amir.

Ibu membuat rok untuk Ratna.
> Rok untuk Ratna dibuat (oleh) Ibu.

Kakak mencuci kemeja baru Ayah.
> Kemeja baru Ayah dicuci (oleh) Kakak.

Dia membeli rumah baru.
> Rumah baru dibelinya (dibeli olehnya).

Temannya mengambil dua gelas air jeruk.
> Dua gelas air jeruk diambil (oleh) temannya.

Abang menjual mesin tulis Ayah.
> Mesin tulis Ayah dijual (oleh) Abang.

Ibu mencium Minah.
> Minah dicium (oleh) Ibu.

Guru melihat gambar Amran.
> Gambar Amran dilihat (oleh) guru.

Mereka membaca buku Bahasa Indonesia.
> Buku Bahasa Indonesia dibaca (oleh) mereka.

Dia mengajar siapa?
> Siapa diajarnya (diajar olehnya)?

5. Answer drill: answer with the hints given first using a subject focus construction, then using an object focus construction. Each question will be said twice.

Di mana dia membaca surat itu? (di kamarnya)
> Dia membaca surat itu di kamarnya.
> Surat itu dibacanya di kamarnya.

Di mana Saudara mengajar Bahasa Indonesia? (di universitas)
> Saya mengajar Bahasa Indonesia di universitas.
> Bahasa Indonesia saya ajar di universitas.

Di mana Ibu membeli minyak harum? (di toko "Kanguru")
> Ibu membeli minyak harum di toko "Kanguru".
> Minyak harum dibeli Ibu di toko "Kanguru".

Di mana Saudara melihat pilem itu? (di Capitol)
> Saya melihat pilem itu di Capitol.
> Pilem itu saya lihat di Capitol.

Di mana engkau melihat buku itu? (di toko buku)
  Saya melihat buku itu di toko buku.
  Buku itu saya lihat di toko buku.
Di mana engkau makan nasi goreng? (di rumah teman)
  Saya makan nasi goreng di rumah teman.
  Nasi goreng saya makan di rumah teman.
Di mana Bapak minum kopi? (di kamar makan)
  Bapak minum kopi di kamar makan.
  Kopi diminum Bapak di kamar makan.

9.5.A.   Note the structure frame carefully.

1. (Apa) pakaian itu **akan kaubeli?**
2. Pakaian itu **tidak kubeli.**
3. Pakaian itu **sudah saya beli.**
4. Pakaian itu **belum dibelinya.**
5. Pakaian itu **harus dibeli Ibu.**

9.5.B.
1. Are you going to buy those clothes?
2. I didn't buy those clothes.
3. I have bought those clothes.
4. She/he hasn't bought those clothes yet.
5. Mother has to buy those clothes.

9.5.C.   Remarks
1. Note the position of *akan, tidak, sudah, belum, harus* in sentences in the object focus construction. **No word can ever be inserted between the subject and the verb in the object focus construction for first and second person pronoun.**

2. In the object focus construction the pronoun *engkau* can be replaced by its short form *kau-*, which is attached to the verb, as in the frame. Similarly, the pronoun *aku* can be replaced by its short form *ku-*. In object focus construction these short forms of *engkau* and *aku* are more common than the full forms.

9.5.D.   Exercises
1. Response drill: answer the following questions in the negative, using the object focus construction with *ku-*.
Apa kertas itu kauambil dari lemari?
    Tidak, kertas itu tidak kuambil dari lemari.
Apa lagu itu kautulis tadi malam?
    Tidak, lagu itu tidak kutulis tadi malam.
Apa sepatu baru itu akan kaupakai nanti malam?
    Tidak, sepatu baru itu tidak akan kupakai nanti malam.
Apa ayam itu akan kaumasak?
    Tidak, ayam itu tidak akan kumasak.

Apa kopi Ayah kauminum?
> Tidak, kopi Ayah tidak kuminum.

Apa mesin tulis itu akan kaujual?
> Tidak, mesin tulis itu tidak akan kujual.

Apa bakmi itu kaumakan?
> Tidak, bakmi itu tidak kumakan.

Apa surat itu kaubaca?
> Tidak, surat itu tidak kubaca.

2. Transformation drill: transform the following sentences adding the words given.

Namanya ditulisnya di buku itu. (tidak)
> Namanya **tidak** ditulisnya di buku itu.

Buku itu saya baca di sekolah. (akan)
> Buku itu **akan** saya baca di sekolah.

Mesin tulis itu saya beli. (tidak)
> Mesin tulis itu **tidak** saya beli.

Paket itu diambilnya tadi pagi. (belum)
> Paket itu **belum** diambilnya tadi pagi.

Kopi itu diminum Hasan. (sudah)
> Kopi itu **sudah** diminum Hasan.

Meja tulis itu diambil mereka. (sedang)
> Meja tulis itu **sedang** diambil mereka.

Apa surat itu Saudara baca? (belum)
> Apa surat itu **belum** Saudara baca?

9.6.A. Note the following questions and answers carefully:

1. a) **Apa kaubeli?**   Pakaian saya beli.
   b) Apa **yang** kaubeli?   Pakaian **yang** saya beli.

2. a) **Apa Amin beli?**   Pakaian saya beli.
   b) Apa **yang** Amin beli?   Pakaian **yang** saya beli.

3. a) Apa yang **Nona beli?**   Pakaian yang **saya beli.**
   b) Apa yang **Tuan-tuan beli?** Pakaian yang **kami beli.**

4. a) Apa yang **dibeli nona itu?**   Pakaian yang **dibeli nona itu.**
   b) Apa yang **dibeli tuan-tuan itu?** Pakaian yang **dibeli tuan-tuan itu.**

9.6.B.

1. a) and b) What did you buy?   I bought some clothes.
   or b) What was it that you bought?

   It was clothes that I bought.

2. a) and b) What did you (Amin) buy?   I bought some clothes.
   or b) What was it that you (Amin) bought?
                                         It was clothes that I bought.

3. a) What did you buy? (when addressing a young unmarried lady).
                                         I bought some clothes.
   b) What did you buy? (when addressing several gentlemen)
                                    We bought some clothes.

4. a) What did that young lady (unmarried woman) buy?
                                      She bought some clothes.
   b) What did those men (gentlemen) buy?
                                    They bought some clothes.

9.6.C.   Remarks

1. The word *yang* (lit: who, which, that) can be used when we want to identify one thing as distinct from all others.
The sentence:
   pakaian yang saya beli
means literally: 'Clothes (are) what I bought.' i.e., 'It was clothes (and not something else) that I bought.'

2. Such 'identifying' constructions are rare in English. Often we would use a simple construction, merely stressing the relevant word, e.g.:
'**What** did you buy?'
'I bought some **clothes**'.
But in Indonesian a sentence using *yang* is very often used in this situation.

3. When nouns such as *Nona, Tuan* occur as subject in an object focus sentence and precede the verb, as in frame 3, then they are substitute pronouns and mean 'you'.

4. When such a noun follows the *di-* form verb, it is not acting as a pronoun but refers to a third person actor, as in frame 4. Such a third person actor is normally followed by *itu*.

5. Note that when more than one person is referred to, the noun can be reduplicated.
Thus, *Tuan* 'you (singular), sir, the gentleman (referring to a third person)'
Tuan-tuan 'you (plural), sirs, gentlemen'
Nona 'you (singular), miss, young lady'
Nona-nona 'you (plural), young ladies'

6. In frame 2 *Amin* occurs as subject in an object focus construction, and precedes the verb. It is thus substituting for a second person pronoun and is translated as 'you'. It is sometimes possible in Indonesian, when addressing someone, to use his or her name instead of *engkau*. This is often done in informal situations, e.g., when addressing a friend or someone who is younger. It is not done in situations in which one wishes

to be formal or respectful. Thus the person's name cannot be used instead
of *tuan, nona* etc., or when addressing someone older.

9.6.D.   Exercises

1. Single substitution drill: replace the word *'kamu'* with the one given.
Apa yang kamu lihat?

Saudara	Apa yang Saudara lihat?
Tuan	Apa yang Tuan lihat?
kau	Apa yang kaulihat?
saya	Apa yang saya lihat?
kita	Apa yang kita lihat?
kami	Apa yang kami lihat?
Amin	Apa yang Amin lihat?
ku	Apa yang kulihat?
Tuan-tuan	Apa yang Tuan-tuan lihat?
Nona-nona	Apa yang Nona-nona lihat?

2. Mixed substitution drill
a) Substitute the word given where appropriate.
Apa yang kaubeli?

gambar	Apa yang kaugambar?
tulis	Apa yang kautulis?
buat	Apa yang kaubuat?
lihat	Apa yang kaulihat?
dengar	Apa yang kaudengar?
Nyonya	Apa yang Nyonya dengar?
pakai	Apa yang Nyonya pakai?
Tuan	
Amin	
makan	Apa yang Amin makan?
minum	Apa yang Amin minum?
Nona-nona	Apa yang Nona-nona minum?
Tuan-tuan	Apa yang Tuan-tuan minum?

b) Substitute the words given where appropriate.
Apa yang dibelinya?

pakai	Apa yang dipakainya?
buat	Apa yang dibuatnya?
tulis	Apa yang ditulisnya?
dengar	Apa yang didengarnya?
lihat	Apa yang dilihatnya?
Nyonya Malik	Apa yang dilihat Nyonya Malik?
Tuan Hadi	Apa yang dilihat Tuan Hadi?
nona itu	Apa yang dilihat nona itu?
Bapak Suparman	Apa yang dilihat Bapak Suparman?
mereka	Apa yang dilihat mereka?
murid-murid	Apa yang dilihat murid-murid?
anak-anak	Apa yang dilihat anak-anak?

Ibu	Apa yang dilihat Ibu?
tuan-tuan itu	Apa yang dilihat tuan-tuan itu?
nona-nona itu	Apa yang dilihat nona-nona itu?

9.7.A.   Note the following questions and answers carefully:

1. Apa **pakaian** yang **kaubeli?**

2. Ya.
3. Ya, **pakaian** yang saya **beli.**
4. Ya, **yang saya beli pakaian.**

5. **Bukan, bukan pakaian.**
6. **Bukan, bukan pakaian** yang saya beli.
7. **Bukan,** yang saya beli **bukan pakaian.**

9.7.B.
1. Was it clothes that you bought?
2. Yes.
3. Yes, it was clothes that I bought.
4. Yes, what I bought was clothes.
5. No, not clothes.
6. No, it wasn't clothes that I bought.
7. No, what I bought wasn't clothes.

9.7.C.   Remarks
1. Note that the word order may be reversed so that the *yang* phrase precedes the noun *(pakaian)*.
Ya, pakaian yang saya beli.
Ya, YANG SAYA BELI pakaian. Yes, what I bought was clothes.
(Note that with this translation the English will sound a bit stilted perhaps, but it will give you a clear idea of the force of *yang* in such constructions.)

2. Note the negative answers. Since it is a noun which is being refuted, *bukan* is used. (See 4.3.C.2)

9.7.D.   Exercises
1. Single substitution drill: replace the word *saya* in the model sentence with the one given.
Yang saya baca surat dari Indonesia.

kami	Yang kami baca surat dari Indonesia.
ku	Yang kubaca surat dari Indonesia.
kita	Yang kita baca surat dari Indonesia.
Saudara	Yang Saudara baca surat dari Indonesia.
Nona	Yang Nona baca surat dari Indonesia.
Tuan	Yang Tuan baca surat dari Indonesia.

Nyonya	Yang Nyonya baca surat dari Indonesia.
kau	Yang kaubaca surat dari Indonesia.
kamu	Yang kamu baca surat dari Indonesia.

2. Mixed substitution drill: substitute the word given where appropriate.
Yang dibeli Ratna buku Bahasa Indonesia.

mereka	Yang dibeli mereka buku Bahasa Indonesia.
ambil	Yang diambil mereka buku Bahasa Indonesia.
Ibu	Yang diambil Ibu buku Bahasa Indonesia.
Amin	Yang diambil Amin buku Bahasa Indonesia.
baca	Yang dibaca Amin buku Bahasa Indonesia.
mereka	Yang dibaca mereka buku Bahasa Indonesia.
pegang	Yang dipegang mereka buku Bahasa Indonesia.
Amran	Yang dipegang Amran buku Bahasa Indonesia.
nya	Yang dipegangnya buku Bahasa Indonesia.

3. Response drill: give affirmative and then negative responses according to the model. Each question will be said twice.

Apa kemeja yang dibelinya?
> Ya, kemeja yang dibelinya.
> Bukan, bukan kemeja yang dibelinya.

Apa susu yang diminum mereka?
> Ya, susu yang diminum mereka.
> Bukan, bukan susu yang diminum mereka.

Apa sisir Ayah yang kaupakai?
> Ya, sisir Ayah yang saya pakai.
> Bukan, bukan sisir Ayah yang saya pakai.

Apa nasi goreng yang dimasak Ibu?
> Ya, nasi goreng yang dimasak Ibu.
> Bukan, bukan nasi goreng yang dimasak Ibu.

Apa lagu yang dikarang mereka?
> Ya, lagu yang dikarang mereka.
> Bukan, bukan lagu yang dikarang mereka.

Apa surat yang dibaca guru?
> Ya, surat yang dibaca guru.
> Bukan, bukan surat yang dibaca guru.

Apa sabun yang dijual orang itu?
> Ya, sabun yang dijual orang itu.
> Bukan, bukan sabun yang dijual orang itu.

Apa mesin tulis yang diambilnya?
> Ya, mesin tulis yang diambilnya.
> Bukan, bukan mesin tulis yang diambilnya.

Apa Bahasa Indonesia yang kauajar?
> Ya, Bahasa Indonesia yang saya ajar.
> Bukan, bukan Bahasa Indonesia yang saya ajar.

Apa sikat rambut yang dipegangnya?
> Ya, sikat rambut yang dipegangnya.
> Bukan, bukan sikat rambut yang dipegangnya.

9.8.A. Note the following questions and answers carefully:

1. **Siapa** membeli pakaian?
2. **Saya** membeli pakaian.
3. **Siapa yang** membeli pakaian?
4. **Saya yang** membeli pakaian.

9.8.B.
1. Who bought some clothes?
2. I bought some clothes.
3. Who was the one who bought clothes?
   (or: Who was it who bought clothes?)
4. It was I who bought some clothes.
   (or: I was the one who bought some clothes.)

9.8.C.   Remarks
1. Here *yang* identifies the **subject** as distinct.
The sentence:
Saya yang membeli pakaian.
means literally: 'I am the one who bought clothes (and not someone else).'

2. Here too in English we would often just stress the relevant word.
e.g. **Who** bought some clothes?
     I (and not someone else) bought some clothes.

9.8.D.   Exercises
1. Mixed substitution drill
a) Substitute the words given where appropriate.
Siapa yang mengambil sabun mandi saya?

sikat gigi	Siapa yang mengambil sikat gigi saya?
tinta	Siapa yang mengambil tinta saya?
memakai	Siapa yang memakai tinta saya?
sabun cuci	Siapa yang memakai sabun cuci saya?
sepatu	Siapa yang memakai sepatu saya?
gincu	Siapa yang memakai gincu saya?
bedak	Siapa yang memakai bedak saya?

b) Substitute the words given where appropriate.
Amran yang mengambil sabun mandikau.

tinta	Amran yang mengambil tintakau.
minyak harum	Amran yang mengambil minyak harumkau.
Ratna	Ratna yang mengambil minyak harumkau.
memakai	Ratna yang memakai minyak harumkau.
gincu	Ratna yang memakai gincukau.
mesin tulis	Ratna yang memakai mesin tuliskau.
menjual	Ratna yang menjual mesin tuliskau.
membeli	Ratna yang membeli mesin tuliskau.
saya	Saya yang membeli mesin tuliskau.
dia	Dia yang membeli mesin tuliskau.

2. Response drill: give affirmative and then negative responses according to the model.

Apa engkau yang memasak nasi goreng?

> Ya, saya yang memasak nasi goreng.
> Bukan, bukan saya yang memasak nasi goreng.

Apa dia yang mengambil buku saya?

> Ya, dia yang mengambil bukukau.
> Bukan, bukan dia yang mengambil bukukau.

Apa Saudara yang mengajar bahasa?

> Ya, saya yang mengajar bahasa.
> Bukan, bukan saya yang mengajar bahasa.

Apa Nyonya yang membeli rumah itu?

> Ya, saya yang membeli rumah itu.
> Bukan, bukan saya yang membeli rumah itu.

Apa engkau yang menulis surat itu?

> Ya, saya yang menulis surat itu.
> Bukan, bukan saya yang menulis surat itu.

Apa Ratna yang menangis tadi malam?

> Ya, Ratna yang menangis tadi malam.
> Bukan, bukan Ratna yang menangis tadi malam.

Apa Nona yang memakai mesin tulis?

> Ya, saya yang memakai mesin tulis.
> Bukan, bukan saya yang memakai mesin tulis.

Apa Saudara yang mengarang lagu itu?

> Ya, saya yang mengarang lagu itu.
> Bukan, bukan saya yang mengarang lagu itu.

9.9.A.　　**Note the following sentences:**

---

1. Yang saya beli hanya **dua helai kemeja.**
2. Amin **seorang mahasiswa** dari Indonesia.
3. Yang dibelinya hanya **sebuah tas.**

9.9.B.

1. I only bought two shirts.
2. Amin is a student from Indonesia.
3. She only bought a handbag.

9.9.C.　　**Remarks**

Helai, orang, buah, are CLASSIFIERS which are used in the construction:

> Number + Classifier + Noun
> e.g. *dua　　helai　　kemeja*

These words classify the following noun into a group or class of similar types of things. Hence:

(i)   *helai* is the classifier for **things which are thin,** e.g. clothing, sheets of paper and also hair, etc.;

(ii) *orang* is the classifier for people, e.g. *seorang mahasiswa*;

(iii) *buah* is the classifier for all kinds of inanimate objects.

9.9.D.   Exercises

1. Mixed substitution drill

a) Substitute the words given where appropriate.

Saya mengajar tiga puluh orang mahasiswa.

Dia	Dia mengajar tiga puluh orang mahasiswa.
murid	Dia mengajar tiga puluh orang murid.
Rohana	Rohana mengajar tiga puluh orang murid.
anak	Rohana mengajar tiga puluh orang anak.
Amran	Amran mengajar tiga puluh orang anak.
lima belas	Amran mengajar lima belas orang anak.
dua puluh dua	Amran mengajar dua puluh dua orang anak.

b) Substitute the words given where appropriate.

Saya mau membeli sepasang kaus kaki.

dua	Saya mau membeli dua pasang kaus kaki.
tiga	Saya mau membeli tiga pasang kaus kaki.
sepatu	Saya mau membeli tiga pasang sepatu.
se	Saya mau membeli sepasang sepatu.
mengambil	Saya mau mengambil sepasang sepatu.
menjual	Saya mau menjual sepasang sepatu.
dua	Saya mau menjual dua pasang sepatu.

c) Substitute the words given where appropriate.

Ambillah empat helai baju.

kemeja	Ambillah empat helai kemeja.
kertas	Ambillah empat helai kertas.
gaun	Ambillah empat helai gaun.
rok	Ambillah empat helai rok.
beli	Belilah empat helai rok
sehelai	Belilah sehelai rok.
pakailah	Pakailah sehelai rok.

d) Substitute the words given where appropriate.

Dia sudah mengarang sebuah buku.

dua	Dia sudah mengarang dua buah buku.
mau	Dia mau mengarang dua buah buku.
membeli	Dia mau membeli dua buah buku.
kursi	Dia mau membeli dua buah kursi.
rumah	Dia mau membeli dua buah rumah.
akan	Dia akan membeli dua buah rumah.

sebuah	Dia akan membeli sebuah rumah.
sikat gigi	Dia akan membeli sebuah sikat gigi.
tas	Dia akan membeli sebuah tas.
mengambil	Dia akan mengambil sebuah tas.

2. Answer drill: answer using the hints according to the model.

Berapa helai pantalonmu? (dua)

               Pantalon saya dua helai.

Berapa buah tasmu? (tiga)

               Tas saya tiga buah.

Berapa pasang sepatu Nona? (empat)

               Sepatu saya empat pasang.

Berapa helai surat itu? (lima)

               Surat itu lima helai.

Berapa orang murid Saudara? (tiga puluh)

               Murid saya tiga puluh orang.

Berapa orang anak Nyonya? (seorang)

               Anak saya seorang.

Berapa orang mahasiswa Tuan? (lima belas)

               Mahasiswa saya lima belas orang.

Berapa buah sisir Ibu? (dua)

               Sisir Ibu dua buah.

9.10.A. & B.   **Note the formation of the following nouns from verbs:**

	Verb	Noun	Meaning
1.	baca	bacaan	reading material, the act of reading aloud
2.	beli	belian	purchase(s)
3.	buat	buatan	workmanship, made in + place, made by + person
4.	gambar	gambaran	picture, drawing(n)
5.	jual	jualan	ware, merchandise
6.	karang	karangan	composition, essay
7.	makan	makanan	food
8.	masak	masakan	cooking, cuisine
9.	minum	minuman	drink(n)
10.	pakai	pakaian	clothing
11.	tulis	tulisan	writing(n)

9.10.C.   **Remarks**

Sometimes nouns can be formed by adding suffix *-an* to a verb root.
Thus **Verb Root** + *-an* forms a **noun**.
Usually this noun refers to the object of the action indicated by the root,
e.g.:

    (i) *pakai* means 'to wear'

       pakaian means 'the thing which is worn', i.e. clothes

    (ii) *makan* means 'to eat'

       makanan means 'the thing which is eaten', i.e. food

9.10.D. Exercises

1. Translation and fluency drill: translate the following sentences into English. Then master them.
a) **Bacaan** anak itu baik sekali.
b) Banyak **belian** Ibu hari ini.
c) **Buatan** meja itu bagus sekali. Meja itu **buatan** Indonesia.
d) Itu bukan **gambaran** Hasan.
e) Apa **jualan** orang itu?
f) Saya harus menulis sebuah **karangan**.
g) Ambillah **makanan** dari kulkas!
h) Nasi goreng itu **masakan** Ibu.
i) Di atas meja banyak **minuman**.
j) Amin pergi ke toko membeli **pakaian**.
k) Itu **tulisan** murid saya.

9.11. Exercises based on patterns in text

1. Fill in the blank with the name of the right season.
Sekarang musim panas, kemudian datang musim....................
Sekarang musim gugur, kemudian datang musim....................
Sekarang musim dingin, kemudian datang musim ....
Sekarang musim bunga, kemudian datang musim ....
Sekarang musim kemarau, kemudian datang musim ....

2. Mixed substitution drill: substitute the word given where appropriate.
Saya tidak begitu suka musim panas.

dingin	Saya tidak begitu suka musim dingin.
gugur	Saya tidak begitu suka musim gugur.
dia	Dia tidak begitu suka musim gugur.
bunga	Dia tidak begitu suka musim bunga.
hujan	Dia tidak begitu suka musim hujan.
kemarau	Dia tidak begitu suka musim kemarau.

9.12. Additional exercises

Fluency drill: study the following dialogues. Then memorize and dramatize them.

a) Hasan — Apa sikat rambut Ayah yang kaupakai, Minah?
   Minah — Bukan, sikat rambut Ayah di atas meja di kamarnya. Ini sikat rambut saya. Baru saja saya beli tadi pagi.

b) Ratna — Kita akan membuat soto hari ini.
   Minah — Siapa yang akan memasak? Kamu?
   Ratna — Ya, saya memasak dan kamu pergi berbelanja.
   Minah — Apa yang harus saya beli?
   Ratna — Hanya ayam. Yang lain sudah ada.

c) Guru — Karangan siapa ini? Tidak ada nama. Apa ini tulisanmu, Udin?

Udin   —   Bukan, itu tulisan Amin.

Amin   —   O, ya, maaf. Saya lupa menulis nama saya.

d) Ayah   —   Jangan pegang buku itu. Tanganmu kotor. Pergilah
mencuci tanganmu dulu.

Hasan —   Tangan saya tidak kotor, Ayah. Lihatlah, bersih sekali.

Ibu   —   Ya, tangannya baru dicucinya.

9.13.   Homework

a. Translation drill: give the Indonesian equivalents of the following
sentences, **using the object focus constructions.**

a) He wrote that letter last night.

b) Is Amin going to sell that typewriter?

c) Are you (gentlemen) going to read these books?

d) He didn't take the soap from your cupboard (miss).

e) He cooked the chicken sate this morning.

f) Mother hasn't cooked the food.

g) She only bought a handbag.

h) Did you use my ink this afternoon?

i) Where did Minah buy those beautiful shoes?

j) They didn't drink the coffee, because it was cold.

b) Write Indonesian sentences according to the instructions given.

a) Ask Miss Rohana how many pupils she teaches Indonesian.

b) Ask Udin whether it was he who used your typewriter.

c) Tell mother it wasn't a raincoat that you bought.

d) Ask Amin the price of the trousers and the shirt he bought.

e) Tell your father that you have to buy warm clothing.

f) Tell Ratna not to wash the dress in *(dengan)* hot water.

g) Ask Fatimah whether the typewriter is made in Australia.

h) Ask Minah whether she knows who took your lipstick from your bag.

i) Ask Peter where he saw the Indonesian film last night.

j) Tell mother not to make hot (tasting of chili) Indonesian food. Peter
doesn't like (it).

Chapter 10

10.1 Vocabulary

Check the pronunciation, read aloud and note the meaning:

acara	agenda, programme, item on agenda
ada	to have, possess
adik	younger brother/sister
barangkali	perhaps
baterai	battery
berapa jam	how many hours
berdetik	to tick (of clock, watch)
berjalan	to walk
berjalan-jalan	to go for a walk
berjalan kaki	to go on foot
berkali-kali	many times, repeatedly
bulan	month, moon
cepat	fast
gelap	dark
Hadi	name (m)
hadir	to be present
hidup	alive; switched on (of light, radio etc.)
jam	watch, clock; hour
jam berapa?	what time? What is the time?
kali	time (as in three times, several times, etc.)
kemarin	yesterday
kurang	less, to (when telling the time); minus
lagi	again, more, else, any more
lalu	last (as in last week, etc.); ago
lambat	slow
lampu	light
lewat	past (when telling the time), to pass by
mati	dead; flat (of battery); stopped (of watch) switched off (of light, radio, etc.)
memandikan (mandikan)	to bath (someone)
mematikan (matikan)	to switch off (of light, radio etc.)
membangunkan (bangunkan)	to wake someone up
membawa (bawa)	to carry, bring, take (from one place to another)
memberi (beri)	to give
memberikan (berikan)	to give, to give away, hand over (something to someone)

memimpin (pimpin)	to lead, chair (a meeting)
mendekatkan (dekatkan)	to bring something closer (to something else)
mendengarkan (dengarkan)	to listen (to)
mengeluarkan (keluarkan)	to get something out (from somewhere)
menghidupkan (hidupkan)	to turn on (radio, light, etc.)
menidurkan (tidurkan)	to put (someone) to sleep/bed
menit	minute (n)
menyamakan (samakan)	to synchronise, make the same
merusakkan (rusakkan)	to destroy, break, damage
mungkin	possible, possibly
pukul	stroke (of clock)
pukul perapa?	what time? what is the time?
punya	possession; to own, possess
rapat	meeting
rupanya	apparently, it seems that
rusak	broken, broken down, out of order, damaged
saku	pocket
sama	same
sama sekali tidak . . .	not at all . . .
seperempat	quarter
seperti	as, like
setengah	half
siaran	broadcast (n)
sibuk	busy
tak	= *tidak*
tak mungkin	not possible, not possibly
tadi sore	this afternoon (time past)
tempat rapat	meeting place
tepat	exactly, sharp (of time)
terlambat	to be late
tukang	artisan, workman
tukang jam	watch-maker
warta berita	news, news report

10.2.A. Reading and comprehension

JAM YANG RUSAK

Hari sudah gelap, lampu-lampu di jalan sudah hidup.

Malam itu Hadi harus pergi memimpin sebuah rapat. Dia pergi dengan temannya Kartini. Mereka berjalan (kaki) ke rapat itu.

Kartini: "Apa engkau mendengarkan siaran warta berita radio tadi sore?"

Hadi: "Tidak, saya mencoba menghidupkan radio saya, tetapi tidak mau hidup. Barangkali baterainya sudah mati."

Kartini: "Saya juga tidak. O, ya Hadi. Apa acara rapat hari ini?"

Hadi mengeluarkan sehelai kertas dari dalam sakunya dan

memberikan kertas itu kepada Kartini. Hadi melihat
jamnya.

Hadi: "Pukul berapa sekarang, Kartini? Tak mungkin kalau
masih jam enam. Jam saya rusak."

Kartini: "Hari sudah pukul 6.45 (tujuh kurang seperempat).
Kemarin jam saya lambat 10 menit, tetapi tadi pagi saya
samakan lagi dengan jam radio."
Hadi mendekatkan jamnya ke telinganya. Jam itu sama
sekali tidak berdetik.

Hadi: "Rupanya jam saya mati lagi. Marilah kita cepat-cepat
berjalan. Rapat mulai pukul tujuh tepat."

Kartini: "Ayo, kita tidak mau terlambat seperti bulan yang lalu."

Hadi: "Bulan yang lalu kita terlambat, karena jam saya ini.
Kalau saya ada uang, saya mau membeli jam baru. Jam ini
tidak baik lagi. Sudah berkali-kali saya bawa ke tukang
jam."
Ketika mereka tiba di tempat rapat semua orang sudah
hadir. Hari sudah pukul 7.15 (pukul tujuh lewat
seperempat). Rupanya jam Kartini juga rusak. Malam itu
jamnya lambat seperempat jam.

10.2.B. English version
THE BROKEN WATCH
It was already dark, the street lights were already on. That night Hadi had
to go and chair a meeting. He was going with his friend Kartini. They
walked to the meeting.

Kartini: 'Did you hear the news on the radio this evening?'

Hadi: 'No, I tried to turn on my radio but it didn't work.
Perhaps the battery is flat.'

Kartini: 'I didn't either. Oh, by the way, Hadi. What's the agenda
(of the meeting) today?'
Hadi took a sheet of paper out of his pocket and gave it to
Kartini. He looked at his watch.

Hadi: 'What's the time, Kartini? It can't possibly still be only 6
o'clock (lit: it's not possible if it is still 6 o'clock).
Something's wrong with my watch (lit: my watch is
broken).'

Kartini: 'It's already 6.45 (six forty-five). Yesterday my watch was
10 minutes slow but this morning I set it again by the radio
(lit: synchronised it again with radio time).'
Hadi put his watch up to his ear. The watch was not ticking
at all.

Hadi: 'My watch seems to have stopped again. Let's walk quickly.
The meeting begins at seven o'clock sharp.'

Kartini 'Yes, come on. We don't want to be late like last month.'

Hadi: 'Last month we were late because of this watch of mine. If
I had some money I would buy a new watch. This one (lit:

this watch) is no good any more. I've already taken it to the watchmaker many times.' When they arrived at the meeting place everyone was already there. It was already 7.15 (seven fifteen). Apparently there was also something wrong with Kartini's watch. That night her watch was a quarter of an hour slow.

10.3.A. & B. Note carefully the following questions and the answers illustrated by the clocks.

1	a) **Jam berapa** hari? b) **Pukul berapa** hari?	What's the time?
	c) **Jam berapa** sekarang? d) **Pukul berapa** sekarang?	What's the time now?

2. Pukul sembilan.
   or: Jam sembilan.
Hari pukul (jam) sembilan.

      Sekarang pukul (jam) sembilan.

a)

Nine o'clock
It's nine o'clock

Now it's nine o'clock.

f)

Pukul (jam) sepuluh **kurang** lima menit.

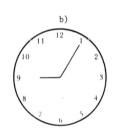
b)

Pukul (jam) sembilan **lewat** lima menit.

e)

Pukul (jam) sepuluh **kurang** seperempat.

d)

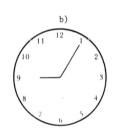
c)

Pukul (jam) sembilan **lewat** seperempat.

Pukul (jam) **setengah** sepuluh.

10.3.C.

1. In telling the time, the words *pukul* and *jam* are interchangeable.

2. In English we usually say the minutes first and then the hour, e.g. 'five minutes past nine', but in Indonesian they say **the hour first and then the minutes,** e.g. *pukul sembilan lewat lima menit.*

3. Note clock d) very carefully. In Indonesian they say 'half to the hour' and not 'half past the hour' as in English.
   e.g. *pukul setengah sepuluh:* 'half (an hour) to ten o'clock', i.e. nine thirty.

4. Note how fractions are formed:

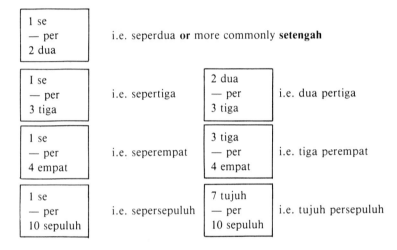

1 se — per 2 dua	i.e. seperdua or more commonly **setengah**		
1 se — per 3 tiga	i.e. sepertiga	2 dua — per 3 tiga	i.e. dua pertiga
1 se — per 4 empat	i.e. seperempat	3 tiga — per 4 empat	i.e. tiga perempat
1 se — per 10 sepuluh	i.e. sepersepuluh	7 tujuh — per 10 sepuluh	i.e. tujuh persepuluh

10.3.D.   Exercises

1. Answer drill

Provide answers to the following questions according to the model, using the hints given.

Pukul berapa hari? (1.00)

1.00	(Hari)pukul satu.
1.15	(Hari)pukul satu lewat seperempat.
12.45	(Hari)pukul satu kurang seperempat.
12.30	(Hari)pukul setengah satu.
11.55	(Hari)pukul dua belas kurang lima (menit).
12.05	(Hari)pukul dua belas lewat lima (menit).
9.10	(Hari)pukul sembilan lewat sepuluh (menit).
8.50	(Hari)pukul sembilan kurang sepuluh (menit).
3.30	(Hari)pukul setengah empat.
5.30	(Hari)pukul setengah enam.
6.30	(Hari)pukul setengah tujuh.
10.45	(Hari)pukul sebelas kurang seperempat.
4.45	(Hari)pukul lima kurang seperempat.

| 5.7 | (Hari)pukul lima lewat tujuh (menit). |
| 3.15 | (Hari)pukul tiga lewat seperempat. |

2. Mixed substitution drill

a) Substitute the words given where appropriate.

Hari pukul 10.55	Hari pukul sebelas kurang lima (menit).
12 menit	Hari pukul sebelas kurang dua belas (menit).
1/4 jam	Hari pukul sebelas kurang seperempat (jam).
20 menit	Hari pukul sebelas kurang dua puluh (menit).
3	Hari pukul tiga kurang dua puluh (menit).
lewat	Hari pukul tiga lewat dua puluh (menit).
8	Hari pukul delapan lewat dua puluh (menit).

b) Substitute the words given where appropriate.

Jam saya lambat lima menit.

cepat	Jam saya cepat lima menit.
Sofyan	Jam Sofyan cepat lima menit.
guru	Jam guru cepat lima menit.
lambat	Jam guru lambat lima menit.
1/4 jam	Jam guru lambat seperempat jam.
3/4 jam	Jam guru lambat tiga perempat jam.
Ayah	Jam Ayah lambat tiga perempat jam.
10 menit	Jam Ayah lambat sepuluh menit.
1/2 jam	Jam Ayah lambat setengah jam.

c) Substitute the words given where appropriate.

Dia terlambat sejam.

1/2 jam	Dia terlambat setengah jam.
1/4 jam	Dia terlambat seperempat jam.
5 menit	Dia terlambat lima menit.
10 menit	Dia terlambat sepuluh menit.
guru	Guru terlambat sepuluh menit.
3/4 jam	Guru terlambat tiga perempat jam.
mahasiswa	Mahasiswa terlambat tiga perempat jam.
saya	Saya terlambat tiga perempat jam.

d) Substitute the words given where appropriate.

Dia terlambat datang.

saya	Saya terlambat datang.
tiba	Saya terlambat tiba.
Sofyan	Sofyan terlambat tiba.
bangun	Sofyan terlambat bangun.
masuk	Sofyan terlambat masuk.
aku	Aku terlambat masuk.
pulang	Aku terlambat pulang.
engkau	Engkau terlambat pulang.
pergi	Engkau terlambat pergi.

10.4.A.   Note the verbs in the following sentences:

1. Apa engkau **mendengarkan** warta berita tadi sore?
2. Hadi **memberikan** sehelai kertas kepada Kartini.

10.4.B.
1. Did you listen to the news this afternoon?
2. Hadi gave a piece of paper to Kartini.

10.4.C.   Remarks
1. The verbs *mendengarkan* and *memberikan* are of the following form:

Prefix	Root + -kan
men-	dengarkan
mem-	berikan

Verbs consisting of root + -kan such as *dengarkan* and *berikan,* are TRANSITIVE, i.e. they may be used in both the subject focus construction, as in this frame, and in the object focus construction, as in 10.5.A.

2. Some verbs can occur either with or without the addition of *-kan*. Often the addition of *-kan* produces a different meaning. With the root *dengar* the difference in meaning can be clearly seen, as in the following frame.

Subject focus form	Meaning	Usage
a) **mendengar**	to hear	Orang tuli tidak bisa **mendengar.**
b) **mendengarkan**	to listen	Saya tidak bisa **mendengarkan** warta berita sekarang, karena saya sibuk.

3. Sometimes the addition of *-kan* causes a change in sentence structure, as with the root *beri.*

Subject focus form	Meaning	
a) **memberi**	to give	Hadi **memberi Kartini** sehelai kertas. Hadi **memberi** sehelai kertas **kepada** Kartini.
b) **memberikan** (kepada)	to give (to)	Hadi **memberikan** sehelai kertas **kepada** Kartini.

i.e. *memberi* + person + thing given

or: *memberi* + thing given + *kepada* + person

BUT: *memberikan* + thing given usually a specific object + *kepada* + person

N.B. In some contexts, *beri* and *berikan* have different meanings (see 10.1).

10.4.D.   Exercises

1. Translation and fluency drill

a) Translate the following sentences into English. Then master them.

Saya belum mendengar lonceng sekolah berbunyi.

Saya belum mendengar dia bernyanyi.

Nyonya itu tidak mendengar anaknya menangis.

Saya tidak mendengar engkau masuk.

Guru tidak mendengar Hasan bertanya.

Saya belum mendengar dia berbicara Bahasa Indonesia.

b) Translate the following sentences into English. Then master them.

Kami mau mendengarkan mereka bernyanyi.

Saya mau mendengarkan mereka bercakap Bahasa Indonesia.

Ayah sedang mendengarkan warta berita.

Mereka suka mendengarkan lagu itu.

Kami duduk mendengarkan radio.

Siapa mau mendengarkan saya bernyanyi?

c) Translate the following sentences into English. Then master them.

Ibu **memberi saya** uang.

Ibu **memberikan uang itu** kepada saya tadi pagi.

Guru **memberi Minah** sebuah buku.

Guru **memberikan buku itu** kepadanya di kelas.

Apa **orang itu** kauberi uang kemarin?

Orang itu saya **beri** pakaian dan makanan.

Pakaian dan minuman itu saya **berikan** kemarin.

Siapa yang **memberi engkau** minyak harum itu?

Teman saya yang **memberi saya** minyak harum itu.

Saya mau **memberikan bunga ini** kepada Ibu.

10.5.A.   Note the following question and its possible answers.

Hadi **mau** mendengarkan **apa?**
1. Warta berita.
2. Dia **mau** mendengarkan **warta berita.**
3. **Warta berita** yang **mau** didengarkannya.
4. **Warta berita** yang **mau** saya dengarkan.

10.5.B.
What does Hadi want to listen to?
1. The news.
2. He wants to listen to the news.
3. He wants to listen to the news. (lit: It is the news he wants to listen to).
4. I want to listen to the news. (lit: It is the news I want to listen to).

10.5.C. Remarks
As you do the following exercises note again these points:
i. When the subject is third person it follows the verb in the object focus construction, and the verb takes prefix *di-*. When the subject is first or second person it precedes the verb, and the prefix *di-* does not occur.
ii. Auxiliary words follow the subject in the subject focus construction (cf. *mau* in 10.5.A.2) but must precede the subject in the object focus construction (cf. *mau* 10.5.A.4).

10.5.D. Exercises
1. Mixed substitution drill.
a) Substitute the word given where appropriate.
Warta berita yang mau didengarkannya.

lagu Indonesia	Lagu Indonesia yang mau didengarkannya.
mereka	Lagu Indonesia yang mau didengarkan mereka.
anak-anak	Lagu Indonesia yang mau didengarkan anak-anak.
murid-murid	Lagu Indonesia yang mau didengarkan murid-murid.
Hasan	Lagu Indonesia yang mau didengarkan Hasan.
akan	Lagu Indonesia yang akan didengarkan Hasan.
sedang	Lagu Indonesia yang sedang didengarkan Hasan.
sudah	Lagu Indonesia yang sudah didengarkan Hasan.

b) Substitute the word given where appropriate.
Apakah warta berita yang mau Saudara dengarkan?

kamu	Apakah warta berita yang mau kamu dengarkan?
Nona	Apakah warta berita yang mau Nona dengarkan?
Tuan-tuan	Apakah warta berita yang mau Tuan-tuan dengarkan?
lagu Indonesia	Apakah lagu Indonesia yang mau Tuan-tuan dengarkan?
Nona-nona	Apakah lagu Indonesia yang mau Nona-nona dengarkan?
kau	Apakah lagu Indonesia yang mau kaudengarkan?
akan	Apakah lagu Indonesia yang akan kaudengarkan?
sudah	Apakah lagu Indonesia yang sudah kaudengarkan?
sedang	Apakah lagu Indonesia yang sedang kaudengarkan?

2. Transformation drill.

a) Transform the following sentences into object focus construction.

Dia mendengarkan warta berita itu tadi pagi.

            Warta berita itu didengarkannya tadi pagi.

Mereka mendengarkan lagu itu bersama-sama.

            Lagu itu didengarkan mereka bersama-sama.

Hasan memberikan bunga itu kepada Ratna.

            Bunga itu diberikan Hasan kepada Ratna.

Ibu memberikan kopi itu kepada Ayah.

            Kopi itu diberikan Ibu kepada Ayah.

Saya memberikan surat itu kepada guru.

            Surat itu saya berikan kepada guru.

Aku memberikan surat itu tadi malam.

            Surat itu kuberikan tadi malam.

b) Transform the following sentences according to the given sign.

Hadi tidak akan mendengarkan siaran warta berita. (+)

            Hadi akan mendengarkan siaran warta berita.

Ayah suka mendengarkan siaran warta berita pagi. (?)

            Apa Ayah suka mendengarkan siaran warta berita pagi?

Dia mendengarkan siaran warta berita dari Indonesia. (—)

            Dia tidak mendengarkan siaran warta berita dari Indonesia.

Mereka sedang mendengarkan lagu Indonesia. (?)

            Apa mereka sedang mendengarkan lagu Indonesia?

Hadi memberikan sehelai kertas kepada Kartini. (?)

            Apa Hadi memberikan sehelai kertas kepada Kartini?

Minah memberikan surat itu kepada guru. (—)

            Minah tidak memberikan surat itu kepada guru.

Hadi sudah memberikan jam itu kepada tukang jam. (?)

            Apa Hadi sudah memberikan jam itu kepada tukang jam?

Minah tidak mau memberikan buku itu kepada Hasan. (+)

            Minah mau memberikan buku itu kepada Hasan.

Amran memberikan sebuah paket kepada Ibu. (?)

            Apa Amran memberikan sebuah paket kepada Ibu?

10.6.A.   **Now note the following sentences:**

1. Saya mencoba **menghidupkan** radio, tetapi tidak mau hidup.
2. Hadi **mengeluarkan** sehelai kertas dari sakunya.
3. Saya **menyamakan** jam saya dengan jam radio.

10.6.B.

1. I tried to turn on the radio but it didn't work.

2. Hadi took a piece of paper out of his pocket.

3. I set my watch by the radio. (lit: I synchronised my watch with the radio time).

10.6.C.   Remarks

1. The verbs in these examples may be analysed in the following way:

Prefix	Root + -kan	Meaning	from root
meng-	**hidupkan**	lit: to make alive i.e. to switch on	**hidup:** alive
meng-	**keluarkan**	lit: to make s.o. or s.t. go out i.e. to take out	**keluar:** go out
meny-	**samakan**	lit: to make the same i.e. to synchronise	**sama:** same

2. Often verbs of the form root + *kan* mean 'to make someone or something achieve the state or action indicated by the root'. (Not all verbs with *-kan* have this function. For instance, *dengarkan* and *berikan* (see 10.4) function in a different way.)

3. Look at another example: *Ayah mematikan radio* 'Father turned off the radio.'
Here we have the verb *matikan* from the root *mati* meaning 'dead'.
So *matikan* means 'to make dead' or, in this context, 'to turn off.'

10.6.D.   Exercises

1. Translation drill
Now translate the following sentences into English by analogy with the above explanation. The root and its meaning are given in brackets at the end of each sentence to help you.
a) Dia mau mematikan radio. (mati: dead)
b) Siapa merusakkan jam itu? (rusak: broken)
c) Sofyan menyamakan jamnya dengan jam radio. (sama: same)
d) Hadi mendekatkan jam itu ke telinganya. (dekat: close)
e) Hadi mengeluarkan sehelai kertas dari sakunya. (keluar: go out)
f) Ayah membangunkan Hasan pukul 7.00 (bangun: to wake up)
g) Ibu menidurkan Adik jam 7.30. (tidur: to sleep)
h) Nyonya itu sedang memandikan anaknya. (mandi: to have a bath)

2. Mixed substitution drill: substitute the words given where appropriate.
Siapa menghidupkan radio itu?

mendengarkan	Siapa mendengarkan radio itu?
mematikan	Siapa mematikan radio itu?
lampu	Siapa mematikan lampu itu?
merusakkan	Siapa merusakkan lampu itu?
mesin tulis	Siapa merusakkan mesin tulis itu?
jam	Siapa merusakkan jam itu?
mengeluarkan	Siapa mengeluarkan jam itu?

minuman	Siapa mengeluarkan minuman itu?
surat-surat	Siapa mengeluarkan surat-surat itu?
memberikan	Siapa memberikan surat-surat itu?

3. Answer drill: listen carefully to the following questions, and answer using the hints given.

Siapa yang sedang mendengarkan warta berita? (Ayah)
  Ayah yang sedang mendengarkan warta berita.
Siapa yang menghidupkan lampu di kamar saya? (Kakak)
  Kakak yang menghidupkan lampu di kamarmu.
Siapa yang merusakkan pena saya? (Adik)
  Adik yang merusakkan penamu.
Siapa yang mengeluarkan pakaian Hasan dari dalam lemari? (Minah)
  Minah yang mengeluarkan pakaiannya dari dalam lemari.
Siapa yang mematikan radio tadi? (Ibu)
  Ibu yang mematikan radio tadi.
Siapa yang membangunkan engkau tadi pagi? (Ayah)
  Ayah yang membangunkan saya tadi pagi.
Siapa biasanya yang menidurkan Adik? (Kakak)
  Kakak biasanya yang menidurkan Adik.
Siapa yang tidak mau memandikan adiknya? (Ratna)
  Ratna yang tidak mau memandikan adiknya.

10.7.A. **Note the following question and its answers:**

> 1. **Apa** yang dirusakkannya?
> 2. **Radio** yang dirusakkannya.
> 3. Dia merusakkan **radio**.

10.7.B.
1. What did he break?
2. He broke the radio. (object focus)
3. He broke the radio. (subject focus)

10.7.C. This type of question may be answered with object focus or subject focus construction.

10.7.D. **Exercises**
1. Single substitution drills: replace the pronoun in the model question with the word given.
Apa yang kaurusakkan?

Saudara	Apa yang Saudara rusakkan?
Ibu	Apa yang Ibu rusakkan?
Nona	Apa yang Nona rusakkan?
kamu	Apa yang kamu rusakkan?
Tuan	Apa yang Tuan rusakkan?
kita	Apa yang kita rusakkan?
kami	Apa yang kami rusakkan?

2. Mixed substitution drill: substitute the words given where appropriate.

Apa yang dihidupkannya?

keluarkan	Apa yang dikeluarkannya?
Hasan	Apa yang dikeluarkan Hasan?
hidupkan	Apa yang dihidupkan Hasan?
mereka	Apa yang dihidupkan mereka?
rusakkan	Apa yang dirusakkan mereka?
matikan	Apa yang dimatikan mereka?
nya	Apa yang dimatikannya?
berikan	Apa yang diberikannya?
dengarkan	Apa yang didengarkannya?
Ibu	Apa yang didengarkan Ibu?

3. Answer drill: answer using the hints given according to the model, first with an object focus, then with a subject focus construction. Each question will be said twice.

Apa yang diberikan Ibu? (uang)
    Uang yang diberikan Ibu.
    Ibu memberikan uang.
Apa yang kaudengarkan? (warta berita)
    Warta berita yang saya dengarkan.
    Saya mendengarkan warta berita.
Apa yang dimatikannya? (radio)
    Radio yang dimatikannya.
    Dia mematikan radio.
Apa yang Saudara keluarkan? (surat-surat)
    Surat-surat yang saya keluarkan.
    Saya mengeluarkan surat-surat.
Apa yang dirusakkan anak itu? (mesin tulis)
    Mesin tulis yang dirusakkan anak itu.
    Anak itu merusakkan mesin tulis.
Apa yang dihidupkannya? (lampu di kamar)
    Lampu di kamar yang dihidupkannya.
    Dia menghidupkan lampu di kamar.

4. Insert one of the given verbs in the following sentences where appropriate and translate the sentences into English.

1. a) Mereka _____dari bioskop pukul 11 malam.   *mengeluarkan*
   b) Ibu _____ makanan dari kulkas.   *dikeluarkannya*
   c) Apa yang _____ dari sakunya?   *keluar*
   d) Pukul berapa engkau _____ dari sekolah?

2. a) Bukan saya yang _____ radio.   *kauhidupkan*
   b) Lampu di rumah-rumah sudah _____   *menghidupkan*
   c) Mengapa _____ lampu?   *hidup*
   d) Apa lampu di kamarnya masih _____?

158

3. Sudah berkali-kali radio saya _____.   *dirusakkan*
   b) Ratna yang _____ radiomu.   *rusak*
   c) Apa yang _____ Adik?   *merusakkan*
   d) Siapa yang _____ mesin tulismu?

4. a) Ibu _____ Adik air jeruk.   *memberikan*
   b) Saya mau _____ surat ini kepada guru.   *diberikannya*
   c) Paket itu _____ kepada Tuan Suparman.   *memberi*
   d) Ayah _____ saya uang tadi pagi.

5. a) Minah dan Hasan _____ besar.   *samakan*
   b) Saya mau _____ jam saya dengan jam di kantor. *sama*
   c) Jam ini saya _____ dengan jam di kantor.   *menyamakan*
   d) Apa harga jam ini _____ dengan jam itu?

10.8.A.   Note the following imperative sentences carefully:

1. Hadi, **hidupkanlah** radio!
2. Hadi, **jangan hidupkan** radio!

10.8.B.
1. Hadi, switch on the radio!
2. Hadi, don't switch on the radio!

10.8.C.   Remarks
Sentences 1 and 2 are transitive imperative sentences which order and prohibit a specific action to a specific object. So, in these sentences, the prefix *me-* is dropped.

10.8.D.   Exercises
1. Transformation drill
a) Transform the following imperative sentences into statements using the hints given.
Dengarkanlah siaran warta berita itu!   (mereka)
    Mereka mendengarkan siaran warta berita itu.
Keluarkanlah kertas dan pinsil!   (murid-murid)
    Murid-murid mengeluarkan kertas dan pinsil.
Berikanlah surat itu kepada ibumu!   (Hasan)
    Hasan memberikan surat itu kepada ibunya.
Samakanlah jammu dengan jam radio! (Kartini)
    Kartini menyamakan jamnya dengan jam radio.
Hidupkanlah lampu itu!   (Hadi)
    Hadi menghidupkan lampu itu.
Matikanlah radio itu!   (saya)
    Saya mematikan radio itu.

b) Transform the following sentences into the negative imperative
according to the model.

Hadi mau menghidupkan lampu.
    Hadi, jangan hidupkan lampu itu!
Amin mau mematikan radio.
    Amin, jangan matikan radio itu!
Dulah mau mematikan lampu.
    Dulah, jangan matikan lampu itu!
Minah mau menghidupkan radio.
    Minah, jangan hidupkan radio itu!
Ratna mau merusakkan pena saya.
    Ratna, jangan rusakkan pena saya!

2. Give the correct form of the verbs in the following sentences.
(Note that various sentence types are represented).
a) Siapa yang (rusakkan) jam saya?
b) Amran (hidupkan) lampu, karena dia mau membaca.
c) (Matikan) radio itu, Minah, karena saya mau belajar.
d) Apa yang (berikan)nya kepada guru?
e) Jangan (keluarkan) pakaian saya dari lemari itu!
f) Buku itu sudah (berikan) mereka kepada saya.
g) Dia tidak mau (dengarkan) radio sekarang.
h) Mesin tulis Ayah (rusakkan) Adik kemarin.
i) Apa yang (keluarkan)nya dari dalam tasnya?
j) (Samakan) jammu dengan jam Ayah!

**10.9.A.   Note carefully the questions in the structure frames below and
their possible answers.**

1. | a) Apa engkau **ada** uang?
   | b) i.   Ya, **ada.**
   | ii. Ya, saya **ada** uang.
   | c) i.   Tidak, **tidak ada.**
   | ii. Tidak, saya **tidak ada** uang.
   | iii. Saya tidak ada uang, makanan atau pakaian;
   | saya **tidak ada apa-apa.**

2. | a) Apa dia **banyak** uang?
   | b) i.   Ya, **banyak.**
   | ii. Ya, dia **banyak** uang.
   | or:iii. Ya, uangnya **banyak.**
   | c) i.   Tidak.
   | ii. Tidak, **dia tidak banyak** uang.
   | or:iii. Tidak, **uangnya tidak banyak.**

10.9.B.

1. a) Have you any money?
   b) i. Yes, I have.
   ii. Yes, I have some money.
   c) i. No, I haven't.
   ii. No, I haven't any money.
   iii. No, I haven't any money, food or clothes; I haven't anything.

2. a) Does he have a lot of money?
   b) i. Yes, he does.
   ii. Yes, he has a lot of money.
   iii. Yes, he has a lot of money.
   c) i. No.
   ii. No, he doesn't have much money.
   iii. No, he doesn't have much money.

10.9.C.   Remarks

1. In both frames the word *ada* means 'to have'.
2. *Tidak* and *apa-apa* when used together in a clause mean 'not . . . anything' or 'nothing'.
3. Note that, if *banyak* is used, *ada* is usually omitted. In frame 2, compare sentence b) ii. with b) iii. and c) ii. with c) iii. Sentences b) ii. and b) iii. are both very common ways of saying 'Yes, he has a lot of money'. Similarly sentences c) ii. and c) iii. both mean 'No, he doesn't have much money'.

10.9.D.   Exercises

1. Response drill
Give affirmative and then negative responses to the following questions according to the model.
Apa dia ada rumah?
     Ya, dia ada rumah.
     Tidak, dia tidak ada rumah.
Apa Nyonya ada anak?
     Ya, saya ada anak.
     Tidak, saya tidak ada anak.
Apa kamu ada pena?
     Ya, saya ada pena.
     Tidak, saya tidak ada pena.
Apa engkau ada tinta?
     Ya, saya ada tinta.
     Tidak, saya tidak ada tinta.
Apa mereka ada teman?
     Ya, mereka ada teman.
     Tidak, mereka tidak ada teman.

Apa kita ada kopi?
    Ya, kita ada kopi.
    Tidak, kita tidak ada kopi.
    Apa kamu sekalian ada kertas?
    Ya, kami ada kertas.
    Tidak, kami tidak ada kertas.

2. Mixed substitution drill: substitute the words given where appropriate.
Kalau saya ada uang, saya mau membeli jam baru.

sepatu	Kalau saya ada uang, saya mau membeli sepatu baru.
tas	Kalau saya ada uang, saya mau membeli tas baru.
dia	Kalau dia ada uang, dia mau membeli tas baru.
kemeja	Kalau dia ada uang, dia mau membeli kemeja baru.
rumah	Kalau dia ada uang, dia mau membeli rumah baru.
mereka	Kalau mereka ada uang, mereka mau membeli rumah baru.
lemari	Kalau mereka ada uang, mereka mau membeli lemari baru.
kulka·	Kalau mereka ada uang, mereka mau membeli kulkas baru.
meja	Kalau mereka ada uang, mereka mau membeli meja baru.

3. Translation and fluency drill. Translate the following sentences into English. Then master them.
a) Apa engkau banyak uang? Belilah rumah itu!
b) Nyonya Amin banyak anak.
c) Anak yang baik itu banyak teman.
d) Apa dia banyak istri, Ibu?
e) Tahun ini murid saya tidak banyak.
f) Prangkomu banyak. Berilah saya sebuah!
g) Kertas siapa yang banyak? Kertas saya sudah habis.
h) Pakaiannya dan sepatunya banyak sekali.
i) Berilah dia uang kalau dia tidak ada apa-apa.

10.10.A. **Note carefully the question in the frame below and its possible answers.**

1. Apa dia **punya** rumah?
  2. a) Ya.
     b) **Ya,** dia **punya** rumah.
  3. a) Tidak.
     b) Tidak, dia **tidak punya** rumah.
     c) Tidak, dia **tidak** punya **apa-apa.**

10.10.B.
1. Does he have/own a house?
   2. a) Yes.
      b) Yes, he has a house.
   3. a) No.
      b) No, he doesn't have a house.
      c) No, he doesn't have anything.

10.10.C.   **Remarks**
The word *punya* is also used to indicate possession. Here, it is a verb meaning 'to own' or 'to have'.

10.10.D.   **Exercise**
1. Response drill: give affirmative and then negative responses according to the model.
Apa engkau punya mesin tulis?

                    Ya, saya punya mesin tulis.
                    Tidak, saya tidak punya mesin tulis.
Apa Saudara punya uang?

                    Ya, saya punya uang.
                    Tidak, saya tidak punya uang.
Apa dia punya telepon?

                    Ya, dia punya telepon.
                    Tidak, dia tidak punya telepon.
Apa Nona punya jam?

                    Ya, saya punya jam.
                    Tidak, saya tidak punya jam.
Apa kamu punya tinta?

                    Ya, saya punya tinta.
                    Tidak, saya tidak punya tinta.

10.11.A   **Note carefully the questions in the structure frame below and their answers**

1. Ini **punya siapa?**
Itu **punya saya.**
2. Ini siapa (yang) **punya?**
Itu **saya** (yang) **punya.**

10.11.B.
1. Whose is this?
    That is mine.
2. Who owns this?
    I own it.

10.11.C. Remarks

In sentence 1, *punya* is a noun meaning, literally, 'possession', e.g. *punya saya* 'mine' (lit: 'my possession').
In sentence 2, it is a verb meaning 'to own, to have', e.g. *saya punya* 'I own'.

10.11.D. Exercise

Answer drill: using the hints, give the two possible answers according to the model. Say the two answers one after the other.

Ini punya siapa? (dia)
    Itu punyanya.
    Itu dia punya.
Ini siapa punya? (saya)
    Itu punya saya.
    Itu saya punya.
Ini punya siapa? (kami)
    Itu punya kami.
    Itu kami punya.
Ini siapa punya? (kita)
    Itu punya kita.
    Itu kita punya.
Ini punya siapa? (engkau)
    Itu punyakau.
    Itu engkau punya. **or:** Itu kaupunya.
Ini siapa punya? (mereka)
    Itu punya mereka.
    Itu mereka punya.
Ini punya siapa? (Hasan)
    Itu punya Hasan.
    Itu Hasan punya.

10.12.A. Note carefully the following sentence.

Rupanya jam saya mati **lagi**.

10.12.B.

My watch seems to have stopped again.

10.12.C. Remarks

The meaning of the word *lagi* in the above example is 'again'. However, *lagi* has several other meanings, depending on the context. The following frames illustrate these meanings.

1. Learn the following examples and master them.

a) **Lagi!**	Again! or: More!
b) Sekali **lagi!**	Once again!
c) Pergilah **lagi!**	Go again!
d) Dia menangis **lagi.**	She is crying again.

2. Learn the following examples and master them.

a) Saya **lagi.**	I am next.
b) Apa **lagi?**	What is next? What else?
c) Siapa **lagi?**	Who is next? Who else?
d) Ke mana **lagi?**	Where (are we/you going) to next?
e) Berapa **lagi?**	How much more? or How many more?
f) Berapa buah (helai, orang) **lagi?**	How many more?
g) Berapa jam **lagi?**	How many hours more?

Remarks

When *lagi* is used with words which normally function as question words (e.g. *apa, siapa, ke mana, berapa)*, it may be translated by 'next', or 'else' or 'more'.

3. Note carefully the following examples.

a) i. Saya **belum** lapar **lagi.**	I am not hungry yet.
ii. Mereka **belum** datang **lagi.**	They haven't come yet.
iii. Buku itu **belum** ada **lagi** di toko.	The book is not available yet in the shop.
b) i. Saya **tidak** lapar **lagi.**	I am not hungry any more.
ii. Mereka **tidak** datang **lagi.**	They didn't/don't come any more.
iii. **Jangan** menangis **lagi.**	Don't cry any more.
iv. Buku itu **tidak** ada **lagi** di toko.	The book is not available any more in the shop.

Remarks

a) *Belum* and *lagi,* when used together in a clause, mean 'not yet'.

b) *Tidak* and *lagi, jangan* and *lagi,* together in a clause, mean 'not any more' or 'no longer'.

10.12.D.   Exercises

1. Mixed substitution drill: substitute the word given where appropriate.
Rupanya jam saya mati lagi.

rusak	Rupanya jam saya rusak lagi.
nya	Rupanya jamnya rusak lagi.
pena	Rupanya penanya rusak lagi.
mu	Rupanya penamu rusak lagi.
mesin tulis	Rupanya mesin tulismu rusak lagi.
telepon	Rupanya teleponmu rusak lagi.
radio	Rupanya radiomu rusak lagi.
hidup	Rupanya radiomu hidup lagi.

2. Translation and fluency drill: translate the following sentences into English. Then master them.

a) Bernyanyilah sekali **lagi**!
b) **Apa lagi** yang akan kaubeli?
c) **Siapa lagi** yang akan datang?
d) **Ke mana lagi** mereka akan pindah?
e) **Berapa** buah **lagi** kursi yang harus saya ambil?
f) **Berapa jam lagi** kita harus menanti di sini?
g) **Berapa hari lagi** dia harus mengajar di sana?
h) **Berapa lagi** uangmu di saku?
i) Hasan masih **belum** bangun **lagi**.
j) Nona Kartini **tidak** mengajar Bahasa Indonesia **lagi**.
k) Saya **tidak** ada uang **lagi**.
l) Saya **belum** ada uang **lagi** untuk membeli buku itu.
m) Ibu **belum** capek **lagi**.
n) Anak-anak itu sehat sekarang, **tidak** kurus dan pucat **lagi**.

10.13.   Additional exercises
Fluency drill: study the following dialogues. Then memorize and dramatize them.

a) Guru — Mengapa engkau terlambat datang pagi ini, Hadi?
   Hadi — Saya terlambat bangun, Bu. Saya bangun pukul 6.30. Dan saya cepat-cepat berjalan ke sekolah, tetapi masih terlambat. Rumah saya jauh dari sini.

b) Ratna — Ibu, saya haus sekali. Berilah saya segelas air jeruk. (Ibu memberikan segelas air jeruk kepada Ratna. Ratna meminum air jeruk itu.) Sekarang saya tidak haus lagi.
   Ibu — Mau lagi?
   Ratna — Tidak, Bu, terima kasih.

c) Minah — Apa Ira sudah tidur, Tini?
   Tini — Saya kira, belum lagi. Lampu di kamarnya masih hidup. Biasanya sebelum tidur lampunya dimatikannya.

d) Amin — Biasanya saya mendengarkan warta berita pagi, sebelum pergi ke kantor. Tetapi tadi pagi saya tidak bisa. Radio saya rusak.
   Tini — Barangkali baterainya mati.
   Amin — Ya, itu mungkin.

10.14.   Homework
Write Indonesian sentences according to the instructions given.
a) Tell Amin to give this parcel to his mother.
b) Tell Minah to give father a cup of coffee.
c) Ask Ratna whether it was she who took the meat out of the fridge.
d) Ask Hasan what he is listening to.

e) Ask Dulah whether he can hear from there.
f) Ask Tini whether it was she who switched off the radio.
g) Tell mother not to set her watch by the clock in the dining room. That clock is 5 minutes slow.
h) Ask Hasan what he would buy if he had a lot of money.
i) Ask mother why Minah hasn't got anything?
j) Ask Ira whether she owns a new typewriter.

10.15.   Comprehension
Reread the text (10.2.A) and answer the following questions in Bahasa Indonesia.
1. Pergi ke mana Hadi dan Kartini malam itu?
2. Pukul berapa rapat mulai malam itu?
3. Jam siapa yang mati?
4. Apakah jam Kartini lambat atau cepat?
5. Berapa jam Hadi dan Kartini terlambat malam itu?

Chapter 11

11.1.A.   Vocabulary

Check the pronunciation, read aloud and note the meanings.

bekerja	to work
berada	to be (at a place)
beranak	to have children
berangkat (dari)	to leave
berbuat	to do, behave
berdering	to ring, tinkle
berenang	to swim
berkelahi	to fight
bersepeda	to ride a bicycle
bertengkar	to quarrel
bibik	aunt (see 11.2.C.)
buta huruf	illiterate
cekatan	capable
giat	energetic, active, enthusiastic (over work)
hari lahir	birthday
huruf	letter, character
istri	wife
jawatan	government department
kadang-kadang	sometimes
kedokteran	see *sekolah kedokteran*
keluarga	family, relative
kembali	to return, on returning
kolam berenang	swimming pool
lahir	to be born
laki-laki	male (of person), man
main	to play
majalah	magazine, journal
marah	annoyed, angry
membagi (bagi)	to divide
membantu (bantu)	to help
membersihkan (bersihkan)	to clean
membicarakan (bicarakan)	to discuss, talk about
menelepon (telepon)	to telephone
mengantarkan (antarkan)	to accompany, take (someone to somewhere)
mengerjakan (kerjakan)	to do
meninggal (tinggal)	to die, pass away
menyelesaikan (selesaikan)	to settle, solve; finish (of work)

minggu	week
mobil	car
naik	to ride on, (to go) by; climb, go up
nyonya rumah	housewife, lady of the house, hostess
orang tua	parents
pembantu	household help, assistant
pemerintah	government
pendidikan	education, upbringing
perempuan	female (of person), woman
perlu	necessary; to need
pernah	ever, once see *tidak pernah*
pertama	first (of a series)
pertengkaran	quarrel (n)
ramai	noisy, bustling, lively
rumah sakit	hospital
sabar	patient(ly), tolerant(ly)
sampai	until
sekolah kedokteran	medical school
selain dari	apart from, as well as
sepak bola	football, soccer
sepeda	bicycle
sering	often
sesudah	after
suami	husband
surat kabar	newspaper
taman kanak-kanak	kindergarten
tamatan	graduate (n)
tanggal	date
tenang	calm(ly), quiet(ly)
tentang	about, concerning
tiap(-tiap)	each, every
tidak pernah	never
tidak usah	to have no need (to)
umumnya	in general
wanita	woman, lady, female

For further new vocabulary, see 11.10 and 11.11

11.1.B.

1. Months of the year

Januari	Juli
Februari	Agustus
Maret	September
April	Oktober
Mei	Nopember
Juni	Desember

2. Days of the week

Minggu (Ahad)	Sunday
Senin	Monday
Selasa	Tuesday
Rabu	Wednesday
Kamis	Thursday
Jumat	Friday
Sabtu	Saturday

11.2.A. Reading and comprehension

NYONYA RUMAH YANG CEKATAN

Nyonya Harun beranak tiga orang, dua orang laki-laki dan seorang perempuan. Dia tamatan sekolah kedokteran, dan empat kali seminggu, pada hari Senin, Selasa, Rabu dan Kamis, dari pukul 8.00 pagi sampai pukul 1.00 siang, dia membantu di sebuah rumah sakit. Jadi memang banyak yang harus dikerjakannya. Tetapi dia wanita yang cekatan; pandai membagi waktu.

Anaknya yang pertama, Idrus, lahir 12 tahun yang lalu pada tanggal 11 Juli. Dua tahun kemudian pada tanggal 4 Oktober lahir Asrul. Irawati, anaknya yang ketiga, berumur 4 tahun. Hari lahirnya pada tanggal 17 Januari.

Suaminya bekerja di sebuah kantor pemerintah di Jawatan Pendidikan. Dia harus berada di kantor pukul 7.30 (setengah delapan). Pagi-pagi, sesudah makan, Tuan Harun hanya ada waktu untuk membaca surat kabar. Kalau perlu, kembali dari kantor dia menolong istrinya. Sore hari dia sering bermain sepak bola dengan Idrus dan Asrul.

Dari waktu anak-anak mulai bangun sampai mereka berangkat ke sekolah, memang ramai rumah Nyonya Harun. Seperti anak-anak umumnya, Idrus, Asrul dan Irawati sering bertengkar dan berkelahi. Nyonya Harun menyelesaikan pertengkaran itu dengan tenang; dia tidak lekas marah. Tuan dan Nyonya Harun orang tua yang sabar.

Tiap pagi Irawati diantarkan oleh Nyonya Harun ke sekolah Taman Kanak-kanak dengan mobil. Idrus dan Asrul tidak mau diantarkan. Mereka naik sepeda ke sekolah. Kadang-kadang mereka naik bis. Mereka mau berbuat seperti teman-temannya.

Nyonya Harun punya dua orang pembantu yang baik sekali, Mbok Kromo dan Bibik Ikem. Walaupun Nyonya Harun tidak usah memasak, mencuci pakaian dan membersihkan rumah, harinya selalu penuh. Selain dari membantu di rumah sakit, Nyonya Harun aktif dan giat dalam beberapa organisasi. Hari Jumat dia tinggal di rumah membaca buku-buku dan majalah kedokteran. Kalau dia di rumah, telepon tidak berhenti berdering. Teman-temannya menelepon, membicarakan ini dan itu tentang organisasi. Sekali seminggu, pada hari Sabtu, kalau tidak ada rapat, dia main tenis dengan teman-temannya.

Hari Minggu, kalau hari baik, Nyonya Harun dan keluarga sering pergi ke kolam (be)renang. Semuanya suka dan pandai berenang.

11.2.B.   English version
A CAPABLE HOUSEWIFE

Mrs. Harun has three children, two boys and a girl. She is a graduate in medicine (lit: graduate of medical school), and four times a week, on Mondays, Tuesdays, Wednesdays and Thursdays, from 8.00 a.m. until 1.00 p.m., she helps at a hospital. So she certainly has a lot to do. But she is a capable woman, good at organizing (lit: dividing) her time.

Her first child, Idrus, was born 12 years ago, on 11 July. Two years later, on 4 October, Asrul was born. Irawati, her third child, is 4 years old. Her birthday is 17 January.

Her husband works in a government office in the Department of Education. He has to be at the office at 7.30. In the morning after breakfast Mr. Harun only has time to read the newspaper. If necessary, he helps his wife when he comes home from the office. In the afternoon he often plays football with Idrus and Asrul.

From the time the children begin to get up until they leave for school, Mrs Harun's house is full of hustle and bustle. Like children in general, Idrus, Asrul and Irawati often quarrel and fight. Mrs Harun deals with these quarrels calmly; she is not easily annoyed. Mr and Mrs Harun are patient parents.

Every morning Irawati is taken to kindergarten in the car (lit: with the car) by Mrs Harun. Idrus and Asrul don't like being driven (to school). They go to school by bicycle. Sometimes they catch the bus. They want to be (lit: do) like their friends.

Mrs Harun has two very good servants, Mbok Kromo and Bibik Ikem. Although she doesn't have to cook, wash the clothes and clean the house, her days are always full. Apart from helping at the hospital, Mrs Harun is very active (lit: active and energetic) in several organizations. On Fridays she stays at home and reads medical books and journals. When she is at home the telephone never stops ringing. Her friends ring up to discuss this and that about the organisations. Once a week, on Saturdays, if there are no meetings, she plays tennis with her friends. On Sundays, if the weather is fine, Mrs Harun and her family often go to the swimming pool. They are all fond of and good at swimming.

11.2.C. Cultural Note

Mbok ('mother') and *Bibik* ('aunt') are used in Java to address an older female household-help or market vendor.

These forms of address may be followed by the woman's name, but it would be very impolite to use the name alone. The name alone may be used to a young girl.

In other regions of the country, similar words deriving from the local language are used, and the same conventions apply.

11.3.A. Note the following questions and complete the answers.

1. Tahun **berapa** tahun ini?	a) Tahun ini tahun 19 . . . b) Tahun . . . c) 19 . . .
2. Tanggal **berapa** hari ini?	a) Hari ini tanggal . . . . b) Tanggal. . . . . c) . . . .
3. Bulan **apa** bulan ini?	a) Bulan ini bulan. . . . . b) Bulan . . . . c) . . . .
4. Hari **apa** hari ini?	a) Hari ini hari . . . . b) Hari . . . . c) . . . .

11.3.B.

1. What year is it? (lit: . . . is this year?)	a) It is 19 . . . (lit: This year is the year 19 . . .) b) It is . . . (lit: The date . . .) c) 19 . . .
2. What is the date today?	a) Today's date is . . . (lit: Today the date is . . . .) b) It is . . . . . .(lit: The date . . . .) c) . . . .
3. What month is it?	a) This month is . . . . (lit: This month is the month of . . . .) b) It is . . . . . . (lit: The month of . . . . . .) c) . . . .
4. What day is it?	a) Today is . . . . (lit: Today is the day . . . .) b) It is . . . . (lit: The day . . . .) c) . . . .

11.3.C.   Remarks

1. When asking a question to which the answer will be a NUMBER, *BERAPA* is used in the question. So, when asking what year or what date it is *berapa* is used, because the answer is a **number.**

e.g.   *Tahun berapa tahun ini?*   *Tahun dua ribu.*

Tanggal berapa hari ini?   *Tanggal 1 April*
or: *Tanggal 1.*

2. When asking what month or what day it is, the answer will be the name of a month or day and therefore *APA* is used in the question.

e.g.   *Bulan apa bulan ini?*   *Bulan Juli.*

Hari apa hari ini?   *Hari Jumat.*
or: *Jumat.*

3. Normally the words *tahun, tanggal, bulan* and *hari* are used before the names of years, dates, months and days of the week respectively.

11.3.D.   Exercises

1. Answer drill

a) Answer the question by replacing the figure in the model answer with the figure given.

Tahun berapa tahun ini?

2000	Tahun ini tahun dua ribu.
1999	Tahun ini tahun seribu sembilan ratus sembilan puluh sembilan.
1987	Tahun ini tahun seribu sembilan ratus delapan puluh tujuh.
1983	Tahun ini tahun seribu sembilan ratus delapan puluh tiga.
1979	Tahun ini tahun seribu sembilan ratus tujuh puluh sembilan.
1975	Tahun ini tahun seribu sembilan ratus tujuh puluh lima.

b) Answer the question by replacing the name of the month in the model answer with the one given.

Bulan apa bulan ini?

Januari	Bulan ini bulan Januari.
Maret	Bulan ini bulan Maret.
Mei	Bulan ini bulan Mei.
Juni	Bulan ini bulan Juni.
Agustus	Bulan ini bulan Agustus.
Oktober	Bulan ini bulan Oktober.

c) Answer the question by replacing the date in the model answer with the one given.

Tanggal berapa hari ini?

11 Februari	Hari ini tanggal sebelas Februari.
24 April	Hari ini tanggal dua puluh empat April.

17 Juli	Hari ini tanggal tujuh belas Juli.
6 September	Hari ini tanggal enam September.
30 Nopember	Hari ini tanggal tiga puluh Nopember.

d) Answer the question by replacing the name of the day in the model answer with the one given.

Hari apa hari ini?

Sabtu	Hari ini hari Sabtu.
Jumat	Hari ini hari Jumat.
Kamis	Hari ini hari Kamis.
Rabu	Hari ini hari Rabu.
Selasa	Hari ini hari Selasa.
Senin	Hari ini hari Senin.
Minggu	Hari ini hari Minggu.

11.4.A. Now note the following carefully.

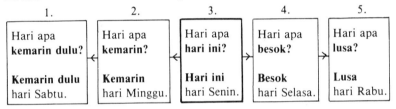

11.4.B.

1. What day was it the day before yesterday?
   The day before yesterday was Saturday.

2. What day was it yesterday?
   Yesterday was Sunday.

3. What day is it today?
   Today is Monday.

4. What day is it tomorrow?
   Tomorrow is Tuesday.

5. What day is it the day after tomorrow?
   The day after tomorrow is Wednesday.

11.4.C. Exercises

1. Mixed substitution drill: substitute the words given where appropriate.

Dia tiba hari ini bersama suaminya.

kemarin	Dia tiba kemarin bersama suaminya.
besok	Dia tiba besok bersama suaminya.
datang	Dia datang besok bersama suaminya.
lusa	Dia datang lusa bersama suaminya.
kemarin dulu	Dia datang kemarin dulu bersama suaminya.
istrinya	Dia datang kemarin dulu bersama istrinya.

berangkat	Dia berangkat kemarin dulu bersama istrinya.
besok	Dia berangkat besok bersama istrinya.
lusa	Dia berangkat lusa bersama istrinya.
kemarin	Dia berangkat kemarin bersama istrinya.
hari ini	Dia berangkat hari ini bersama istrinya.

2. Translation and fluency drill: translate the following sentences into English. Then master them.

a) Hari apa dia berangkat?
b) Bulan apa Saudara tiba?
c) Hari apa engkau sakit?
d) Tahun berapa dia bekerja di kantor ini?
e) Tanggal berapa hari lahirmu?
f) Pukul berapa dia datang?
g) Hari apa Tuan main tenis?
h) Hari apa Nona pergi berbelanja?
i) Jam berapa Saudara pulang?
j) Tanggal berapa surat itu tiba?

3. Answer drill: answer the following questions using the hints given, according to the model.

Hari apa suaminya akan tiba?   (pada hari Senin).
　　　Suaminya akan tiba pada hari Senin.
Tanggal berapa Saudara akan berangkat ke Indonesia?   (pada tanggal lima).
　　　Saya akan berangkat ke Indonesia pada tanggal lima.
Bulan apa istrinya harus masuk rumah sakit?   (bulan April).
　　　Istrinya harus masuk rumah sakit bulan April.
Tahun berapa anaknya yang perempuan lahir?   (pada tahun 1960).
　　　Anaknya yang perempuan lahir pada tahun 1960.
Pukul berapa anak-anak pulang dari sekolah?   (pukul 3.30).
　　　Anak-anak pulang dari sekolah pukul setengah empat.
Tanggal berapa surat itu ditulisnya?   (pada tanggal 15 Agustus).
　　　Surat itu ditulisnya pada tanggal 15 Agustus.
Bulan apa Nenek akan datang ke Jakarta?   (pada bulan Maret)
　　　Nenek akan datang ke Jakarta pada bulan Maret.
Tahun berapa Saudara mulai mengajar Bahasa Indonesia?   (pada tahun 1970).
　　　Saya mulai mengajar Bahasa Indonesia pada tahun 1970.
Bulan apa dia pulang?   (pada bulan Juli).
　　　Dia pulang pada bulan Juli.
Hari apa dia pulang?   (hari Senin yang lalu).
　　　Dia pulang hari Senin yang lalu.

11.5.A.   **Note the following sentences carefully.**

1. a) i. **Bila** dia datang?
     ii. **Kapan** dia datang?
   b) i. Saya tidak tahu **bila** dia datang.
     ii. Saya tidak tahu **kapan** dia datang.

2. a)   **Bila** saya ada uang saya mau membeli mobil.
   b) i. **Kalau** saya ada uang saya mau membeli mobil.
     ii. **Jika** saya ada uang saya mau membeli mobil.
   c)   Dia main tenis, **bila** tidak ada rapat.
   d) i. Dia main tenis, **kalau** tidak ada rapat.
     ii. Dia main tenis, **jika** tidak ada rapat.

3. a) Saya bertemu dengan Amin **waktu** saya di Indonesia.
   b) Saya bertemu dengan Amin **ketika** saya di Indonesia.

11.5.B.
1. a) i. and ii.   **When** did he come? OR: **When** will he come?
                OR: **When** is he coming?
   b) i. and ii.   I don't know **when** he will come. OR: I don't know
                when he came. OR: I don't know **when** he is coming.

2. a)   **When** I have some money I will buy a car.
   b) i. and ii.   **If** I had some money I would buy a car.
   c)   She plays tennis **when(ever)** there is no meeting.
   d) i. and ii.   She plays tennis **if/when** there is no meeting.

3. a) and b)   I met Amin **when** I was in Indonesia.

11.5.C.   **Remarks**

1. *Bila (apabila, bilamana)* and *kapan,* meaning 'when', are interrogatives. They are interchangeable, although *kapan* is more common in Java.

2. a) In other contexts *bila* functions in the same way as the English conjunctions 'when' or 'whenever', referring to habitual actions or future time.

   b) *Kalau* and *jika (jikalau)* usually mean 'if', but may mean 'when' (as a conjunction) in a statement referring to habitual actions or future time.

3. *Waktu* and *ketika* are equivalent to the conjunction 'when' in clauses referring to past time.

11.5.D. Exercises

1. Answer drill: answer using the hints given according to the model.

Bila Saudara berbelanja? (tiap hari Sabtu)
    Saya berbelanja tiap hari Sabtu.
Bila Nyonya membersihkan rumah? (tiap pagi)
    Saya membersihkan rumah tiap pagi.
Kapan Saudara lahir? (18 tahun yang lalu)
    Saya lahir 18 tahun yang lalu.
Kapan engkau mencuci rambut? (tiap hari Minggu)
    Saya mencuci rambut tiap hari Minggu.
Bila Nona membantu di rumah sakit? (tiap hari Kamis)
    Saya membantu di rumah sakit tiap hari Kamis.
Kapan kita harus pergi ke rapat? (lusa)
    Kita harus pergi ke rapat lusa.
Kapan mahasiswa itu berangkat? (kemarin dulu)
    Mahasiswa itu berangkat kemarin dulu.
Bila guru itu mulai mengajar? (hari ini)
    Guru itu mulai mengajar hari ini.
Bila Ibu akan menelepon dokter? (besok)
    Ibu akan menelepon dokter besok.
Kapan anak-anak bertengkar? (tadi pagi)
    Anak-anak bertengkar tadi pagi.

2. Mixed substitution drill: in the second part of each sentence, substitute the given word where appropriate, according to the model.
Saya tidak tahu bila dia datang.

pergi	Saya tidak tahu bila dia pergi.
mengajar	Saya tidak tahu bila dia mengajar.
Saudara	Saya tidak tahu bila Saudara mengajar.
bekerja	Saya tidak tahu bila Saudara bekerja.
masuk	Saya tidak tahu bila Saudara masuk.
pulang	Saya tidak tahu bila Saudara pulang.
mereka	Saya tidak tahu bila mereka pulang.
dia	Saya tidak tahu bila dia pulang.
berangkat	Saya tidak tahu bila dia berangkat.

3. Translation and fluency drill: translate the following sentences into English. Then master them.

a) Dia datang **waktu** saya sakit.
b) Ratna menangis **waktu** ibunya berangkat.
c) Dia belajar Bahasa Indonesia, **ketika** dia di Indonesia.
d) Bapak saya bekerja di Jakarta, **ketika** saya berumur 5 tahun.
e) Saya melihat pilem itu, **waktu** saya di Sydney.
f) Bill makan sate kemarin, **ketika** dia di rumah Rohana.
g) **Kalau** Ibu tidak di rumah, saya yang memasak.
h) **Kalau** tidak ada nasi, kami makan roti.
i) **Jika** saya punya uang, saya mau membeli sepeda.
j) **Jika** kamu lapar, makanlah bakmi goreng itu.

4. Written exercises: insert *kapan, kalau* or *waktu* in the following sentences as appropriate.

a) Saya terlambat tiba di kantor _____ mobil saya rusak.

b) _____ engkau mau membantu saya?

c) _____ engkau terlambat datang, dia akan marah.

d) Susan menangis _____ dia berkelahi dengan David.

e) _____ mereka di Indonesia, mereka sering makan sate.

f) Minumlah obat itu _____ kamu sakit kepala.

g) _____ dia haus dia suka minum air jeruk.

h) _____ jamnya rusak dia terlambat datang seperempat jam.

i) _____ mereka akan membeli rumah baru?

j) Pergilah ke kamarmu sekarang _____ engkau mau belajar.

11.6.A.   Note the following sentences

---

1. a) Nyonya Harun **beranak** tiga orang.
   b) Irawati **berumur** 4 tahun.
   c) Dia **berumah** dua.
2. a) Amin **bersepatu** baru.
   b) Saya **bersepeda** ke sekolah.
3. Dia **berkuli** di setasiun.
4. Suaminya **bekerja** di sebuah kantor pemerintah.
5. Dia harus **berada** di kantor pukul 7.30.

11.6.B.
1. a) Mrs Harun has three children.
   b) Irawati is 4 years old.
   c) She has two houses.
2. a) Amin has new shoes on. OR: Amin is wearing new shoes.
   b) I ride a bicycle to school.
3. He is working as a coolie at the station.
4. Her husband works in a government office.
5. He has to be at the office at 7.30.

11.6.C.   Remarks
1. In the above frame, each verb is of the form *BER-* + ROOT. In sentences 1. and 2. the root is a noun. In verbs of this form, *ber-* usually conveys the idea of 'owning, having, wearing, using, riding' the thing expressed by the noun.

e.g. *ber + anak:*   to have children

ber + umur: to have an age of . . . .

be + rumah dua: to have two houses

ber + sepatu: to wear shoes

ber + sepeda: to ride a bicycle

2. In sentence 3., however, *berkuli* means 'to earn a living as a coolie *(kuli)*'.

3. Note the form *bekerja* in sentence 4. There *ber-* has become *be-,* because there is an **r** in the first syllable of the root to which it is attached. In sentence 1.c), *ber-* has also become *be-,* because there is an **r** at the beginning of the word *rumah.*

4. In sentence 5., *berada* means 'to be at a place on a temporary basis' (referring to a person).

11.6.D.   Exercises

1. Translation and fluency drill: translate the following sentences into English by analogy with what has just been explained. Then master the sentences.

a) Dia sudah **beristri.**
b) Dia belum **bersuami.**
c) Ratna tidak **bersuami** sekarang.
d) Hasan tidak **beribu** dan **berbapak** lagi.
e) Saya tidak **beruang** sekarang.
f) Anak itu **bernama** Hasan.
g) Amin tidak **bersepatu** ke sekolah.
h) Suarni **berbaju** bagus hari ini.
i) Pukul berapa Saudara harus **berada** di sana?
j) Di mana dia **bekerja** sekarang?
k) Dia selalu **bersepeda** ke kantor.
l) Sesudah mandi dia **berbedak** dan **bergincu.**

2. Transformation drill: transform the following sentences according to the sign given, affirmative, negative or question.

Saudara Sofyan sudah beristri sekarang.   (?)
    Apa Saudara Sofyan sudah beristri sekarang?
Apa engkau beruang sekarang?   (—)
    Engkau tidak beruang sekarang.
Mahasiswa itu bernama Amin.   (?)
    Apa mahasiswa itu bernama Amin?
Amin tidak bersepeda pergi ke sekolah.   (+)
    Amin bersepeda pergi ke sekolah.
Ratna dan Minah tidak sering bergincu.   (+)
    Ratna dan Minah sering bergincu.
Apa ayahnya bermobil baru sekarang?   (—)
    Ayahnya tidak bermobil baru sekarang.
Apa mereka harus bersepatu pergi ke kantor?   (+)
    Mereka harus bersepatu pergi ke kantor.
Dia tidak mau berteman dengan Hasan.   (+)
    Dia mau berteman dengan Hasan.

3. Mixed substitution drill:
a) Substitute the words given where appropriate.
Di mana suaminya bekerja sekarang?
istri   Di mana istrinya bekerja sekarang?

anak perempuan	Di mana anak perempuannya bekerja sekarang?
berada	Di mana anak perempuannya berada sekarang?
orang tua	Di mana orang tuanya berada sekarang?
ibu	Di mana ibunya berada sekarang?
anak laki-laki	Di mana anak laki-lakinya berada sekarang?
bapak	Di mana bapaknya berada sekarang?

b) Substitute the words given where appropriate.
Hari apa dia harus berada di Jakarta?

pukul berapa	Pukul berapa dia harus berada di Jakarta?
bulan apa	Bulan apa dia harus berada di Jakarta?
tanggal berapa	Tanggal berapa dia harus berada di Jakarta?
kamu	Tanggal berapa kamu harus berada di Jakarta?
bekerja	Tanggal berapa kamu harus bekerja di Jakarta?
bulan apa	Bulan apa kamu harus bekerja di Jakarta?
tahun berapa	Tahun berapa kamu harus bekerja di Jakarta?

11.7.A.   Note the following sentences.

1.
> a) Idrus **anaknya yang pertama.**
> b) Asrul **anak laki-lakinya yang kedua.**
> c) Irawati **anaknya yang ketiga.**

2.
> a) **Ketiga anak itu** pandai berenang.
> b) **Kedua anak laki-lakinya** bersepeda ke sekolah.

11.7.B.
1.   a) Idrus is her/his first child.
      b) Asrul is her/his second son.
      c) Irawati is her/his third child.

2.   a) The three children swim well.
      b) Her/his two sons go to school by bicycle.

11.7.C.   Remarks
1. *Ke-* + Number, when it follows a noun or noun phrase which it
qualifies, forms an ordinal number:
e.g. **first, second, third, tenth, etc.**

.2. 'First' is usually expressed by the word *pertama,* although *kesatu* is
sometimes used.

3. Note the structure of noun phrases with more than one qualifier:
anaknya yang pertama.
i.e. Noun + Possessor + *yang* + Adjective

4. *Ke-* + Number, when it precedes a noun or noun phrase, indicates a
group or a set of that number:
e.g. **the three** children, **her two** sons.

11.7.D.   Exercises

1. Substitution drill: substitute the word given where appropriate and change the form of the sentences as necessary.

Hari ini hari yang pertama.

kedua	Hari ini hari yang kedua.
ketiga	Hari ini hari yang ketiga.
minggu	Minggu ini minggu yang ketiga.
keempat	Minggu ini minggu yang keempat.
kelima	Minggu ini minggu yang kelima.
keenam	Minggu ini minggu yang keenam.
bulan	Bulan ini bulan yang keenam.
ketujuh	Bulan ini bulan yang ketujuh.
kedelapan	Bulan ini bulan yang kedelapan.
tahun	Tahun ini tahun yang kedelapan.
kesembilan	Tahun ini tahun yang kesembilan.
kesepuluh	Tahun ini tahun yang kesepuluh.

2. Transformation drill

a) Transform the following sentences according to the sign given, affirmative, negative or question.

Bulan ini bulan yang pertama.   (—)

        Bulan ini bukan bulan yang pertama.

Minggu ini minggu yang kelima.   (?)

        Apa minggu ini minggu yang kelima?

Hari ini bukan hari yang ketujuh.   (+)

        Hari ini hari yang ketujuh.

Tahun ini tahun yang kedua.   (?)

        Apa tahun ini tahun yang kedua?

Ini buku yang pertama.   (?)

        Apa ini buku yang pertama?

Ratna istrinya yang kedua.   (—)

        Ratna bukan istrinya yang kedua.

Suparman suaminya yang pertama.   (?)

        Apa Suparman suaminya yang pertama?

Irawati anaknya yang ketiga.   (?)

        Apa Irawati anaknya yang ketiga?

b) Transform the following sentences according to the sign given, affirmative, negative or question.

Keempat buku ini saya beli di Jakarta.   (—)

        Keempat buku ini tidak saya beli di Jakarta.

Ketiga anak itu anak Nyonya Harun.   (—)

        Ketiga anak itu bukan anak Nyonya Harun.

Apa kedua piring bakmi itu tidak habis dimakannya?   (+)

        Kedua piring bakmi itu habis dimakannya.

Kedua orang pembantunya pandai memasak.   (—)

        Kedua orang pembantunya tidak pandai memasak.

Harga keenam cangkir itu Rp 600. (—)

Harga keenam cangkir itu bukan Rp 600.

Kedua orang mahasiswa itu rajin. (?)

Apa kedua orang mahasiswa itu rajin?

11.8.A.   Note the following sentences carefully.

1. Idrus tidak mau **diantarkan** ke sekolah.
2. Kemeja itu belum **dicuci** lagi.
3. Radio sudah **dimatikan.**
4. Saya **dikeluarkan** dari sekolah.

11.8.B.
1. Idrus doesn't want to be taken to school.
2. That shirt hasn't been washed yet.
3. The radio has been switched off.
4. I was expelled from school.

11.8.C.   Remarks
In English, when we wish to express the idea of someone (or something) undergoing or suffering an action, we use the passive construction.
In such situations the object focus construction is used in Indonesian.
Note too that the object focus construction (and the passive in English) is always used when the actor is not expressed.
In all such cases it is the **3rd person** *(di-)* form which is used.

11.8.D.   Exercises
1. Mixed substitution drill: substitute the words given where appropriate.
Saya diantarkan ke sekolah tiap pagi.

dia	Dia diantarkan ke sekolah tiap pagi.
engkau	Engkau diantarkan ke sekolah tiap pagi.
mereka	Mereka diantarkan ke sekolah tiap pagi.
tadi pagi	Mereka diantarkan ke sekolah tadi pagi.
kami	Kami diantarkan ke sekolah tadi pagi.
setasiun	Kami diantarkan ke setasiun tadi pagi.
aku	Aku diantarkan ke setasiun tadi pagi.
Hasan	Hasan diantarkan ke setasiun tadi pagi.

2. Transformation drill: transform the following sentences according to the sign given, affirmative, negative or question.
Rumah itu tidak boleh dijual. (?)

Apa rumah itu tidak boleh dijual?

Hasan tidak mau diajar. (+)

Hasan mau diajar.

Anak itu tidak mau dipegang. (+)

Anak itu mau dipegang.

Surat itu ditulis dalam Bahasa Indonesia. (?)
> Apa surat itu ditulis dalam Bahasa
> Indonesia?

Anak itu akan dikeluarkan dari sekolah. (—)
> Anak itu tidak akan dikeluarkan dari
> sekolah.

Kamar itu harus dibersihkan tiap hari. (?)
> Apa kamar itu harus dibersihkan tiap hari?

Saya mau diantarkan pulang. (—)
> Saya tidak mau diantarkan pulang.

Pakaian itu harus dicuci sebelum dipakai. (?)
> Apa pakaian itu harus dicuci sebelum
> dipakai?

Paket itu tidak dapat diambil sekarang. (+)
> Paket itu dapat diambil sekarang.

Baju itu boleh dicuci dengan air panas. (—)
> Baju itu tidak boleh dicuci dengan air panas.

3. Translation drill: give natural English equivalents of the following
sentences.

a) Orang itu tidak mau diberi uang.
b) Orang itu tidak kuberi uang, sebab aku tidak ada uang.
c) Surat itu ditulis minggu yang lalu.
d) Nama murid-murid ditulis guru dengan tinta.
e) Apa baju itu harus dicuci dengan air panas?
f) Apa celana itu dicuci Ibu dengan air dingin kemarin?
g) Kamar saya belum dibersihkan.
h) Apa sudah dibersihkan Hasan mobil Ayah?
i) Buku itu dibawanya pulang.
j) Orang sakit itu dibawa ke rumah sakit.

11.9.A.   **Observe the following questions and the answers.**

> 1. **Apa** yang harus **dibersihkan** Nyonya Harun?
> 2. **Dia** harus **membersihkan** rumah.
> 3. **Rumah** yang harus **dibersihkannya.**
> 4. **Banyak** yang harus **dibersihkannya.**

11.9.B.
1. What does Mrs Harun have to clean?
(lit: What is it that has to be cleaned by Mrs Harun?)
> 2. She has to clean the house. (subject focus form)
> 3. She has to clean the house. (object focus form)
> 4. She has a lot of cleaning to do.
> (lit: she has to clean a lot of things.) (object focus form)

11.9.C.   Remarks
1. In sentences like *Apa yang harus dibersihkan Nyonya Harun?* the word

yang is the object of the verb. In this case, since it precedes the verb, the verb must be in the object focus form.

2. In general, the answer may be either in subject or object focus construction. In answers which involve the pronoun *banyak,* however, the object focus construction is much more common.

11.9.D. Exercises

1. Transformation drill: transform the following sentences using the hints given, and change the form of the verbs as appropriate.

Apa yang harus kaubersihkan?

kerjakan	Apa yang harus kaukerjakan?
mereka	Apa yang harus dikerjakan mereka?
kamu	Apa yang harus kamu kerjakan?
kita	Apa yang harus kita kerjakan?
dia	Apa yang harus dikerjakannya?
kami	Apa yang harus kami kerjakan?
selesaikan	Apa yang harus kami selesaikan?
mereka	Apa yang harus diselesaikan mereka?
bicarakan	Apa yang harus dibicarakan mereka?
kita	Apa yang harus kita bicarakan?

2. Answer drill
a) Answer the following questions using the word *banyak,* according to the model.

Apa yang harus Saudara kerjakan?
>Banyak yang harus saya kerjakan.

Apa yang harus kita bersihkan?
>Banyak yang harus kita bersihkan.

Apa yang harus diselesaikan mereka?
>Banyak yang harus diselesaikan mereka.

Apa yang harus kita bicarakan?
>Banyak yang harus kita bicarakan.

Apa yang harus dicucinya?
>Banyak yang harus dicucinya.

Apa yang harus kaubeli?
>Banyak yang harus saya beli.

Apa yang harus diambilnya?
>Banyak yang harus diambilnya.

Apa yang harus dimasak Ibu?
>Banyak yang harus dimasak Ibu.

b) Answer using the hints given, first in subject focus construction and then in object focus construction with *yang.*

Apa yang harus kaubersihkan? (rumah)
>Saya harus membersihkan rumah.
>Rumah yang harus saya bersihkan.

Apa yang harus diselesaikannya? (karangannya)
  Dia harus menyelesaikan karangannya.
  Karangannya yang harus diselesaikannya.
Siapa yang harus Saudara antarkan? (ibu saya)
  Saya harus mengantarkan ibu saya.
  Ibu saya yang harus saya antarkan.
Apa yang harus kamu cuci? (piring-piring)
  Saya harus mencuci piring-piring.
  Piring-piring yang harus saya cuci.
Apa yang harus diminum Ratna? (obat)
  Ratna harus (me)minum obat.
  Obat yang harus diminum Ratna.
Apa yang harus diambil Hasan? (mesin tulis)
  Hasan harus mengambil mesin tulis.
  Mesin tulis yang harus diambil Hasan.

11.10.A. & B. Note the formation of the following nouns and their meanings.

	Root	Verbal Form	Noun	Meaning
1.	buat	berbuat	perbuatan	deed, act, action
2.	tengkar	bertengkar	pertengkaran	quarrel
3.	kumpul	berkumpul	perkumpulan	organization, union
4.	kerja	bekerja	pekerjaan	work, job, task, activity
5.	main	bermain	permainan	toy, game
6.	ajar	belajar	pelajaran	lesson
7.	ajar	mengajar	pengajaran	instruction
8.	didik	mendidik	pendidikan	education, upbringing
9.	beri	memberi	pemberian	gift
10.	dengar	mendengar	pendengaran	hearing
11.	lihat	melihat	penglihatan	sight, vision, view
12.	rasa	merasa	perasaan	feeling
13.	keluar	mengeluarkan	pengeluaran (uang)	expenditure
14.	hidup	hidup	penghidupan	livelihood, way of life

11.10.C.   Remarks
1. The nouns are formed in the following way:

  prefix + root + suffix
  per- + root + *-an*
  pe-   + root + *-an*

2. The form of the *pe-* prefix depends on the initial sound of the root. The sound changes are the same as for the prefix *me-* (see 8.3.C.4).
Note that *penglihatan* has an irregular sound change.

3. It is not possible to give hard and fast rules as to which roots will take

per- -an and which will take *pe- -an.* To form nouns some roots take both and some take neither. One general rule, although there are exceptions, is that when there is a verbal form with *ber-*, the noun is formed with *per- -an,* and when there is a verbal form with *me-*, the noun is formed with *pe- -an.*

11.10.D. Exercise

Translation and fluency drill: translate the following sentences into English. Then master them.

1. Itu **perbuatan** yang tidak baik.
2. Nyonya Harun menyelesaikan **pertengkaran** itu dengan tenang.
3. Dia giat dan aktif dalam beberapa **perkumpulan.**
4. **Pekerjaan** Hasan baik sekali.
5. Ibu membeli **permainan** untuk Adik.
6. Berapa jam **pelajaran** Bahasa Indonesia seminggu?
7. Dengarlah baik-baik **pengajaran** dari gurumu.
8. Apa **pendidikan** anak itu?
9. Buku ini **pemberian** nenek saya.
10. **Pendengaran** Nenek tidak begitu baik.
11. Hasan mau duduk di muka, karena **penglihatannya** tidak baik.
12. Dogol sama sekali tidak ada **perasaan.**
13. Bulan ini **pengeluaran** uang dari perkumpulan mahasiswa banyak sekali.
14. Apa **penghidupan** suaminya sekarang?

11.11.A. & B. Note the formation of the following nouns and their meanings.

	Root	Noun	Meaning
1.	baca	pembaca	reader
2.	tulis	penulis	writer
3.	main	pemain	player
4.	layan	pelayan	waiter, waitress, servant
5.	kerja	pekerja	worker
6.	ajar	pelajar	student
7.	ajar	pengajar	instructor
8.	dengar	pendengar	listener
9.	bantu	pembantu	assistant, helper, household help
10.	karang	pengarang	composer, writer
11.	tunjuk	penunjuk	guide (of person)
12.	tangis	penangis	a person who cries a lot
13.	minum	peminum	a person who drinks a lot (of alcohol), a heavy drinker
14.	lupa	pelupa	forgetful (person)
15.	tidur	penidur	sleepy-head
16.	sakit	penyakit	disease, illness

11.11.C. Remarks

1. The nouns are formed in the following way:

prefix + root

pe- + root

The form of the *pe-* prefix depends on the initial sound of the root (see 8.3.C.4.)

2. Nouns derived with *pe-* usually indicate the person performing the action, or the instrument with which the action is performed. They may also indicate a person who frequently or habitually performs the activity indicated by the root. (Note: *Penyakit* is an exception to the above. It means 'disease' not 'patient'.)

3. Examples 5. and 6. in the frame are exceptions, having the prefix *per-* instead of *pe-*. The sound **r** is dropped in *pekerja,* and is replaced by **l** in *pelajar.*

4. Note the difference in meaning between *pengajar* and *pelajar.*

11.11.D. Exercise

Translation and fluency drill: translate the following sentences into English. Then master them.

1. Surat kabar itu banyak **pembacanya.**
2. Siapa **penulis** buku itu?
3. Bapak Suparman **pemain** tenis yang baik.
4. **Pelayan** di restoran itu cekatan sekali.
5. Udin **pekerja** yang rajin dan bertanggungjawab.
6. Rustam **pelajar** yang rajin.
7. Siapa **pengajar** mereka main tenis?
8. **Pendengar-pendengar** sekalian! Di sini siaran radio Republik Indonesia.
9. Dia bekerja di sana dengan tiga orang **pembantu.**
10. Siapa nama **pengarang** lagu itu?
11. Saya mau bertanya kepada **penunjuk** jalan.
12. Ratna **penangis.** Bila bertengkar dengan adiknya dia sering menangis.
13. Dogol **peminum.** Tadi pagi dia banyak minum bir.
14. Ibu saya p̈elupa. Dia lupa lagi nama teman saya.
15. Udin suka tidur. Dia **penidur.**
16. Di daerah itu banyak orang ber**penyakit** kulit.

11.12. Additional exercises

Fluency drill: study the following passages. Then memorize and dramatize them.

a) Nenek.

Nenek sudah tua, beliau berumur 99 tahun. Pendengaran dan penglihatan beliau tidak baik lagi. Dan juga beliau pelupa sekali. Tadi pagi Ibu memberi Nenek obat, karena beliau sakit pinggang.

Setengah jam kemudian Ibu bertanya kepada Nenek.

Ibu	— Bagaimana perasaan Ibu sesudah minum obat itu?
Nenek	— Apa? Siapa?
	(Ibu mencoba berbicara lebih keras.)
Ibu	— Bagaimana perasaan Ibu sesudah minum obat itu?
Nenek	— Pinggang saya tidak begitu sakit lagi. Saya capek; saya mau tidur sebentar. Pukul berapa hari?
	(Nenek yang dulunya aktif dan giat, sekarang lemah dan lekas capek. Baginya siang dan malam sama saja.)

b) Aku.

Aku tidak buta, tidak tuli dan tidak bisu. Aku sehat dan kuat. Hanya aku tidak beribu dan tidak berbapak lagi sejak aku berumur tiga tahun. Ibu dan bapaku meninggal. Apa yang menyebabkan mereka meninggal? Aku tidak tahu. Sekarang umurku 17 tahun. Aku tidak bisa membaca dan menulis. Aku buta huruf, karena dari kecil aku tidak pernah bersekolah. Banyak orang seperti aku. Penghidupanku sekarang? Aku berkuli di setasiun. Masa depanku? Entahlah . . . gelap sampai sekarang.

11.13. Homework

Translation drill: give the Indonesian equivalents of the following sentences.

a) Idrus and Asrul go to school by bicycle every day.
b) I bought this beautiful bag when I was in Jakarta.
c) Whenever there is a meeting she stays at home. She doesn't like meetings.
d) If I had lots of money I would buy a big house.
e) What are we going to talk about?

f) Mbok Kromo has a lot of washing to do. (object focus form)

g) Is Idrus her first child or her second?

h) This perfume is a gift from my friend.

i) Who is a heavy drinker?

j) What is her grandmother's illness?

11.14. Comprehension

Reread the text (11.2.A.) and answer the following questions in Bahasa Indonesia.

a) Apa pendidikan Nyonya Harun?

b) Berapa orang anak Nyonya Harun?

c) Berapa tahun umur anaknya yang kedua?

d) Tahun berapa Irawati lahir?

e) Bagaimana biasanya Idrus dan Asrul pergi ke sekolah?

f) Apa teman-teman Idrus diantarkan dengan mobil ke sekolah?

g) Apa yang dikerjakan Nyonya Harun tiap hari Jumat?

h) Di mana Tuan Harun bekerja?

i) Siapa Mbok Kromo dan Bibik Ikem?

j) Apa Tuan dan Nyonya Harun ada waktu untuk anak-anaknya?

Chapter 12
Development Exercises

Development exercises draw upon and give you practice in all the grammar you have studied so far. The new vocabulary items and phrases introduced are intended to consolidate your mastery of these forms and to develop a sense of confidence in the use of the language in different situations.

These dialogues as those in chapter 7 are to be used for comprehension and dramatization, and, if need be, translation. (Comprehension answers are provided on the tapes accompanying this book.)

Students should be encouraged to use their imaginations and construct similar dialogues of their own.

12.1.A.   Conversation

DOGOL MENCURI MOBIL

Polisi: "Stop!" Mobil berhenti.
          "Saudara ada rebewes (SIM)?"
Dogol: "Tidak ada pada saya, Pak."
Polisi: "Apa ini mobil Saudara?"
Dogol: "Bukan, Pak. Mobil teman saya."
Polisi: "Apa Bapak Suparman teman Saudara?"
Dogol: "Bukan, Pak."
Polisi: "Apa nomor mobil ini AB3567?"
          Dogol tidak menjawab; mukanya pucat.
          "Mobil ini mobil Bapak Suparman. Mobilnya hilang di garasi rumahnya tadi malam. Di mana Saudara tadi malam?" Dogol diam saja. "Ikutlah saya ke kantor polisi."

12.1.B.   Vocabulary

diam	to be silent
garasi	garage
hilang	lost, vanished, missing
ikut	to come with, join in, follow
mencuri (curi)	to steal
menjawab (jawab)	to answer
pada	on, with, e.g. *pada saya:* with (on) me
nomor	number
rebewes (SIM)	driver's licence
saja	just, only
s(e)top!	stop!
surat izin mengemudi	driver's licence

12.1.C.   Exercises

1. Single substitution drill: replace the pronoun *saya* with the noun or pronoun given.

Tidak ada pada saya, Pak.

mereka	Tidak ada pada mereka, Pak.
nya	Tidak ada padanya, Pak.
kami	Tidak ada pada kami, Pak.
Hadi	Tidak ada pada Hadi, Pak.
Ibu	Tidak ada pada Ibu, Pak.
ku	Tidak ada padaku, Pak.
Nenek	Tidak ada pada Nenek, Pak.

2. Translation and fluency drill: translate the following sentences into English. Then master them.

a) Mobilnya hilang tadi malam.
b) Di mana uangmu hilang?
c) Kapan sepedamu hilang?
d) Berapa uangmu hilang?
e) Sepeda saya hilang di sekolah.
f) Uang saya hilang 10 dolar.
g) Anak yang hilang itu berumur 5 tahun.
h) Nomor berapa mobil yang hilang itu?

12.1.D.   Comprehension: reread the story and answer the following questions.

1. Siapa nama orang yang mencuri mobil itu?
2. Apa pencuri itu ada rebewes padanya, waktu mobilnya dis(e)top polisi?
3. Mobil siapa yang dicurinya?
4. Dari mana mobil itu dicurinya?
5. Ke mana Dogol dibawa polisi?

12.2.A.   Conversation

MENGISAP GANJA

Ketika polisi memeriksa seorang pemuda, didapatnya beberapa gram ganja di saku pemuda itu.

Polisi:	"Siapa nama Saudara?"
Katamsi:	"Katamsi."
Polisi:	"Di mana Saudara tinggal?"
Katamsi:	"Di Kebayoran Baru."
Polisi:	"Di mana di Kebayoran Baru?"
	Katamsi diam saja.
	"Di jalan mana? Nomor berapa?"
	Katamsi tidak menjawab. Dia tidak mau memberitahukan alamatnya.
	"Berapa umur Saudara?"
Katamsi:	"Sembilan belas tahun."
Polisi:	"Apa Saudara merokok?"

Katamsi:	"Ya, kadang-kadang."
Polisi:	"Rokok apa?"
Katamsi:	"Ya, apa saja."
Polisi:	"Apa Saudara mengisap ganja?" Katamsi diam.
	"Apa Saudara sudah bekerja?"
Katamsi:	"Belum."
Polisi:	"Apa Saudara masih belajar?"
Katamsi:	"Ya, masih."
Polisi:	"Di mana? Dari siapa Saudara mendapat ganja itu?" Katamsi diam lagi. Kebetulan polisi itu orang sabar.
	"Pergilah duduk di bangku sana dulu!"
	Katamsi berdiri dan pergi duduk di sebuah bangku di sudut kamar itu. Duduknya gelisah. Dia memang mengisap ganja, tetapi takut mengaku.

12.2.B. Vocabulary

berdiri	to stand (up)
ganja	cannabis, marijuana
gelisah	restless
gram	gramme
kebetulan	as it happened, it happened that
memberitahukan (beritahukan) (kepada)	to tell, reveal (to someone)
memeriksa (periksa)	to search, interrogate, examine
mendapat (dapat)	to get, obtain, find
mengaku (aku)	to confess, admit, acknowledge
mengisap (isap)	to smoke, suck
merokok (rokok)	to smoke (cigarettes)
pemuda	young man, youth
rokok	cigarette
sudut	corner
takut	afraid

12.2.C. Exercises

Translation and fluency drill

a) Translate the following sentences into English. Then master them.

1. Di jalan mana Saudara tinggal?
2. Di sekolah mana dia mengajar?
3. Di toko mana tas itu kaubeli?
4. Di restoran mana dia makan tadi malam?
5. Di kota mana dia bekerja?
6. Ke toko mana mereka akan pergi?
7. Ke kota mana gurumu akan pindah?
8. Ke sekolah mana engkau mau masuk?
9. Ke kantor mana Saudara harus pergi?
10. Ke restoran mana Ibu mau pergi makan?

b) Translate the following sentences into English. Then master them.
1. Kebetulan polisi itu orang sabar.
2. Kebetulan saya bertemu dengan Hasan di jalan.
3. Kebetulan ibu saya sakit hari itu.
4. Kebetulan dia suka makanan Indonesia.
5. Kebetulan mereka bisa berbicara Bahasa Indonesia.
6. Kebetulan saya mendapat surat dari Ibu hari itu.
7. Kebetulan saya tidak ada uang.
8. Kebetulan Rohana menelepon saya.
9. Kebetulan saya tidak mendengarkan warta berita malam itu.
10. Kebetulan jam di sekolah rusak.

12.2.D. Comprehension: reread the story and answer the following questions.
1. Apa Katamsi mengisap ganja?
2. Apa polisi tahu di mana Katamsi tinggal?
3. Apa dia sudah bekerja atau masih belajar?
4. Apa diberitahukannya kepada polisi dari siapa dia mendapat ganja itu?
5. Apa polisi itu orang yang baik?

12.3.A. Conversation
LELANG

Sunaryo:	"Saudara Tobing akan melelang barang-barangnya, seperti perkakas rumah, perkakas dapur dan pecah belah."
Muis:	"Apa sebabnya?"
Sunaryo:	"Dia dipindahkan ke ibu kota. Hanya barang yang kecil-kecil yang akan dibawanya. Dia harus berada di Jakarta pada akhir bulan ini. Saudara Tobing sendiri hendak berangkat dengan kapal terbang. Istri dan anak-anaknya akan menyusul dengan kapal laut."
Muis:	"Kapan barang-barang yang akan dilelang dapat dilihat?"
Sunaryo:	"Sehari sebelum dilelang. Jadi pada hari Jumat yang akan datang."
Muis:	"Saya mau pergi melihat-lihat."
Sunaryo:	"Ayo, mari kita pergi bersama-sama."

12.3.B. Vocabulary

akhir	end
apa sebab(nya)?	why?
barang	things, goods, luggage
depan	next (months, years, etc.); front
hanya . . .	only, just
hendak	to intend, want, wish (to)
kapal, kapal laut	boat, ship

kapal terbang	plane
lelang	auction (n)
melelang (lelang)	to auction off
melihat-lihat (lihat-lihat)	to browse
memindahkan (pindahkan)	to transfer, move (someone or something)
menyusul (susul)	to follow
pecah-belah	crockery
perkakas dapur	kitchen utensils
perkakas rumah	furniture
sebentar lagi	in a moment
sendiri	himself, yourself, myself; alone
. . . yang akan datang	next . . . (+ days, years, etc.)

12.3.C. Exercises

Translation and fluency drill

a) Translate the following sentences into English. Then master them.

1. Saudara Tobing akan melelang barang-barangnya.
2. Apa sebabnya dia mau melelang perkakas rumahnya?
3. Apa perkakas dapur juga akan dilelangnya?
4. Apa engkau mau pergi ke lelang itu?
5. Di mana ada lelang besok?
6. Lemari ini saya beli di lelang minggu yang lalu.
7. Saya tidak akan melelang barang-barang saya.
8. Biasanya harga barang-barang di lelang murah sekali.

b) Translate the following sentences into English. Then master them.

1. Dia dipindahkan ke ibu kota.
2. Apa sebab dia dipindahkan ke kantor itu?
3. Bila Saudara akan dipindahkan?
4. Sofyan akan dipindahkan ke kelas B.
5. Saya tidak suka pindah rumah.
6. Amran tidak mau pindah sekolah.
7. Pindahlah duduk ke belakang!
8. Hadi dipindahkan guru ke muka, karena matanya tidak begitu baik.
9. Saya mau memindahkan lemari ini ke kamar saya.
10. Saya tidak bisa memindahkan meja ini sendiri.

c) Translate the following sentences into English. Then master them.

1. Anak-anaknya akan menyusul dengan kapal.
2. Istrinya mau menyusul dengan kapal terbang.
3. Susullah mereka dengan sepeda!
4. Saya akan menyusulnya sebentar lagi.
5. Murid-murid kelas I akan menyusul dengan bis.
6. Suaminya akan menyusul bulan depan.
7. Dia akan menyusul ibunya ke Jakarta.
8. Berangkatlah dahulu, nanti saya susul!
9. Sesudah siaran warta berita, menyusul pilem anak-anak.
10. Mengapa Nenek tidak mau menyusul dengan kapal terbang?

12.3.D. **Comprehension: reread the story and answer the following questions.**
1. Apa yang akan dilelang Saudara Tobing?
2. Ke mana Saudara Tobing akan pindah?
3. Apa Saudara Tobing akan berangkat ke Jakarta bersama-sama dengan keluarganya?
4. Dengan apa istri dan anak-anaknya akan menyusul?
5. Hari apa barang-barang itu akan dilelang?

12.4.A. **Conversation**
PERGI KE KEBUN BINATANG

Jamalus: "Ke mana engkau hari Minggu yang lalu, Min? Ketika saya datang ke rumahmu engkau tidak di rumah."
Amin: "Saya pergi ke kebun binatang dengan teman-teman. Beramai-ramai kami pergi. Yang ikut Amran, Bambang, Ratna, Udin dan Suarni. Sebelum masuk, kami membeli pisang dan kacang goreng."

Jamalus: "Apa yang kaulihat?"
Amin: "Hampir semua binatang yang ada di sana: badak, harimau, singa, beruang, kera, gajah, ular dan bermacam-macam burung."
Jamalus: "Apa kanguru ada di sana?"
Amin: "Ya, ada, beberapa ekor. Dua ekor betina dan tiga ekor jantan. Didatangkan dari Australia. Lucu sekali, melihat seekor kanguru yang betina melompat ke sini-sana dengan anaknya dalam kantong. Lain kali engkau harus ikut."
Jamalus: "Ya, saya mau saja. Jangan lupa memberitahu saya sehari sebelumnya, ya, Min."
Jamalus suka sekali binatang; dia memelihara seekor anjing dan seekor kucing. Dia mau menjadi dokter hewan.

12.4.B. Vocabulary

anjing	dog
badak	rhinoceros
beramai-ramai kami	many of us
bermacam-macam	various kinds (of)
beruang	bear
betina	female (usually of animals only)
binatang	animal, beast
burung	bird
ekor	classifier for animals
gajah	elephant
harimau	tiger
hewan	animal
jantan	male (usually of animals only)
kacang goreng	roasted peanuts
kantong	pouch, pocket
kebun binatang	zoo
kera	monkey
lain kali	another time, next time
lucu	funny, cute
melompat (lompat)	to jump
memberitahu (beritahu)	to inform, let know
memelihara (pelihara)	to keep, take care of, rear
mendatangkan (datangkan)	to import, bring someone/something to somewhere
menjadi (jadi)	to become
pisang	banana
saya mau saja	I would love to
singa	lion
ular	snake

12.4.C.   Exercises

1. Mixed substitution drill: substitute the words given where appropriate.
Ke mana engkau hari Sabtu yang lalu?

Saudara	Ke mana Saudara hari Sabtu yang lalu?
dia	Ke mana dia hari Sabtu yang lalu?
kamu	Ke mana kamu hari Sabtu yang lalu?
Kamis	Ke mana kamu hari Kamis yang lalu?
di mana	Di mana kamu hari Kamis yang lalu?
Ibu	Di mana Ibu hari Kamis yang lalu?
guru	Di mana guru hari Kamis yang lalu?
Senin	Di mana guru hari Senin yang lalu?
Saudara	Di mana Saudara hari Senin yang lalu?

2. Translation and fluency drill
a) Translate the following sentences into English. Then master them.
1. Siapa mau ikut?
2. Siapa yang ikut?
3. Yang ikut Amran, Bambang dan Ratna.
4. Dia tidak mau ikut.
5. Adik mau ikut dengan Ibu ke setasiun.
6. Saya mau ikut dengan Ayah ke Sydney.
7. Apa engkau mau ikut?
8. Anjingnya selalu ikut ke mana dia pergi.
9. Dia tidak mau ikut bernyanyi.
10. Siapa mau ikut main tenis?
11. Lain kali Saudara harus ikut.
12. Ayo, mari kita ikut bersama-sama!

b) Translate the following sentences into English. Then master them.
1. Dia mau menjadi dokter hewan.
2. Saya tidak mau menjadi guru.
3. Saudara mau menjadi apa?
4. Siapa yang mau menjadi guru?
5. Sekarang dia sudah menjadi orang yang peminum.
6. Siapa mau menjadi pelayan di restoran itu?
7. Dia mau menjadi pemain tenis yang baik.
8. Apakah Nona mau menjadi pengarang?

12.4.D.   Comprehension: reread the story and answer the following questions.
1. Apa Amin pergi ke kebun binatang sendiri?
2. Apa yang dibeli mereka sebelum masuk?
3. Binatang apa yang didatangkan dari Australia?
4. Teman Amin yang suka sekali pada binatang mau menjadi apa?
5. Binatang apa yang dipelihara Jamalus?

12.5.A.   Conversation

BERBELANJA DI PASAR

Hari waktu itu baru pukul 9 pagi. Ibu mau pergi berbelanja.

Saya ikut dengan Ibu pergi ke pasar. Hari itu pasar luar biasa ramainya, karena tiga hari sebelum Lebaran.

Seperti biasa sebelum Lebaran harga makanan dan barang-barang naik.

Tetapi Ibu pandai menawar. Beginilah cara Ibu tawar-menawar dengan tukang daging.

Ibu:	"Berapa harga daging itu sekilo?"
Tukang daging:	"Rp500, Nyonya. Semua naik harganya sekarang, Nyonya."
Ibu:	"Rp450, sekilo, ya? Dagingnya juga tidak begitu baik."
Tukang daging:	"Tidak bisa, Nyonya. Itu murah."
Ibu:	"Saya bayar Rp1380, untuk tiga kilo, ya?"
Tukang daging:	"Tidak bisa, Nyonya. Saya akan rugi."
Ibu:	"Rp 1400, bagaimana?"
Tukang daging:	"Yaa, baiklah."

Begitulah Ibu tawar-menawar dengan tukang daging, tukang beras, tukang sayur, tukang telur, tukang buah-buahan dan seterusnya. Di toko-toko besar harga barang-barang tidak boleh ditawar.

199

12.5.B. Vocabulary

begini	like this
beras	uncooked rice
buah-buahan	fruit
cara	way, manner
dan seterusnya	and so forth
Lebaran	festival celebrating the end of the Muslim fasting month
luar biasa ramainya	unusually crowded
membayar (bayar)	to pay (for)
menawar (tawar)	to make an offer or bid, bargain (for)
pasar	market
rugi	to lose money in trading
rupiah (Rp)	main unit of Indonesian currency
seperti biasa	as usual
tawar-menawar	to bargain (reciprocal)
tukang daging	butcher
tukang sayur	vegetable vendor
tukang telur	egg vendor

12.5.C. Exercises
1. Translation and fluency drill
a) Translate the following sentences into English. Then master them.
1. Hari waktu itu baru pukul 8 pagi.
2. Hari waktu itu sudah pukul 6 pagi.
3. Hari waktu itu sudah pukul 10 pagi.
4. Hari waktu itu sudah pukul 12 siang.
5. Hari waktu itu baru pukul 1 siang.
6. Hari waktu itu belum pukul 5 sore.
7. Hari waktu itu baru pukul 7 malam.
8. Hari waktu itu belum pukul 10 malam.
9. Hari waktu itu sudah pukul 12 malam.
10. Hari waktu itu belum pukul 11 malam.

b) Translate the following sentences into English. Then master them.
1. Berapa harga daging itu sekilo?
2. Berapa harga kemeja itu sehelai?
3. Berapa harga sepatu itu sepasang?
4. Berapa harga pisang itu sepuluh buah?
5. Berapa harga ayam itu seekor?
6. Berapa harga sayur itu sekilo?
7. Berapa harga jeruk itu sebuah?
8. Berapa harga buah-buahan itu sekilo?
9. Berapa harga rok itu sehelai?
10. Berapa harga kaus kaki itu sepasang?
11. Berapa harga sate itu sepiring?
12. Berapa harga air jeruk itu segelas?

2. Single substitution drill: replace the word *semuanya* with the nouns given.

Semuanya naik harganya sekarang.

pakaian	Pakaian naik harganya sekarang.
daging	Daging naik harganya sekarang.
telur	Telur naik harganya sekarang.
buah-buahan	Buah-buahan naik harganya sekarang.
sayur	Sayur naik harganya sekarang.
pecah-belah	Pecah-belah naik harganya sekarang.
perkakas rumah	Perkakas rumah naik harganya sekarang.
perkakas dapur	Perkakas dapur naik harganya sekarang.
buku-buku	Buku-buku naik harganya sekarang.

12.5.D. Comprehension: reread the story and answer the following questions.
1. Pukul berapa hari ketika Ibu mau pergi berbelanja?
2. Bagaimana harga makanan biasanya sebelum Lebaran?
3. Akhirnya berapa dibayar Ibu untuk sekilo daging?
4. Bagaimana harga barang-barang di toko besar?
5. Apa Ibu tawar-menawar hanya dengan tukang daging saja?

12.6.A. Conversation
PENGANGGURAN

Dahlan:	"Hai, Mus. Apa kabar? Sudah lama kita tidak berjumpa."
Mustafa:	"Baik-baik saja, Lan. Memang sudah hampir 3 bulan kita tidak bertemu. Sejak pesta perpisahan di sekolah."
Dahlan:	"Apa kau sudah bekerja?"
Mustafa:	"Belum, masih menganggur. Tiap hari saya mencari pekerjaan, tetapi sampai sekarang belum berhasil. Dan kau, apa sudah bekerja?"
Dahlan:	"Juga belum. Banyak pengangguran dewasa ini. Saya telah mengirim beberapa pucuk surat lamaran kepada beberapa jawatan. Jawaban yang saya terima selalu: 'Tidak ada lowongan'. Minggu yang lalu ada lowongan di sebuah paberik rokok. Ada iklan di surat kabar harian. Cepat-cepat saya pergi melamar ke sana. Tetapi ketika saya tiba di sana, lowongan sudah diisi. Puluhan orang yang datang melamar."
Mustafa:	"Ya, memang susah! Kalau saya tidak dapat pekerjaan sampai akhir bulan ini, saya harus pulang ke desa dan . . . bertani. Saya tahu menjadi petani tidak mudah, karena harus mempunyai ketabahan yang luar biasa."

12.6.B. Vocabulary

apa kabar?	how are you?
baik-baik saja	(I'm) fine/well
berhasil	to be successful
berjumpa (dengan)	to meet
berpisah	to part
bertani	to work on the land
desa	village
dewasa ini	nowadays, these days
. . . harian	daily . . .
iklan	advertisement
jawaban	answer
kabar	news
ketabahan	determination, endurance
lamaran	application
lowongan	vacancy
melamar (lamar)	to apply (for)
mempunyai (punyai)	to possess (transitive) see 10.10
mencari (cari)	to look for, seek
menerima (terima)	to receive, accept
menganggur (anggur)	to be unemployed
mengirim (kirim)	to send
mengisi (isi)	to fill
mudah	easy
paberik	factory
pengangguran	unemployment
pesta	party
pesta perpisahan	farewell party
pucuk	classifier for letters and rifles
puluhan	tens, dozens
sejak	since
situ	there
susah	depressing, difficult, sad

12.6.C. Exercises

1. Translation and fluency drill.
a) Translate the following sentences into English. Then master them.
 1. Sudah lama kita tidak berjumpa.
 2. Sudah lama mereka tidak datang.
 3. Apa sudah lama Saudara menanti?
 4. Apa sudah lama dia menganggur?
 5. Apa sudah lama Nenek sakit?
 6. Dia belum lama sakit.
 7. Dia belum lama bekerja di situ.
 8. Dia belum lama di sini.
 9. Sudah berapa lama dia sakit?
10. Sudah berapa lama mereka di sini?

b) Translate the following sentences into English. Then master them.
1. Saya mau mencari pekerjaan.
2. Mereka sedang mencari rumah.
3. Sekolah kami sedang mencari guru bahasa.
4. Apa yang dicarinya?
5. Engkau mencari siapa?
6. Dia sedang mencari buku bacaan untuk anaknya.
7. Dia sedang mencari suratnya yang hilang.
8. Aku sedang mencari anjingku.
9. Bapak Suparman sedang mencari seorang pembantu yang baik.
10. Polisi masih mencari pencuri mobil itu.

12.6.D. **Comprehension: reread the story and answer the following questions.**
1. Sudah hampir berapa lama Dahlan dan Mustafa tidak bertemu?
2. Apa sebab mereka masih belum mendapat pekerjaan?
3. Apa jawaban yang diterima Dahlan dari beberapa jawatan?
4. Apa banyak orang datang melamar untuk lowongan di paberik rokok itu?
5. Apa yang akan dikerjakan Mustafa, kalau dia pulang ke desa?

Chapter 13

13.1. Vocabulary

Check the pronunciation, read aloud and note the meanings.

agak	rather
ahli	expert
antara	among, between
apalagi	even less, let alone; especially
asing	foreign
baki	tray
berkenalan	to get to know each other, to make friends
berlibur	to be on holiday
berpuluh-puluh	tens of . . .
bersalaman	to greet each other, shake hands
bulu	wool, hair of body, feather, fur
cerita	story
cerita pendek	short story
dari(pada)	than
di bawah	under, below
domba	sheep
duduk-duduk	to sit around leisurely
Eropa	Europe
foto	photo
gerak-gerik	movements
heran	surprised, amazed, astonished
kepandaian	skill, ability, intelligence
kue/kueh	cake, biscuit
lain	other, another; different
lama	long (of time); old (i.e. no longer new)
lancar	fluent
lebih	more
mari	come on
melarang (larang)	to forbid
membuka (buka)	to open
membujang	to be single
meminjam (pinjam)	to borrow
memotong (potong)	to cut
menɪpelajari (pelajari)	to study something (in depth)
memperbagus (perbagus)	to beautify

memperbaiki (perbaiki)	to repair, fix, improve, correct
memperbarui (perbarui)	to renovate, renew, reform
memperbesar (perbesar)	to enlarge, extend
memperdalam (perdalam)	to deepen
memperdengarkan (perdengarkan)	to let someone hear
memperhatikan (perhatikan)	to look carefully at, take notice of, pay attention to, observe
memperkecil (perkecil)	to make smaller
memperkenalkan (perkenalkan)	to introduce someone (to someone else)
memperlihatkan (perlihatkan)	to show something (to someone)
memperluas (perluas)	to broaden, widen, extend
mempersilakan (persilakan)	to invite (see 13.2.C)
mempertengkarkan (pertengkarkan)	to argue over, dispute
mempertunjukkan (pertunjukkan)	to show, perform
menari (tari)	to dance (folk dances)
mencukur (cukur)	to shave, shear
mengetahui (ketahui)	to know, find out, realize
mengganggu (ganggu)	to disturb, interrupt, tease
negatif	negative
padang rumput	field, paddock
paling	most
pegawai	official (n), employee
pengetahuan	knowledge
perjalanan	journey, trip
pintu	door
rumput	grass
sahabat	friend
sajak	poem
sama-sama	= *bersama-sama*
sapi	cow
sastra	literature
sebaya	of the same age, of the same generation
sejarah	history
senang	pleased, happy, contented
soal	about; matter
suatu	a certain, one
tamu	guest
tarian	(folk) dance (n)
tengah	middle
tertawa	to laugh
tinggi	tall

For further new vocabulary see 13.11. and 13.12.

13.2.A. Reading and comprehension
SAHABAT LAMA

Pada suatu sore ketika Amir sedang duduk-duduk minum teh dengan orang tuanya, Nenek masuk.

Nenek:	"Ada tamu di luar, Amir. Orang asing." Amir berdiri dan pergi membuka pintu.
Amir:	"Robert, kapan tiba?" Mereka bersalaman lama sekali di pintu.
Robert:	"Tadi pagi." Robert Mitchell dan Amir berkenalan ketika mereka sama-sama mengajar Bahasa Indonesia di sebuah universitas di Australia beberapa tahun yang lalu. Mereka hampir sebaya.
Amir:	"Silakan masuk! Mari, saya mau memperkenalkan engkau kepada orang tua dan nenek saya." Mereka masuk. "Nenek, Ibu, Ayah! Ini Robert, teman saya dari Australia."
Robert:	"Saya senang sekali bertemu dengan Nenek, Ibu dan Ayah. Maaf, kalau saya mengganggu."
Ibu Amir:	"Sama sekali tidak. Kami hanya duduk-duduk minum teh. Silakan duduk!"
Ayah Amir:	"Bahasa Indonesia Tuan Robert lancar sekali."
Amir:	"Tentu saja. Robert ahli Bahasa Indonesia. Selain mengajar bahasa, dia sering menulis tentang sajak dan cerita pendek Indonesia dalam beberapa majalah di Australia."
Robert:	"Ya . . . walaupun begitu saya masih harus mempelajari dan memperdalam pengetahuan saya tentang sejarah sastra lama dan yang baru. Banyak yang belum saya ketahui."
Ayah Amir:	"Untuk berapa lama Tuan Robert di sini?"
Robert:	"Hanya untuk beberapa hari saja. Saya dalam perjalanan ke Eropa."

Tidak berapa lama Robert duduk, masuk adik Amir membawa teh dan kue di atas baki. Ibu Amir mempersilakan tamu minum teh dan makan kue. Sambil minum teh, Robert memperlihatkan beberapa buah foto, yang diambilnya sendiri ketika Amir di Australia. Di antaranya foto Amir sedang mencuci piring, Amir sedang memasak, Amir sedang memotong rumput, Amir sedang memperbaiki mobil. Juga ada foto Amir, diambil ketika mereka berlibur — sedang berdiri di bawah sebuah pohon di padang rumput di tengah berpuluh-puluh ekor domba dan sapi. Mereka tertawa-tawa melihat foto-foto itu. Yang paling lucu ialah foto Amir sedang mencukur bulu domba. Lama ibunya memperhatikan foto-foto itu.

Orang tua Amir senang melihat foto-foto itu dan juga agak heran. Mereka tidak tahu, Amir bisa mencuci piring dan memasak, apalagi mencukur bulu domba. Memang banyak kepandaian yang dipelajari Amir waktu dia di Australia, karena dia hidup membujang.

Ibu Amir mau memperbesar foto Amir yang sedang mencukur bulu domba itu, dan meminjam negatifnya dari Robert.

13.2.B.   English version
AN OLD FRIEND

One afternoon when Amir was sitting drinking tea with his parents, his grandmother came in.

Grandmother:	'There's a visitor outside, Amir. A foreigner.' Amir got up and went to open the door.
Amir:	'Robert, when did you arrive?' They greeted each other for a very long time at the door.
Robert:	'This morning.' Robert Mitchell and Amir had become friends when they were teaching Indonesian together at a University in Australia several years ago. They were almost the same age.
Amir:	'Please come in. Come on, I want to introduce you to my parents and my grandmother.' They went in. 'Grandmother, mother, father! This is my friend Robert from Australia.'
Robert:	'I am very pleased to meet you. I'm sorry if I'm disturbing you.'
Amir's mother:	'Not at all, we're just sitting drinking tea. Please sit down!'
Amir's father:	'Your Indonesian is very good (lit: fluent).'
Amir:	'Of course. Robert is an expert in Indonesian. Apart from teaching the language, he often writes about Indonesian poems and short stories in several magazines in Australia.'
Robert:	'Yes, nevertheless I still have to study and deepen my knowledge of the history of old and modern literature. There's a lot I don't know yet.'
Amir's father:	'How long will you be here?'
Robert:	'Only for a few days. I am on my way to Europe.'

Robert had not been seated long before Amir's younger sister brought in some tea and cake on a tray. Amir's mother invited him (lit: the guest) to have some tea and cake. While he drank his tea, Robert showed them several photos which he had taken himself, when Amir was in Australia. Among them were photos of Amir washing the dishes, Amir cooking, Amir cutting the grass, Amir fixing a car. There was also a photo of Amir taken when they were on holiday — he was standing under a tree in a paddock, in the middle of dozens of sheep and cows (lit: tens of . . .). They laughed and laughed as they looked at the photos. The funniest one was a photo of Amir shearing a sheep. His mother looked at the photos for a long time.

Amir's parents were delighted to see the photos and they were also rather surprised. They did not know that Amir could wash dishes and cook, let alone shear sheep. Amir certainly learnt a lot when he was in Australia, because he was living alone (lit: living as a bachelor).

Amir's mother wanted to enlarge the photo of Amir shearing the sheep and she borrowed the negative from Robert.

13.2.C. Cultural Notes

1. *Silakan masuk:* 'Please come in'.

Silakan is a formal invitation to the person addressed to do something for his own benefit; not for the benefit of the person addressing him. It would be used for the following English expressions: 'please come in', 'please sit down', 'please help yourself', 'please go ahead' (i.e. invitations to do something which benefits the person addressed); it would **not** be used for expressions such as: 'please come here', 'please help me', 'please get . . .', (i.e. requests to do something which benefits the speaker).

2. *Dia mempersilakan tamu minum teh.*

In Indonesia it is good manners for guests not to eat or drink until invited to do so by the host. The invitation is *silakan (makan)* or *silakan (minum)*. The verb *persilakan* means to give this invitation, to say *silakan*.

13.3.A. Note the structure frames carefully:

1.	a) i.	Amir **memperkenalkan** temannya kepada orang tuanya.
	ii.	Amir **mengenalkan** temannya kepada orang tuanya.
	b) i.	Robert **memperlihatkan** foto itu kepada temannya.
	ii.	Robert **melihatkan** foto itu kepada temannya.
	c) i.	Ibu **mempersilakan** tamu duduk.
	ii.	Ibu **menyilakan** tamu duduk.

2.	a) i.	Sekarang kami akan **memperdengarkan** suara penyanyi Indonesia.
	ii.	Ayah sedang **mendengarkan** warta berita.
	b) i.	Murid-murid itu akan **mempertunjukkan** tarian Bali.
	ii.	Guru **menunjukkan** murid-murid yang akan menari itu.

3.	a)	Jamalus dan Mustafa sudah 2 jam **mempertengkarkan** soal uang.
	b)	Polisi **memperhatikan** gerak-gerik pemuda yang tidak mau mengaku itu.

13.3.B.

1. a) i. and ii. Amir introduced his friend to his parents.
   b) i. and ii. Robert showed the photo to his friend.
   c) i. and ii. Mother invited the visitor to sit down.

2. a) i. Now we will let you hear the voice of an Indonesian singer.
   ii. Father is listening to the news.
   b) i. The pupils are going to perform a Balinese dance.
   ii. The teacher pointed to the pupils who were going to dance.

3. a)   Jamalus and Mustafa have been arguing about the book for two hours.

   b)   The police watched carefully the movements of the youth who refused to confess.

13.3.C.   Remarks

1. All the verbs in bold in the frames are transitive, and therefore can be used in a subject or an object focus construction. *Memperkenalkan* is the subject focus form of the transitive verb *perkenalkan*, which is derived from the root *kenal*. The formation of the verb is: *per-* + *kenal* + *-kan* i.e. *per-* + root + *-kan*. The other *per-* form verbs in frames 1, 2, and 3 are derived in the same way.

2. In frame 1, the verbs occur with or without the prefix *per-* with no distinction in meaning. Both forms are interchangeable.

3. In frame 2 the verbs occur with and without the prefix *per-* but with different meanings.

4. In frame 3, the verb *memperhatikan* **never** occurs **without** the prefix *per-* and the verb *mempertengkarkan* **very rarely** occurs **without** it. So the meaning of these verbs must be learned individually.

13.3.D.   Exercises

1. Translation and fluency drill
a) Translate the following sentences into English. Then master them.
1. Dia mau memperkenalkan temannya kepada neneknya.
2. Sofyan tidak mau memperkenalkan saya kepada temannya.
3. Siapa yang memperkenalkan engkau kepadanya?
4. Saya mau memperlihatkan surat ini kepadamu.
5. Siapa yang memperlihatkan gambar itu kepada guru?
6. Dia tidak mau memperlihatkan buku itu kepada ibunya.
7. Amir mempersilakan tamu masuk.
8. Ayah mempersilakan Hadi minum kopi.

Note: In these sentences one may also say *mengenalkan, melihatkan, menyilakan,* instead of *memperkenalkan, memperlihatkan* and *mempersilakan,* with no distinction in meaning.

b) Translate the following sentences into English. Then master them.
1. Dari jam 8 sampai jam 9, Radio Jakarta memperdengarkan lagu-lagu daerah.
2. Saya suka mendengarkan lagu-lagu daerah itu.
3. Di rapat tidak mau dia memperdengarkan suaranya, tetapi di luar rapat dia banyak cakap.
4. Pilem itu tidak boleh dipertunjukkan untuk anak-anak di bawah umur.
5. Saya takut menunjukkan pencuri itu kepada polisi.
6. Murid-murid kelas I mempertunjukkan gambar-gambar mereka yang bagus minggu yang lalu.

7. Apa yang dipertengkarkan mereka?
8. Suami istri itu sering mempertengkarkan soal uang.
9. Perempuan itu tidak memperhatikan anak-anaknya. Mereka kurus dan pucat.
10. Murid yang malas itu tidak memperhatikan pelajarannya.

2. Single substitution drill: replace the word 'Robert' with the word given.
Saya mau memperkenalkan Robert kepada orang tua saya.

Saudara	Saya mau memperkenalkan Saudara kepada orang tua saya.
Nona	Saya mau memperkenalkan Nona kepada orang tua saya.
engkau	Saya mau memperkenalkan engkau kepada orang tua saya.
kamu	Saya mau memperkenalkan kamu kepada orang tua saya.
Tuan	Saya mau memperkenalkan Tuan kepada orang tua saya.
Nyonya	Saya mau memperkenalkan Nyonya kepada orang tua saya.
nya	Saya mau memperkenalkannya kepada orang tua saya.
mereka	Saya mau memperkenalkan mereka kepada orang tua saya.

3. Transformation drill: transform the following sentences from subject focus to object focus.
Aku mau memperkenalkan engkau kepada temanku.
   Engkau mau kuperkenalkan kepada temanku.
Robert memperlihatkan beberapa foto kepada Amir.
   Beberapa foto diperlihatkan Robert kepada Amir.
Ibu mempersilakan tamu minum teh.
   Tamu dipersilakan Ibu minum teh.
Dia mempersilakan mereka masuk.
   Mereka dipersilakannya masuk.
Radio Australia memperdengarkan lagu-lagu Indonesia minggu yang lalu.
   Lagu-lagu Indonesia diperdengarkan Radio Australia minggu yang lalu.
Lusa guru akan mempertunjukkan sebuah pilem Indonesia.
   Lusa sebuah pilem Indonesia akan dipertunjukkan guru.
Minah dan Udin mempertengkarkan permainan.
   Permainan dipertengkarkan Minah dan Udin.
Ibu memperhatikan muka, rambut dan pakaian pencuri itu.
   Muka, rambut dan pakaian pencuri itu diperhatikan Ibu.

4. Answer drill: answer using the hints given, according to the model.
Apa yang diperlihatkannya kepada ibunya?   (foto temannya)
   Dia memperlihatkan foto temannya kepada ibunya.
Apa yang diperlihatkan mereka kepada Saudara?   (buku-buku Indonesia)
   Mereka memperlihatkan buku-buku Indonesia kepada saya.
Apa yang engkau perlihatkan kepada guru?   (gambaran saya)
   Saya memperlihatkan gambaran saya kepada guru.
Apa yang akan dipertunjukkan murid-murid itu?   (tarian Bali)
   Murid-murid itu akan mempertunjukkan tarian Bali.
Siapa yang kaupersilakan masuk?   (Ratna)
   Saya mempersilakan Ratna masuk.

Siapa yang Saudara perkenalkan kepada guru kemarin? (Robert)
    Saya memperkenalkan Robert kepada guru kemarin.
Siapa yang dipertengkarkan Udin dan Bambang? (Ratna)
    Udin dan Bambang mempertengkarkan Ratna.

13.4.A.   Note the verbs in the following sentences.

1. Saya masih harus **memperdalam** pengetahuan saya.
2. Ibu mau **memperbesar** foto Amir.

3. Amir sedang **memperbaiki** mobil.
4. Pak Suparman mau **memperbarui** rumahnya.

13.4.B.
1. I still have to deepen my knowledge.
2. Mother wants to enlarge the photo of Amir.

3. Amir is repairing his car.
4. Mr Suparman wants to renovate his house.

13.4.C.   Remarks
1. The transitive verbs in sentences 1 and 2 above both derive from
adjectival roots:

> *perdalam* from *per-* + *dalam*
> and   *perbesar* from *per-* + *besar.*

2. Verbs of the. form *per-* + adjectival root usually mean 'to make
something acquire the quality described by the root'.
Hence, for example:
a) *dalam* (adjectival root) = deep
    perdalam (verb) = to make something deep
                    i.e. to deepen

b) *besar* (adjectival root) = big
    perbesar (verb) = to make something big
                    i.e. to enlarge

3. With the adjectival roots *baik* and *baru,* irregular verbs are formed:
> *perbaiki* from *per-* + *baik* + *-i*
> *perbarui* from *per-* + *baru* + *-i*

Hence: a) *baik* (adjectival root) = good
                perbaiki (verb) = to make something good
                        i.e. to repair, fix

> b) *baru* (adjectival root) = new
> *perbarui* (verb) = to make something new
>   i.e. to renovate, reform, renew

4. *Membaiki* and *membarui* may be used instead of *memperbaiki* and
memperbarui, with no distinction in meaning.

13.4.D. Exercises

1. Transformation drill: transform the following sentences according to the sign given, affirmative, negative or question.
Dia tidak mau memperbesar rumahnya. (+)
    Dia mau memperbesar rumahnya.
Dia sedang memperkecil bajunya. (?)
    Apa dia sedang memperkecil bajunya?
Minah membeli bunga untuk memperbagus kamarnya. (?)
    Apa Minah membeli bunga untuk memperbagus kamarnya?
Hasan harus banyak membaca untuk memperdalam pengetahuannya. (?)
    Apa Hasan harus banyak membaca untuk memperdalam
    pengetahuannya?
Rumah itu tidak bisa diperbesar lagi. (?)
    Apa rumah itu tidak bisa diperbesar lagi?
Apakah baju itu dapat diperbaiki? (—)
    Baju itu tidak dapat diperbaiki.
Dia sedang memperbaiki sepeda. (?)
    Apa dia sedang memperbaiki sepeda?

2. Answer drill
a) Answer using the hints given according to the model.
Dia mau memperbesar apa? (rumahnya)
    Dia mau memperbesar rumahnya.
Engkau mau memperkecil apa? (baju saya)
    Saya mau memperkecil baju saya.
Saudara mau memperbaiki apa? (mesin tulis saya)
    Saya mau memperbaiki mesin tulis saya.
Tuan mau memperdalam pengetahuan Tuan tentang apa? (sastra)
    Saya mau memperdalam pengetahuan saya tentang sastra.
Dia mau memperbarui apa? (rumahnya)
    Dia mau memperbarui rumahnya.

b) Answer using the hints given according to the model.
Apa yang harus diperbesarnya? (rumahnya)
    Rumahnya yang harus diperbesarnya.
Apa yang harus kauperbaiki? (sepeda saya)
    Sepeda saya yang harus saya perbaiki.
Pengetahuan tentang apa yang akan diperdalamnya?
(tentang sajak-sajak Indonesia)
    Pengetahuan tentang sajak-sajak Indonesia yang akan
    diperdalamnya.
Apa yang akan diperkecilnya? (bajunya)
    Bajunya yang akan diperkecilnya.
Apa yang akan diperbesarnya? (foto anaknya)
    Foto anaknya yang akan diperbesarnya.
Apa yang akan diperluasnya? (kebunnya)
    Kebunnya yang akan diperluasnya.

13.5.A.   Note the verbs in the following sentences.

1. Tahun ini dia **belajar** sejarah Indonesia. 2. Dia mau **mempelajari** buku-buku sejarah. 3. **Buku-buku sejarah** yang mau **dipelajari**nya.

13.5.B.
1. This year he is studying Indonesian history.
2. He wants to study history books.
3. It is history books that he wants to study.

13.5.C.   Remarks
1. The transitive verb *pelajari* derives from the root *ajar:*

$$pel- + ajar + -i$$

The prefix *per-* becomes *pel-* when attached to *ajar*, just as *ber-* becomes *bel-* when attached to this root (see 3.3.C.1.).

2. Note the differences between *pelajari* and *belajar:*
a) *pelajari* often means 'to study in depth';
   belajar means simply 'to study, to learn'.
b) *pelajari* is a transitive verb and so has an object focus form;
   belajar is intransitive and so has no object focus form.
c) *belajar* may be followed by a word indicating the subject being studied,
   e.g. *belajar Bahasa Indonesia;*
   pelajari can be followed either by a word indicating the subject being
   studied, e.g. *mempelajari sastra,* or by a word indicating the thing in
   which one studies the subject, e.g. *mempelajari buku.*

13.5.D.   Exercises
1. Transformation drill
a) Transform the following sentences into questions starting with the
question words given.
1. Minah mau belajar main tenis.
    Siapa . . . .
2. Hasan sudah dua tahun belajar menggambar.
    Sudah berapa tahun . . . .
3. Mereka tidak mau belajar bahasa.
    Apa sebab . . . .
4. Dia biasanya belajar di kamarnya.
    Di mana . . . .
5. Dia rajin belajar.
    Apa . . . .

b) Transform the following subject focus sentences into object focus
sentences with *yang.*
Hasan mau mempelajari musik tahun ini.
    Musik yang mau dipelajari Hasan tahun ini.

Dia sama sekali tidak mempelajari bahasa.

Bahasa yang sama sekali tidak dipelajarinya.

Saya akan mempelajari penghidupan orang di Indonesia.

Penghidupan orang di Indonesia yang akan saya pelajari.

Nyonya Dewi mau mempelajari buku-buku masakan Australia.

Buku-buku masakan Australia yang mau dipelajari Nyonya Dewi.

2. Translation and fluency drill: translate the following sentences into English, applying the rules you have learned about positive and negative requests or orders. Then master the sentences.

a) Perkenalkanlah dia kepada teman-temanmu!

b) Perlihatkanlah surat itu kepada Ibu!

c) Persilakanlah tamu-tamu itu masuk!

d) Jangan perbaiki sepeda itu sekarang! Makanlah dahulu!

e) Pelajarilah bahasa itu baik-baik!

f) Perbesarlah celanamu itu sekarang!

g) Perluaslah pengetahuanmu!

3. Transformation drill: using the hints provided, give the positive or negative statement resulting from the order, according to the model.

Perkenalkanlah Amran kepada orang tua Saudara! (Hasan)

Hasan memperkenalkan Amran kepada orang tuanya.

Jangan perlihatkan surat itu kepada ayahmu! (Minah)

Minah tidak memperlihatkan surat itu kepada ayahnya.

Persilakanlah tamukau makan kue! (Sofyan)

Sofyan mempersilakan tamunya makan kue.

Jangan perkecil celana itu! (Ratna)

Ratna tidak memperkecil celana itu.

Perbesarlah kemeja itu! (Ibu)

Ibu memperbesar kemeja itu.

Perbaikilah mesin tulis itu! (Hadi)

Hadi memperbaiki mesin tulis itu.

13.6.A. Note the following sentences carefully.

1. Kami hanya **duduk-duduk** minum teh.
2. Sesudah membersihkan rumah dia **membaca-baca.**
3. Saya **memekik-mekik** ketika melihat pencuri itu.

13.6.B.
1. We're just sitting drinking tea.
2. After cleaning the house she reads.
3. I screamed and screamed when I saw the thief.

13.6.C. Remarks
Repetition of the root (or, in the case of *me-* verbs, repetition of the derived form of the root) occurs with certain verbs. This may suggest that the action is being done in a **leisurely** manner (as in examples 1 and 2

above), or that it is being done **repeatedly,** (as in example 3), or with some variety.

13.6.D.   Exercises

1. Translation and fluency drill: translate the following sentences into English. Then master them.

a) Orang tua saya sedang minum-minum dengan teman-temannya.
b) Nyonya Jackson sedang duduk-duduk minum kopi.
c) Marilah kita berjalan-jalan sebentar.
d) Saya suka membaca-baca sebelum tidur.
e) Hasan suka bermain-main dengan adiknya.
f) Marilah kita bernyanyi-nyanyi.
g) Minah menangis-nangis waktu ibunya berangkat ke Eropa.
h) Saya memekik-mekik ketika melihat ular itu.

2. Single substitution drill: replace the verb in the model with the one given.

Marilah kita minum-minum.

duduk-duduk	Marilah kita duduk-duduk.
bermain-main	Marilah kita bermain-main.
bernyanyi-nyanyi	Marilah kita bernyanyi-nyanyi.
berjalan-jalan	Marilah kita berjalan-jalan.
membaca-baca	Marilah kita membaca-baca.
melihat-lihat	Marilah kita melihat-lihat.
menari-nari	Marilah kita menari-nari.

13.7.A.   Note the following sentence carefully.

> Amir sedang berdiri di tengah **berpuluh-puluh** ekor domba.

13.7.B.

Amir is standing in the middle of dozens of sheep (lit: tens of . . .).

13.7.C.   Remarks

Ber- + **reduplicated numeral** means 'in groups of . . .', e.g. 'in groups of ten', or 'tens of . . .'.

13.7.D.   Exercises

1. Mixed substitution drill.
a) Substitute the words given where appropriate.
Di sana ada berpuluh-puluh ekor domba.

sapi	Di sana ada berpuluh-puluh ekor sapi.
beratus-ratus	Di sana ada beratus-ratus ekor sapi.
ayam	Di sana ada beratus-ratus ekor ayam.
burung	Di sana ada beratus-ratus ekor burung.
beribu-ribu	Di sana ada beribu-ribu ekor burung.
nyamuk	Di sana ada beribu-ribu ekor nyamuk.

b) Substitute the words given where appropriate.
Beratus-ratus orang mahasiswa datang ke rapat itu.

pelajar	Beratus-ratus orang pelajar datang ke rapat itu.
berpuluh-puluh	Berpuluh-puluh orang pelajar datang ke rapat itu.
pegawai	Berpuluh-puluh orang pegawai datang ke rapat itu.
pekerja	Berpuluh-puluh orang pekerja datang ke rapat itu.
beribu-ribu	Beribu-ribu orang pekerja datang ke rapat itu.

c) Substitute the words given where appropriate.
Berbarislah berdua-dua.

berjalan	Berjalanlah berdua-dua.
bertiga-tiga	Berjalanlah bertiga-tiga.
berdiri	Berdirilah bertiga-tiga.
masuk	Masuklah bertiga-tiga.
berempat-empat	Masuklah berempat-empat
keluar	Keluarlah berempat-empat.
berlima-lima	Keluarlah berlima-lima.

13.8.A.   Note the following sentences carefully.

1. Foto Hasan **lucu.**
2. Foto Ratna **lebih lucu daripada** foto Hasan itu.
3. Foto Amir (yang) **paling lucu.**
4. **Yang paling lucu** foto Amir.

13.8.B.
1. The photo of Hasan is funny.
2. The photo of Ratna is funnier than the photo of Hasan.
3. The photo of Amir is the funniest.
4. The funniest one is the photo of Amir.

13.8.C.   Remarks
1. *LEBIH* + **adjective** forms a comparative.
   e.g. *lebih lucu dari(pada)* = more funny than, i.e. funnier than.

2. *PALING* + **adjective** forms a superlative.
   e.g. *paling lucu* = most funny, i.e. funniest.

13.8.D.   Exercises
1. Transformation drill
a) Transform the following sentences from the **comparative** to the **superlative**.
Rumah ini lebih besar daripada rumah-rumah itu.
                Rumah ini paling besar.
Buku ini lebih baik daripada buku-buku itu.
                Buku ini paling baik.

Pilem ini lebih bagus daripada pilem-pilem yang lain itu.

Pilem ini paling bagus.

Hasan lebih pandai daripada teman-temannya.

Hasan paling pandai.

Ratna lebih kurus daripada anak-anak semua.

Ratna paling kurus.

Anak itu lebih sopan daripada anak-anak saya.

Anak itu paling sopan.

Kamar itu lebih bersih daripada kamar-kamar yang lain.

Kamar itu paling bersih.

Hari ini lebih dingin daripada hari-hari yang lalu.

Hari ini paling dingin.

b) Transform the following sentences according to the model, beginning with *dia* or *itu* as appropriate.

Murid itu paling pandai.

Dia murid yang paling pandai.

Toko itu paling besar di kota ini.

Itu toko yang paling besar di kota ini.

Rumah itu paling bagus.

Itu rumah yang paling bagus.

Dokter itu paling baik.

Dia dokter yang paling baik.

Mobil itu paling mahal.

Itu mobil yang paling mahal.

Restoran itu paling bersih.

Itu restoran yang paling bersih.

13.9.A. **Note the following sentences.**

> 1. Itu toko yang **paling** besar di kota.
> 2. Itu toko yang **ter**besar di kota.

13.9.B.

1. That is the biggest shop in town.
2. That is the biggest shop in town.

13.9.C. **Remarks**

In superlative phrases the prefix *ter-* attached to the adjective can replace the word *paling*.

13.9.D. **Exercises**

Transformation drill: transform the following sentences, replacing the word *paling* with the prefix *ter-*.

Siapa yang paling pandai di kelas?
Siapa yang terpandai di kelas?
Karangan siapa yang paling baik?
Karangan siapa yang terbaik?
Kota apa yang paling besar di Indonesia?
Kota apa yang terbesar di Indonesia?
Bunga mana yang paling bagus?
Bunga mana yang terbagus?
Mobil itu yang paling mahal.
Mobil itu yang termahal.
Kelas mana yang paling kecil?
Kelas mana yang terkecil?

13.10.A. Compare the following sentences.

---

1. Rumah itu **sama** besar(**nya**) **dengan** rumah Nenek.
2. Rumah itu **sebesar** rumah Nenek.
3. Rumah mereka **sama** besar(**nya**).
4. Rumah saya tidak **sebesar** itu.

13.10.B.
1. That house is as big as grandmother's.
2. That house is as big as grandmother's.
3. Their houses are the same size.
4. My house is not as big as that.

13.10.C.   Remarks
1. There are two ways of indicating that one thing is equal to another in some quality.
a) The adjective indicating the quality is preceded by *sama* and followed by *dengan*. The pronoun *-nya* optionally follows the adjective.
e.g. *sama besar dengan*   'as big as'
OR: *sama besarnya dengan*   ·   'as big as'

b) The prefix *se-* is attached to the adjective.
e.g. *sebesar*   'as big as'

2. When two things being compared are mentioned together in one phrase (as in sentence 3 in the frame), then only the first method is used, but without *dengan*.
e.g. *Rumah mereka sama besar(nya).* 'Their houses are the same size/as big as each other.'
3. For phrases meaning 'as . . . as that' or 'as . . . as this' (as in sentence 4 in the frame), the construction *se-* + adjective + *itu/ini* is used.
e.g. *sebesar itu*   'as big as that'

13.10.D.   Exercises

1. Transformation drill: transform the following sentences, using the 'se- + adjective' form to express the same meaning.
Kebun ini sama luasnya dengan kebun itu.
Kebun ini seluas kebun itu.
Anak itu sama cantiknya dengan kakaknya.
Anak itu secantik kakaknya.
Hasan sama pandainya dengan Amir.
Hasan sepandai Amir.
Buatan kursi ini sama baiknya dengan buatan kursi itu.
Buatan kursi ini sebaik buatan kursi itu.
Minah sama tingginya dengan Ratna.
Minah setinggi Ratna.
Kota itu sama bagusnya dengan kota Canberra.
Kota itu sebagus kota Canberra.

2. Mixed substitution drill: substitute the word given where appropriate.
Apotek itu tidak sejauh itu.

besar	Apotek itu tidak sebesar itu.
gedung	Gedung itu tidak sebesar itu.
kecil	Gedung itu tidak sekecil itu.
dekat	Gedung itu tidak sedekat itu.
bersih	Gedung itu tidak sebersih itu.
anak	Anak itu tidak sebersih itu.
gemuk	Anak itu tidak segemuk itu.
pandai	Anak itu tidak sepandai itu.
rajin	Anak itu tidak serajin itu.

13.11.A. & B.   Note the formation of the following nouns from adjectives.

	Adjective	Abstract Noun	Meaning
1.	baik	kebaikan	kindness, goodness
2.	bersih	kebersihan	cleanliness, neatness
3.	besar	kebesaran	greatness
4.	bodoh	kebodohan	stupidity
5.	cepat	kecepatan	speed
6.	cantik	kecantikan	beauty
7.	pandai	kepandaian	skill, ability, intelligence
8.	rugi	kerugian	loss; damage (n)
9.	sehat	kesehatan	health

13.11.C. Remarks
These nouns are formed in the following way:
    prefix   + adjective   + suffix
    ke-   + adjective   + -an
Nouns formed in this way have an abstract meaning.
Note: ke- + adjective + -an can also form words with a different function
and meaning, which will be discussed in a later chapter.

13.11.D.   Exercise
Translation and fluency drill: translate the following sentences into
English. Then master them.
1. Kami tidak lupa **kebaikan** orang itu.
2. Guru sedang mengajar anak-anak tentang **kebersihan.**
3. Semua orang tahu tentang **kebesaran** Mahatma Gandhi.
4. Semua orang tahu akan (about) **kebodohan** saya.
5. Berapa **kecepatan** mobil itu?
6. Dia tahu akan **kecantikannya.**
7. Saya tidak ada **kepandaian.**
8. Berapa rupiah **kerugian** tukang jam itu?
9. Ibu dilarang main tenis oleh dokter, karena **kesehatannya.**

13.12.A. & B.
Note the formation of the following abstract nouns from verbs.

	Verb	Abstract Noun	Meaning
1.	duduk	kedudukan	position, situation
2.	datang	kedatangan	arrival
3.	pergi	kepergian	going (n)
4.	hidup	kehidupan	life
5.	suka	kesukaan	favourite thing, hobby
6.	berangkat	keberangkatan	departure

13.12.C.   Remarks
The abstract nouns are formed in the following way:
    prefix   +   verb   + suffix
    ke-   +   verb   + -an.
Note: Ke- + verb + -an can also form words with a different function
and meaning, which will be discussed in a later chapter.

13.12.D.   Exercise
Translation and fluency drill: translate the following sentences into
English. Then master them.
1. Apa **kedudukan** Hasan di kantor itu sekarang?
2. Banyak orang menanti **kedatangan** Presiden itu.
3. Tidak ada orang yang tahu tentang **kepergiannya.**

220

4. Buku itu tentang **kehidupan** seorang pengarang Rusia.
5. Main tenis **kesukaan** saya.
6. **Keberangkatannya** diberitahukan di surat kabar.

13.13. Additional Exercises

Fluency drill: study the following dialogues. Then memorize and dramatize them.

a) Hadi — Apa bisa Bapak memperbaiki jam saya ini?

Tukang jam — Ya, tentu saja.

Hadi — Jam ini dalam 24 jam lambat 10 menit.

Tukang jam — Minggu ini saya sibuk, karena banyak jam yang harus saya perbaiki.
Apa bisa Saudara kembali hari Kamis minggu depan?

Hadi — Ya, baiklah, terima kasih.

b) Kartini — Bu, mengapa begitu banyak tukang-tukang di rumah Nenek?

Ibu — Nenek sedang memperbesar rumahnya.
Dan lagi rumah Nenek itu sudah tua sekali dan banyak yang harus diperbaiki.

Kartini — Apa rumah Nenek rumah yang paling tua di jalannya?

Ibu — Tidak, ada rumah yang lebih tua daripada rumah Nenek.

c) Amir — Hadi, siapa nama nona yang cantik itu? (Memang Amir memperhatikan nona itu sejak dia masuk.)

Hadi — Ayoh, saya akan memperkenalkan engkau kepadanya.
Dia tamatan universitas. Kesukaannya sastra Inggeris, berenang dan main tenis. Dan dia seorang penyanyi yang baik.

Amir — Wah!

13.14. Homework

Translation drill: give the Indonesian equivalents of the following sentences.

a) Who is going to perform Balinese dances tonight?
b) What are they arguing about?
c) That film is not going to be shown in this town.
d) What do you want to study next year?
e) Where did you learn to play tennis? You are very good *(pandai)*.
f) Let's read (in a leisurely manner) before we go to bed *(sebelum tidur)*.
g) Thousands of workers came to the meeting.
h) Who is the tallest girl in the class?
i) Is your house as big as Amir's house?
j) Do you know about his departure?

13.15. **Comprehension: reread the story and answer the following questions in Bahasa Indonesia.**
1. Siapa nama sahabat Amir dari Australia?
2. Kapan mereka berkenalan?
3. Robert mau memperdalam pengetahuannya tentang apa?
4. Apa lama Robert di Indonesia?
5. Siapa-siapa yang diperkenalkan Amir kepada temannya itu?
6. Apa yang dibawa Robert untuk diperlihatkan kepada orang tua Amir?
7. Apa sebab orang tua Amir agak heran melihat foto-foto itu?
8. Apa sebab ibu Amir mau memperbesar foto Amir sedang mencukur domba itu?
9. Apa Amir bisa mencuci piring, memasak dan memotong rumput sebelum pergi ke Australia?
10. Berapa orang semuanya tinggal di rumah Amir itu?

Chapter 14

14.1. Vocabulary

Check the pronunciation, read aloud and note the meanings.

anugrah	a gift from God or from a person of higher status to one of lower
bercakap-cakap	to chat
bercengkerama	to chat and joke
beres	in order, in good order, well organized
berpikir	to think
bersama dengan	together with
bersedia	to be ready (to)
berteriak	to cry out, scream
berumur cukup 15 tahun	to turn 15 years old
bintang	medal, star
biru	blue
diharap supaya . . .	lit: it is hoped that
gembira	happy, delighted
gula-gula	sweets, candy
hari ulang tahun	birthday; anniversary
hati	heart
kado	present, gift
karib	close (of a friend), intimate
lanjut	long (of life), continuing
lilin	candle
melakukan (lakukan)	to do
membacakan (bacakan)	to read someone something
membawakan (bawakan)	to bring someone something
membelikan (belikan)	to buy someone something
membuatkan (buatkan)	to make someone something
membukakan (bukakan)	to open something for someone
meminjami (pinjami)	to lend someone something
meminjamkan (pinjamkan)	to lend something to someone
meminta (minta) . . .kepada	to ask for something (to someone)
memintakan (mintakan)	to ask for something for someone
menaruh (taruh)	to put, place
menawari (tawari)	to offer someone something
menawarkan (tawarkan)	to offer something to someone
mencarikan (carikan)	to look for, search for something for someone
mengangguk (angguk)	to nod (intransitive)

menganggukkan (anggukkan)	to nod
menganugrahi (anugrahi)	to present someone with something, see *anugrah*
menganugrahkan (anugrahkan)	to present something to someone
mengirimi (kirimi)	to send someone something
mengirimkan (kirimkan)	to send something to someone
mengucapkan (ucapkan)	to express, say
mengundang (undang)	to invite
menjanjikan (janjikan)	to promise someone something
menyajikan (sajikan)	to serve someone something
menyanyikan (nyanyikan)	to sing (transitive)
menyediakan (sediakan)	to prepare
menyugu(h)kan (sugu(h)kan)	to place something before someone, to offer something to someone
menyuguhi (suguhi)	to offer someone something, present someone with something (figuratively)
menyuruh (suruh)	to order, to tell someone to do something
menyusun (susun)	to arrange
merah	red
merayakan (rayakan)	to celebrate
mulia	honoured, respected, distinguished
paman	uncle
segera	immediately
sekali-sekali	once in a while
sepotong	a piece, a slice
serta	together with, and
setrup	syrup, cordial
tolong + verb	please + verb (see 14.7)
warna	colour

14.2.A. Reading and comprehension
PESTA HARI ULANG TAHUN
Pada hari Minggu yang lalu Fatimah berumur cukup 15 tahun. Dia mengundang teman-temannya untuk merayakan hari lahirnya. Ibu membuatkan Fatimah baju baru. Bagus sekali baju itu, warnanya merah. Dan dipakainya dengan sepatu berwarna biru.

Ayah membelikannya sebuah sepeda. Sudah lama Ayah menjanjikan sepeda itu kepadanya. Pamannya yang di Jakarta mengirimnya uang. Teman-temannya membawakannya kado.

Fatimah gembira sekali hari itu. Semua beres. Ibu dan neneknya menyediakan banyak minuman dan makanan untuk tamu-tamu. Semuanya disusun di meja dengan baik-baik bersama dengan sebuah kue besar dan bermacam-macam gula-gula.

Tamu-tamu juga senang. Ada yang menyanyi, bermain gitar, ada yang bercakap-cakap sambil bercengkerama.

"Dewi, tolong sugukan makanan dan minuman kepada tamu-tamu!",
kata Fatimah kepada adiknya.

"Ya, Kak", jawab Dewi dan segera pergi melakukan apa yang disuruh
kakaknya. Dia berpikir dalam hatinya: "Memang Kak Tim sendiri selalu
bersedia menolong saya."

"Dewi", kata Fatimah pula, "tolong ambilkan saya segelas setrup!"
Dewi menganggukkan kepalanya dan pergi ke dapur. Kemudian
minuman dan makanan disugukannyalah kepada tamu-tamu.

Ketika Dewi keluar membawa kue besar dengan 15 buah lilin di atasnya,
Sofyan, teman karib Fatimah berdiri lalu berkata: "Diharap supaya
Saudara-saudara berdiri untuk menyanyikan 'Lanjut Umurnya' ".

Semuanya berdirilah dan bernyanyi:

"Lanjut umurnya.

Lanjut umurnya.

Lanjut umurnya serta mu-lia.

Ser-ta mu-li-a, ser-ta mu-li-a."

Lalu Fatimah memotong kue itu dan menyugukan (kue itu) kepada
teman-temannya. Mereka mengambil sepotong seorang.

Sebelum teman-temannya pulang Fatimah mengucapkan terima kasih
kepada mereka atas kedatangan dan pemberian-pemberian mereka.

14.2.B.   English version

A BIRTHDAY PARTY

Last Sunday Fatimah turned 15. She invited her friends to celebrate her
birthday.

Mother made Fatimah a new dress. It was a very nice dress, a red one.
And she wore it with blue shoes.

Father bought her a bicycle. Father had been promising her the bike for a long time. Her uncle in Jakarta sent her money. Her friends brought her presents.

Fatimah was very happy that day. Everything went well. Her mother and grandmother prepared a lot of food and drinks for the guests. Everything was carefully arranged on the table together with a big cake and all kinds of sweets.

The guests were also happy. Some sang, some played the guitar, some chatted and joked with each other.

'Dewi, please serve the food and drinks to the guests,' said Fatimah to her younger sister.

'Yes, Fatimah,' answered Dewi and immediately went to do as her sister had asked. She thought to herself, 'Fatimah herself is certainly always prepared to help me'.

'Dewi,' said Fatimah also, 'please get me a glass of cordial.'

Dewi nodded her head and went to the kitchen. Then food and drinks were set before the guests.

When Dewi came out carrying a big cake with 15 candles on it, Sofyan, Fatimah's best friend, stood up and said, 'Please will you all stand up and sing "Long may she live" '.

Everyone stood up and sang:
'Long may she live.
Long may she live.
Long may she live with honour.
With honour, with honour.'

Then Fatimah cut the cake and offered it to her friends. They each took a piece.

Before they went home, Fatimah thanked her friends for coming, and for their gifts.

14.3.A.   Note and compare the following sentences carefully.

1.	a)	Ibu **membuatkan Fatimah** baju baru.
	b)	Ibu **membuat** baju baru **untuk Fatimah**.
2.	a)	Ayah **membelikannya** sebuah sepeda.
	b)	Ayah **membeli** sebuah sepeda **untuknya**.
3.	a)	Teman-temannya **membawakannya** kado.
	b)	Teman-temannya **membawa** kado **untuknya**.
4.	a)	Dewi **mengambilkannya** segelas setrup.
	b)	Dewi **mengambil** segelas setrup **untuknya**.
5.	a)	Ibu **membacakan Ruslan** sebuah cerita.
	b)	Ibu **membaca** sebuah cerita **untuk Ruslan**.
6.	a)	Saya **membukakan Ayah** pintu.
	b)	Saya **membuka** pintu **untuk Ayah**.
7.	a)	Ayah mau **mencarikan saya** rumah.
	b)	Ayah mau **mencari** rumah **untuk saya**.
8.	a)	Ibu **memintakan saya** uang.
	b)	Ibu **meminta** uang **untuk saya**.

14.3.B.

1. a)   Mother made Fatimah a new dress.
   b)   Mother made a new dress for Fatimah.
2. a)   Father bought her a bicycle.
   b)   Father bought a bicycle for her.
3. a)   Her friends brought her gifts.
   b)   Her friends brought gifts for her.
4. a)   Dewi fetched her a glass of cordial.
   b)   Dewi fetched a glass of cordial for her.
5. a)   Mother read Ruslan a story.
   b)   Mother read a story to Ruslan.
6. a) & b)   I opened the door for father.
7. a)   Father wanted to find me a house.
   b)   Father wanted to find a house for me.
8. a) & b)   Mother asked for some money for me.

14.3.C.   Remarks

A number of transitive verbs in Indonesian can occur with two objects. When there are two objects, the one immediately following the verb is called the PRIMARY OBJECT and the other is called the SECONDARY OBJECT. All the sentences in the frame above refer to an action which is done for the benefit of someone else, who is called the Beneficiary. In the first sentence in each example the verb is of the form **root** + *-kan* and there are two objects. The primary object indicates the beneficiary, and the secondary object indicates the goal of the action. The sentences have the pattern:

a)

Subject	+	Verb	+	Primary Object	+	Secondary Object
		(me- + root + -kan)		(beneficiary)		(goal)
Ibu		membuatkan		Fatimah		baju baru

The second sentence in each example gives the same information as the first sentence, but in a different way. The verb occurs without the suffix *-kan*. The beneficiary is indicated in a prepositional phrase commencing with *untuk* 'for'. The primary object (which can simply be called the object because there is no secondary object) indicates the goal. These sentences have the pattern:

b)

Subject	+	Verb	+	Object	+	Prepositional Phrase
		(me- + root)		(goal)		(untuk + beneficiary)
Ibu		membuat		baju baru		untuk Fatimah

Note that in English, two constructions usually occur which parallel closely the two sentence types in Indonesian. However, there are exceptions. In example 6 only one translation is possible because we cannot say 'I opened father the door'. In translating example 5 we say 'Mother read a story to Ruslan' whereas in Indonesian one says 'Mother read a story for Ruslan'. Not all transitive verbs can occur in the pattern shown in frame a) above, i.e., with the suffix -kan and a primary object indicating the beneficiary. You should learn the verbs given in 14.3.A. Later you will meet -kan verbs which function in different patterns.

14.3.D. Exercises

1. Transformation drill: transform the following sentences which contain -kan form verbs into sentences using a verb + a prepositional phrase.
Ibu tidak bisa membuatkannya rok baru.
   Ibu tidak bisa membuat rok baru untuknya.
Suaminya sering membelikannya minyak harum.
   Suaminya sering membeli minyak harum untuknya.
Nenek membawakan anak-anak gula-gula.
   Nenek membawa gula-gula untuk anak-anak.
Saya mau mengambilkan Ibu bunga dari kebun.
   Saya mau mengambil bunga untuk Ibu dari kebun.
Saya tiap malam membacakan anak saya cerita.
   Saya tiap malam membaca cerita untuk anak saya.
Dia tidak mau membukakan saya pintu.
   Dia tidak mau membuka pintu untuk saya.
Aku akan mencarikan engkau pekerjaan.
   Aku akan mencari pekerjaan untukkau.
Anak itu memintakan ibunya obat.
   Anak itu meminta obat untuk ibunya.

2. Answer drill: answer the following questions using the hints given according to the model.
Siapa yang membuatkan kamu kue itu? (Nenek)
   Nenek yang membuatkan saya kue itu.
Siapa yang membelikan Fatimah sepatu? (Bapak)
   Bapak yang membelikan Fatimah sepatu.
Siapa yang membawakan Ibu buah-buahan kemarin? (temannya)
   Temannya yang membawakan Ibu buah-buahan kemarin.
Siapa yang akan mengambilkan kita makanan? (Hasan)
   Hasan yang akan mengambilkan kita makanan.
Siapa yang membacakan Adik cerita tadi malam? (Bapak)
   Bapak yang membacakan Adik cerita tadi malam.
Siapa yang akan membukakannya pintu nanti malam? (Ibu)
   Ibu yang akan membukakannya pintu nanti malam.
Siapa yang akan mencarikan Ibu kado yang baik? (Nenek)
   Nenek yang akan mencarikan Ibu kado yang baik.
Siapa yang memintakan kamu kertas? (Rustam)
   Rustam yang memintakan saya kertas.

3. Transformation drill: transform the sentences according to the sign
given, affirmative, negative, or question.

Apa Ayah akan membelikannya sepeda? (+)
    Ayah akan membelikannya sepeda.

Rohana mau membawakan gurunya bunga. (?)
    Apa Rohana mau membawakan gurunya bunga?

Dia tidak mau mengambilkan engkau air jeruk. (+)
    Dia mau mengambilkan engkau air jeruk.

Ibu sudah membuatkan aku baju. (—)
    Ibu belum membuatkan aku baju.

Ibu sedang membacakan Nenek surat dari Paman. (?)
    Apa Ibu sedang membacakan Nenek surat dari Paman?

Dia mau membukakan adiknya pintu. (—)
    Dia tidak mau membukakan adiknya pintu.

Ayah akan mencarikannya mobil kecil. (?)
    Apa Ayah akan mencarikannya mobil kecil?

Adik tidak mau memintakan saya uang. (+)
    Adik mau memintakan saya uang.

4. Answer drill: answer using the hints given according to the model.

Siapa yang membuat kue itu untuk Fatimah? (Ibu)
    Ibu yang membuat kue itu untuk Fatimah.

Siapa yang membeli kemeja itu untuk Hasan? (Bapak)
    Bapak yang membeli kemeja itu untuk Hasan.

Siapa yang membawa buah-buahan itu untuk Ratna? (temannya)
    Temannya yang membawa buah-buahan itu untuk Ratna.

Siapa yang mengambil bunga untuk Ibu? (Kakak)
    Kakak yang mengambil bunga untuk Ibu.

Siapa yang membuka pintu untuk Minah? (abangnya)
    Abangnya yang membuka pintu untuk Minah.

Siapa yang mencari rumah untuk guru baru itu? (Sofyan)
    Sofyan yang mencari rumah untuk guru baru itu.

Siapa yang akan meminta obat itu untuk Nenek? (Bapak)
    Bapak yang akan meminta obat itu untuk Nenek.

14.4.A.   **Note the following sentences carefully.**

1.
a) Ibu membuatkan **Fatimah** baju.
b) **Fatimah** dibuatkan Ibu baju.

2.
a) Ibu membuat **baju** untuk Fatimah.
b) **Baju** dibuat Ibu untuk Fatimah.

14.4.B.

1. a), b) Mother is making Fatimah a dress.
2. a), b) Mother is making a dress for Fatimah.

14.4.C. Remarks

When a transitive sentence with two objects is transformed into object focus, it is **always** the primary object (i.e., the object immediately following the verb) which goes to the beginning of the sentence. The two sentence patterns given in the frames in 14.3.C. have the corresponding focus forms:

a)

Primary Object	+	Verb	+	Subject	+	Secondary Object
(beneficiary)		(di- + root + -kan)				(goal)
Fatimah		dibuatkan		Ibu		baju

b)

Object	+	Verb	+	Subject	+	Prepositional Phrase
(goal)		(di- + root)				(untuk + beneficiary)
Baju		dibuat		Ibu		untuk Fatimah

14.4.D. Exercises

1. Transformation drill
a) Replace the subject with the word given and change the form of verb where necessary.

Dia sudah saya belikan sepatu.

aku	Dia sudah kubelikan sepatu.
mereka	Dia sudah dibelikan mereka sepatu.
kami	Dia sudah kami belikan sepatu.
kita	Dia sudah kita belikan sepatu.
kamu	Dia sudah kamu belikan sepatu.
kau	Dia sudah kaubelikan sepatu.
Saudara	Dia sudah Saudara belikan sepatu.
Hasan	Dia sudah dibelikan Hasan sepatu.

b) Transform the following subject focus sentences into object focus constructions.

Saya akan membuatkan Ibu bakmi goreng.
  Ibu akan saya buatkan bakmi goreng.
Ayah membelikan Fatimah sepeda.
  Fatimah dibelikan Ayah sepeda.
Ruslan membawakan Ratna bunga.
  Ratna dibawakan Ruslan bunga.
Bapak mengambilkan Ibu segelas air jeruk.
  Ibu diambilkan Bapak segelas air jeruk.
Aku membacakan Adik sebuah cerita.
  Adik kubacakan sebuah cerita.
Mereka mencarikan saya pekerjaan.
  Saya dicarikan mereka pekerjaan.
Saya akan memintakan engkau sebuah buku.
  Engkau akan saya mintakan sebuah buku.
Ruslan membukakan istrinya pintu mobil.
  Istrinya dibukakan Ruslan pintu mobil.

c) Transform the sentences according to the sign given, affirmative, negative or question.

Engkau akan saya buatkan permainan. (—)
    Engkau tidak akan saya buatkan permainan.
Saya akan dibuatkannya baju. (?)
    Apa saya akan dibuatkannya baju?
Kamu sudah dibelikan Ayah sepeda. (?)
    Apa kamu sudah dibelikan Ayah sepeda?
Ibu akan kubelikan tas. (—)
    Ibu tidak akan kubelikan tas.
Adik akan dibacakan Ibu cerita binatang. (—)
    Adik tidak akan dibacakan Ibu cerita binatang.
Apa Rohana dibukakan Sofyan pintu? (—)
    Rohana tidak dibukakan Sofyan pintu.
Dia tidak akan dibawakan Ibu gula-gula. (+)
    Dia akan dibawakan Ibu gula-gula.
Saya akan dibawakannya minyak harum. (?)
    Apa saya akan dibawakannya minyak harum?
Apa engkau akan dicarikan Ayah rumah? (+)
    Engkau akan dicarikan Ayah rumah.
Saya akan dimintakan Ibu uang. (—)
    Saya tidak akan dimintakan Ibu uang.

2. Answer drill: using the hints given, answer first with an object focus construction with *yang,* and then with a subject focus construction. Give the two answers one after the other.

Apa yang akan dibuat Bapak untuk anak itu? (permainan)
    Permainan yang akan dibuat Bapak untuk anak itu.
    Bapak akan membuat permainan untuk anak itu.
Apa yang dibeli Ibu untuk Nenek? (kaus kaki)
    Kaus kaki yang dibeli Ibu untuk Nenek.
    Ibu membeli kaus kaki untuk Nenek.
Apa yang dibawa Hasan untuk temannya? (bunga)
    Bunga yang dibawa Hasan untuk temannya.
    Hasan membawa bunga untuk temannya.
Apa yang harus kauambil untuk guru? (kertas dan tinta)
    Kertas dan tinta yang harus saya ambil untuk guru.
    Saya harus mengambil kertas dan tinta untuk guru.
Apa yang harus kita cari untuk mereka? (makanan dan pakaian)
    Makanan dan pakaian yang harus kita cari untuk mereka.
    Kita harus mencari makanan dan pakaian untuk mereka.

14.5.A.   Note the structure frame carefully.

1. **Fatimah** dibuatkan **Ibu baju.**
2. **Fatimah** dibuatkan **baju oleh Ibu.**

14.5.B.
1. Mother is making Fatimah a dress.
2. Mother is making Fatimah a dress.
OR: Fatimah is being made a dress by mother.

14.5.C. Remarks
In an object focus construction the subject **precedes** the secondary object, unless it is marked by the preposition *oleh*, 'by', in which case it **follows** the secondary object.

1.
Primary Object +	Verb	+ Subject +	Secondary Object
Fatimah	dibuatkan	Ibu	baju

2.
Primary Object +	Verb	+ Secondary Object +	**oleh**	+ Subject
Fatimah	dibuatkan	baju	oleh	Ibu

14.5.D. Exercises
Transformation drill
a) Transform the following subject focus sentences into the two possible forms of object focus construction, according to the model. Give the two answers one after the other.

Ayah akan membuatkan Amin permainan.
 Amin akan dibuatkan Ayah permainan.
 Amin akan dibuatkan permainan oleh Ayah.
Hasan sedang mencarikan istrinya pekerjaan.
 Istrinya sedang dicarikan Hasan pekerjaan.
 Istrinya sedang dicarikan pekerjaan oleh Hasan.
Dewi membawakan adiknya gula-gula.
 Adiknya dibawakan Dewi gula-gula.
 Adiknya dibawakan gula-gula oleh Dewi.
Ibu membelikan saya sepatu dan kaus kaki.
 Saya dibelikan Ibu sepatu dan kaus kaki.
 Saya dibelikan sepatu dan kaus kaki oleh Ibu.
Guru membacakan anak-anak sebuah cerita yang lucu.
 Anak-anak dibacakan guru sebuah cerita yang lucu.
 Anak-anak dibacakan sebuah cerita yang lucu oleh guru.
Dewi mengambilkan kakaknya segelas setrup.
 Kakaknya diambilkan Dewi segelas setrup.
 Kakaknya diambilkan segelas setrup oleh Dewi.
Nenek memintakan aku uang.
 Aku dimintakan Nenek uang.
 Aku dimintakan uang oleh Nenek.

b) Transform the following sentences according to the sign given, affirmative, negative or question.

Fatimah sudah dibuatkan baju oleh ibunya.   (?)
    Apa Fatimah sudah dibuatkan baju oleh ibunya?
Ratna akan dibuatkan suaminya rumah.   (—)
    Ratna tidak akan dibuatkan suaminya rumah.
Nenek membawakan kami gula-gula dan permainan.   (—)
    Nenek tidak membawakan kami gula-gula dan permainan.
Saya tidak akan dibelikan sepeda oleh Ayah.   (+)
    Saya akan dibelikan sepeda oleh Ayah.
Dia dibawakan kado dan bunga oleh teman-temannya.   (?)
    Apa dia dibawakan kado dan bunga oleh teman-temannya?
Kartini selalu dibukakan pintu mobil oleh suaminya.   (—)
    Kartini tidak selalu dibukakan pintu mobil oleh suaminya.
Anak-anak sering dibacakan guru cerita.   (?)
    Apa anak-anak sering dibacakan guru cerita?
Engkau akan dicarikan Ayah guru bahasa yang baik.   (?)
    Apa engkau akan dicarikan Ayah guru bahasa yang baik?

14.6.A.   **Note the following sentences**

1. a) Paman **mengirimi saya** uang tiap bulan.
  b) Paman **mengirim(kan)** uang **kepada saya** tiap bulan.
  c) Presiden **menganugrahinya** bintang.
  d) Presiden **menganugrahkan** bintang **kepadanya**.
  e) Hasan **meminjami saya** buku.
  f) Hasan **meminjamkan** buku **kepada saya**.
  g) Rustam **menawari Anwar** sepedanya.
  h) Rustam **menawarkan** sepedanya **kepada Anwar**.

2. a) Paman **mengiriminya** uang.
  b) **Dia** dikirimi **Paman uang.**
  c) **Dia** dikirimi **uang oleh Paman.**

14.6.B.
1. a) Uncle sent me some money every month.
  b) Uncle sent some money to me every month.
  c) The President presented him with a medal.
  d) The President presented a medal to him.
  e) Hasan lent me a book.
  f) Hasan lent a book to me.
  g) Rustam offered Anwar his bicycle.
  h) Rustam offered his bicycle to Anwar.

2. a) Uncle sent him some money.
  b) Uncle sent him some money.
  c) He was sent some money by uncle.

14.6.C.   Remarks

1. A small group of transitive verbs occur with the suffix -*i* and with two objects. With these verbs the primary object indicates the person to whom the action is directed, i.e., the recipient, and the secondary object indicates the goal. They thus have the structure:

Subject	+	Verb	+	Primary Object +	Secondary Object
		(me- + root + -i)		(recipient)	(goal)
Paman		mengirimi		saya	uang

2. These constructions can be transformed into sentences in which the verb has the suffix -*kan*. The primary object then indicates the goal and a prepositional phrase beginning with *kepada* indicates the recipient:

Subject	+	Verb	+	Object	+	Prepositional Phrase
		(me + root + - kan)		(goal)		(**kepada** + recipient)
Paman		mengirimkan		uang		kepada saya

3. When these sentences are transformed into object focus constructions, the same rules apply as were explained in 14.4.C. and 14.5.C. (see frame 2).

4. With the root *kirim* the suffix -*kan* is optional when the object specifies the goal of the action:

e.g.   *Saya mengirim uang kepadanya.*
OR: *Saya mengirimkan uang kepadanya.* 'I sent some money to him'.

14.6.D.   Exercises

Transformation drill:
a) Transform the following sentences, which contain verbs with the suffix -*i*, into sentences in which the verb has the suffix -*kan* + *kepada*.
Apa sebab Paman mengirimi Hasan uang tiap bulan?
   Apa sebab Paman mengirimkan uang kepada Hasan tiap bulan?
Apa sebab Presiden menganugrahi Bapak Hatta bintang?
   Apa sebab Presiden menganugrahkan bintang kepada Bapak Hatta?
Apa sebab Amin tidak mau meminjami adiknya sepeda?
   Apa sebab Amin tidak mau meminjamkan sepeda kepada adiknya?
Apa sebab Ibu menawari orang itu pakaian?
   Apa sebab Ibu menawarkan pakaian kepada orang itu?

b) Transform the following subject focus sentences into the two possible forms of object focus construction, according to the model. Give the two forms one after the other.
Paman mengirimi Ibu surat tiap minggu.
   Ibu dikirimi Paman surat tiap minggu.
   Ibu dikirimi surat oleh Paman tiap minggu.

Ibu mengirimi Ratna makanan tiap hari.

Ratna dikirimi Ibu makanan tiap hari.

Ratna dikirimi makanan oleh Ibu tiap hari.

Kadang-kadang Anwar meminjami aku buku.

Kadang-kadang aku dipinjami Anwar buku.

Kadang-kadang aku dipinjami buku oleh Anwar.

Sekali-sekali Nenek meminjami mereka uang.

Sekali-sekali mereka dipinjami Nenek uang.

Sekali-sekali mereka dipinjami uang oleh Nenek.

Presiden menganugrahi Bapak Hatta bintang tahun yang lalu.

Bapak Hatta dianugrahi Presiden bintang tahun yang lalu.

Bapak Hatta dianugrahi bintang oleh Presiden tahun yang lalu.

Ibu menawari temannya kopi.

Temannya ditawari Ibu kopi.

Temannya ditawari kopi oleh Ibu.

Teman saya menawari saya gula-gula.

Saya ditawari teman saya gula-gula.

Saya ditawari gula-gula oleh teman saya.

14.7.A.   Note and compare the following sentences.

1. Dewi, sugukan(lah) makanan kepada tamu!
2. Dewi, **tolong sugukan** makanan kepada tamu!
3. Amir, berikan(lah) surat ini kepada guru!
4. Amir, **tolong berikan** surat ini kepada guru!
5. Dewi, beri(lah) Amir setrup!
6. Dewi, **tolong beri** Amir setrup!
7. Amir, perbaiki(lah) sepeda adikmu!
8. Amir, **tolong perbaiki** sepeda adikmu!
9. Amir, perlihatkan(lah) buku ini kepada teman-temanmu!
10. Amir, **tolong perlihatkan** buku ini kepada teman-temanmu!

14.7.B.

1. Dewi, serve some food to the guests.
2. Dewi, would you mind serving some food to the guests.
3. Amir, give this letter to the teacher!
4. Amir, would you mind giving this letter to the teacher.
5. Dewi, give Amir some cordial!
6. Dewi, would you mind giving Amir some cordial.
7. Amir, repair your (younger) brother's bicycle!
8. Amir, would you mind repairing your (younger) brother's bicycle.
9. Amir, show this book to your friends!
10. Amir, would you mind showing this book to your friends.

14.7.C.   Remarks

1. In the frame above are orders or requests of the type discussed in previous chapters.

2. The word *tolong* is usually a verb meaning 'to help', but it also functions as an imperative marker with transitive verbs.

3. *Tolong* + Transitive Verb forms a polite request used when asking a favour of someone.

4. The prefix *me-* is dropped here as in the imperative sentences in 8.5.

14.7.D. Exercises
Transformation drill
a) Transform the following polite requests into negative orders, according to the model.
Tolong bukakan mereka pintu!
    Jangan bukakan mereka pintu!
Tolong belikan dia buku itu!
    Jangan belikan dia buku itu!
Tolong ambilkan aku kertas!
    Jangan ambilkan aku kertas!
Tolong carikan kami rumah!
    Jangan carikan kami rumah!
Tolong kirimi mereka pakaian!
    Jangan kirimi mereka pakaian!
Tolong buatkan Minah teh!
    Jangan buatkan Minah teh!
Tolong perbaiki sepeda saya!
    Jangan perbaiki sepeda saya!
Tolong perlihatkan surat itu kepadanya!
    Jangan perlihatkan surat itu kepadanya!

b) Transform the following imperative sentences into statements, according to the model.
Ibu, tolong buatkan saya baju tidur!
    Ibu mau membuatkan saya baju tidur.
Sofyan, tolong bukakan dia pintu mobil!
    Sofyan mau membukakan dia pintu mobil.
Hadi, tolong carikan mereka rumah!
    Hadi mau mencarikan mereka rumah.
Fatimah, tolong mintakan saya uang!
    Fatimah mau memintakan saya uang.
Ayah, tolong belikan saya buku itu!
    Ayah mau membelikan saya buku itu.
Rohana, tolong ambilkan Ibu bunga!
    Rohana mau mengambilkan Ibu bunga.
Dewi, tolong buatkan mereka kopi!
    Dewi mau membuatkan mereka kopi.

236

c) Transform the following imperative sentences into statements, according to the model.

Kak, tolonglah buatkan dia baju!
Kakak masih tidak mau membuatkan dia baju.
Nyonya Amir, tolonglah kirimi saya pakaian!
Nyonya Amir masih tidak mau mengirimi saya pakaian.
Nenek, tolonglah mintakan saya sepatu!
Nenek masih tidak mau memintakan saya sepatu.
Amran, tolonglah belikan aku kertas dan pena!
Amran masih tidak mau membelikan aku kertas dan pena.
Udin, tolonglah bukakan mereka pintu!
Udin masih tidak mau membukakan mereka pintu.
Ratna, tolonglah bawakan aku buah-buahan!
Ratna masih tidak mau membawakan aku buah-buahan.
Hadi, tolonglah perbaiki mobil saya!
Hadi masih tidak mau memperbaiki mobil saya.

14.8.A. Note and compare the following imperative sentences.

1.
a) Duduk(lah) baik-baik!
b) **Coba**(lah) **duduk** baik-baik!
c) Bercakap(lah) baik-baik!
d) **Coba**(lah) **bercakap** baik-baik!
e) Menulis(lah) baik-baik!
f) **Coba**(lah) **menulis** baik-baik!

2.
a) Baca(iah) buku itu sekali lagi!
b) **Coba**(lah) **baca buku itu** sekali lagi!

14.8.B.
1. a) (Please) sit properly!
b) Do sit properly!
c) (Please) speak nicely!
d) Do speak nicely!
e) (Please) write properly!
f) Do write properly!

2. a) (Please) read the book once more!
b) Try to read the book once again!

14.8.C. Remarks
1. The word *coba (mencoba)* is usually a verb meaning 'to try'. It may be used before another verb in an imperative sentence to form a tactful request with an element of encouragement.
Except in special cases, it is usually used by seniors to juniors rather than

the reverse. It frequently corresponds to the use of 'do', 'do try' or 'try' in
English imperatives, as in the examples:

Do sit properly!   *Cobalah duduk baik-baik!*
Do speak nicely!   *Cobalah bercakap baik-baik!*
Do try and write properly!   *Cobalah menulis baik-baik.*
Try and read the book once again.   *Cobalah baca buku itu sekali lagi.*

2. *Coba* is not used when asking a favour. In such cases *tolong* is used.
Note the contrast between the following sentences.
Coba(lah) perbaiki sepedamu sekarang.
            Please (i.e. do) fix **your** bicycle now.
Tolong perbaiki sepedaku sekarang.
Please fix (i.e. woutd you mind fixing) **my** bicycle now.

3. Note the position of *-lah* when *coba* is used in an imperative.

14.8.D. Exercises

1. Mixed substitution drill: substitute the words given where appropriate.
Cobalah berbaris baik-baik!

bekerja	Cobalah bekerja baik-baik!
belajar	Cobalah belajar baik-baik!
bermain	Cobalah bermain baik-baik!
berjalan	Cobalah berjalan baik-baik!
lambat-lambat	Cobalah berjalan lambat-lambat!
cepat-cepat	Cobalah berjalan cepat-cepat!
pergi	Cobalah pergi cepat-cepat!
menulis	Cobalah menulis cepat-cepat!

2. Transformation drill: transform the following orders from neutral to
more polite ones, using *coba.*
Bukalah pintu itu lambat-lambat!
            Cobalah buka pintu itu lambat-lambat!
Tulislah surat itu sekarang!
            Cobalah tulis surat itu sekarang!
Selesaikanlah pekerjaanmu itu sekarang!
            Cobalah selesaikan pekerjaanmu itu
            sekarang!
Perbaikilah sepedamu sekarang!
            Cobalah perbaiki sepedamu sekarang!
Cucilah pakaianmu sekarang!
            Cobalah cuci pakaianmu sekarang!

3. Insert *tolong* or *cobalah* in the following imperatives as appropriate.
_____ bersihkan kamarmu tiap hari!
_____ belajar tiap malam!
_____ cuci rok saya ini!
_____ makan baik-baik!
_____ bukakan saya pintu!

_____ buatkan saya kopi!
_____ berbicara lambat-lambat!
_____ dengar baik-baik!
_____ berpikir baik-baik!
_____ ambilkan saya segelas susu!

14.9.A.   **Note the following sentences carefully.**

---

1. a) "Dewi, tolong sugukan minuman kepada tamu-tamu," kata
    kakaknya.
  b) Kakaknya berkata, "Dewi, tolong sugukan minuman kepada
    tamu-tamu."
2. a) "Ya, Kak," jawab Dewi.
  b) "Dewi menjawab, "Ya, Kak."
3. a) "Itu siapa?", tanyanya.
  b) Dia bertanya, "Itu siapa?"
4. a) "Tolong, tolong!" teriaknya.
  b) Dia berteriak, "Tolong, tolong!"

14.9.B.

1. a) 'Dewi, would you mind serving the guests a drink', said her sister.
   (lit: 'Dewi, would you mind serving the guests a drink', were her
   sister's words.)
  b) Her sister said, 'Dewi, would you mind serving the guests a drink.'
2. a) 'Yes', answered Dewi.
   (lit: 'Yes,' was Dewi's answer.)
  b) Dewi answered, 'Yes.'
3. a) 'Who is that?' he asked.
   (lit: 'Who is that?' was his question.)
  b) He asked, 'Who is that?'
4. a) 'Help, help!' he cried.
   (lit: 'Help, help,' was his cry.)
  b) He cried, 'Help, help!'

14.9.C.   **Remarks**

1. When direct speech (i.e. the actual words spoken) comes at the end of a
sentence, the full form of the verb is used. Thus the sentence has the form:

Subject +   Verb   +   'direct speech'
Dewi   menjawab: "Ya, Kak".

---

2. But when the direct speech comes first in the sentence certain changes
occur:

a) The ˑrb root is used as a noun and occurs without any affixes.

b) The subject noun or pronoun is replaced by a possessive phrase which
occurs at the end of the sentence.
Thus the form of the sentence is:

'direct speech' +	Noun	+ Possessor
"Ya, Kak,"	jawab	Dewi.

3. The use of verb roots as nouns is quite common. Note that such nouns
must always be followed by a possessive noun or pronoun. Although these
forms are frequent, they only occur in certain situations, e.g. following
direct speech, as indicated above. Other uses of such nouns will be
described in a later chapter.

14.9.D. Exercise
Transformation drill: move the direct speech to the end of the sentence
and transform the sentence accordingly.
"Ibu, Ibu, saya mau ikut!" teriak anak itu.
Anak itu berteriak: "Ibu, Ibu, saya mau ikut!"
"Siapa namamu?" tanya polisi itu.
Polisi itu bertanya: "Siapa namamu?"
"Ayah tidak ada di rumah," jawab Ratna.
Ratna menjawab: "Ayah tidak ada di rumah."
"Diharap supaya Saudara-saudara berdiri," kata Sofyan.
Sofyan berkata: "Diharap supaya Saudara-Saudara berdiri."
"Boleh saya mendengarkan radio, Ibu?" tanya Ana.
Ana bertanya: "Boleh saya mendengarkan radio, Ibu?"
"Saya tidak begitu lapar, Ibu," jawabnya.
Dia menjawab: "Saya tidak begitu lapar, Ibu."
"Mudah-mudahan kita dapat bertemu lagi," kata Hadi kepada temannya.
Hadi berkata kepada temannya: "Mudah-mudahan kita dapat
bertemu lagi."
"Jangan, jangan berkelahi!" teriak Amin keras-keras.
Amin berteriak keras-keras: "Jangan, jangan berkelahi!"
"Apa saya harus selalu menolong dia?" pikirnya dalam hatinya.
Dia berpikir dalam hatinya: "Apa saya harus selalu menolong
dia?"

14.10. Additional Exercises
Fluency drill: study the following passage then memorize and dramatize it.
Ana sedang membuat teh di dapur. Suarni berkata dari kamarnya:
"Ana, apa engkau membuat teh? Tolong buatkan aku secangkir."
"Ya, baiklah," jawab Ana. Dibuatnya teh itu dan dibawanya secangkir
ke kamar Suarni.
Suarni sedang menyisir rambutnya. Diambilnya teh itu dan berkata:
"Terima kasih, Ana. **Apa teh ini pakai gula?**" *(Has this tea got sugar in
it?)*
Ana menganggukkan kepalanya.

"Ana, tolong ambilkan aku sepotong kue dari lemari di dapur,"
katanya pula *(she added — lit: were her words also)*
Ana marah dan berkata: "Ambillah olehmu sendiri! Saya bukan pelayanmu."

14.11. Homework

Translation drill: give the Indonesian equivalents of the following sentences.

a) Do try to clean your room every day.
b) Amir, would you mind repairing my typewriter?
c) What do you have to prepare for those guests?
d) Her uncle sends her some money every month. (object focus)
e) Uncle has bought Dewi a toy.
f) What has mother made for the guests?
g) I want to ask mother for some money.
h) Please read that animal story to your younger brother.
i) Please open that door for your friend.
j) I never lent her money.

14.12. Comprehension: reread the story and answer the following questions.

1. Apa sebab ada pesta di rumah Fatimah pada hari Minggu yang lalu?
2. Siapa yang diundang Fatimah?
3. Apa warna baju dan sepatu Fatimah hari itu?
4. Siapa yang membuatkannya baju itu?
5. Siapa yang mengiriminya uang?
6. Siapa yang menyediakan semua makanan dan minuman itu?
7. Siapa nama adik Fatimah?
8. Apa Dewi juga ikut menolong hari itu?
9. Apa senang teman-teman Fatimah hari itu? Apa yang dikerjakan mereka di pesta?
10. Apa yang dilakukan Fatimah sebelum teman-temannya pulang?

Chapter 15

15.1.   Vocabulary

Check the pronunciation, read aloud and note the meaning.

adat	tradition(al), custom(ary)
agama	religion
agung	important (of people), great
alat	instrument, tool
amat	very
asli	genuine(ly), original(ly), originating from
bahu	shoulder
baru-baru ini	recently
belum pernah	never, never yet
berarti	to mean
berikut(nya)	the next, following
berkunjung (ke)	to visit
berpegang (kepada)	to hold on (to)
berupa	to take the form of, in the form of
bukankah	see 15.10
cerana	platter, bowl (for betel)
cucuk konde	decorative hairpin (to place in bun of hair)
empunya	owner
gelang kaki	ankle bracelets
gerakan	movement
golongan	group
halaman	page; yard
jelas	clear(ly)
jumlah	total number, amount
kain	cloth
keadaan	situation state, condition
kebanyakan	majority
kerajaan	kingdom
khas	specific(ally), exclusive(ly)
khusus	special(ly)
konde	bun in hair
koran	newspaper
masyarakat	society, community
membandingkan (bandingkan)	to compare
membuang (buang)	to throw away

mempercayai (percayai)	to trust, believe
memuliakan (muliakan)	to honour
menarik (tarik)	attractive, interesting; to attract, pull
menarikan (tarikan)	to dance (transitive)
mencintai (cintai)	to love
mencurigai (curigai)	to suspect
mengantuk (kantuk)	to be sleepy
mengenai (kenai)	concerning, about; to concern
mengenakan (kenakan)	to put on, to wear
mengetahui (ketahui)	to know, realise, find out
menggemari (gemari)	to like very much
menghormati (hormati)	to honour, respect
mengingini (ingini)	to want something, wish for
menginginkan (inginkan)	see *mengingini*
menurut	according to
menyadur (sadur)	to adapt (a piece of writing, etc.)
menyebutkan (sebutkan)	to mention
menyukai (sukai)	to like
merek	make, brand (n)
misalnya	for example
papan tulis	blackboard
para	plural indicator (for members of a class or group of people)
pemberitahuan	notice, announcement
pembesar	dignitary
pemudi	teenage girl, young lady
penari	dancer
pengiring	accompaniment
penumpang	passenger
penyerahan	transfer (n); offering
peralatan	equipment, accessories (here, the betel set)
pergaulan	social mixing
perhatian	attention
perjanjian	promise, agreement
perlahan-lahan	slow(ly); soft(ly)
perubahan	change (n)
polos	plain, unpatterned
pria	male, man
pun	also, even (see 15.12 and 15.13)
putri	girl, daughter, princess
selempang	shoulder sash
seragam	same (of dress), uniform (adj.)
sesamping	sarong folded in two and worn around the hips
sifat	character, characteristic
sirih	betel leaf

syukur	thank heavens
Tanjung Priuk	the harbour of Jakarta
teguh	tight(ly), firm(ly), strong(ly)
tiba-tiba	suddenly
yaitu	that is, namely, i.e.
zaman	era, time

For further new vocabulary, see 15.3, 15.4, 15.5, 15.7, 15.8 and 15.13.

Note: Words with the prefix *ter-* may be found in the word list at the back of the book, by looking under the root of the word.

15.2.A. Reading and comprehension
KORAN LAMA
Rustam dan Hasnah kakak-beradik. Mereka mahasiswa.

Hasnah: "Koran siapa yang terletak di atas meja itu, Rustam?"
Rustam: "Koran Hartini. Terbawa oleh saya bersama dengan buku-bukunya yang saya pinjam. Walaupun koran itu sudah tua, ada beberapa artikel yang menarik di dalamnya. Misalnya: tarian Aceh pada halaman lima. Sebab itu barangkali koran itu tidak dibuang Hartini."
Hasnah: "Boleh saya baca?"
Rustam: "Ya, boleh."
Hasnah membaca artikel itu dengan penuh perhatian.

Tarian Ranub Lampuan
Ada sebuah tarian yang terkenal dan amat digemari di Aceh, namanya Ranub Lampuan. Ranub Lampuan berarti 'sirih dalam cerana'. Tarian itu berupa tarian adat, khusus untuk menerima tamu. Dalam gerakan tarian ini tergambar jelas bagaimana orang Aceh menghormati tamu.

Gerakannya dimulai dengan perlahan-lahan, memperlihatkan cara membuat sirih dengan peralatannya. Berikutnya gerakan penyerahan cerana kepada para tamu.

Penari Ranub Lampuan terdiri dari delapan orang pria dan delapan orang putri. Tapi jumlah ini bisa lebih, bisa kurang, menurut keadaan tempat.

Pakaian yang dikenakan khas pakaian Aceh dan seragam. Celana dan baju berwarna, tetapi polos. Penari putri memakai kain sesamping di pinggang dan kain selempang tergantung di bahu. Gelang kaki dan cucuk konde asli dari zaman kerajaan Aceh juga dipakai.

Musik pengiring tarian ini pun khas Aceh.

Dan mungkin oleh karena sifatnya yang khas, yaitu untuk memuliakan tamu, tarian Ranub Lampuan sering ditarikan di depan tamu-tamu agung. Pembesar-pembesar negara asing yang berkunjung ke Jakarta selalu disuguhi tari Ranub Lampuan itu.

(Disadur dari karangan L.K. Ara,
surat kabar harian *Kompas*,
Jumat 16 Juni 1972.)

Hasnah: "Mmmm, apa tarian ini masih asli Aceh? Bukankah di Aceh pemuda-pemudi terlarang menari bersama-sama?"

Rustam: "Saya kurang tahu, Hasnah. Saya belum lagi ke Aceh dan juga belum pernah melihat tarian itu. Memang orang Aceh umumnya termasuk golongan yang masih berpegang teguh kepada adat agama Islam, kalau dibandingkan dengan orang-orang Indonesia di daerah lain. Tetapi, siapa tahu? Barangkali mengenai pergaulan pemuda-pemudi sudah banyak perubahan."

Hasnah: "Ya, itu mungkin. Rustam, dengarlah iklan ini!
Sebuah sepeda motor yang masih baru mau dijual, karena

yang empunya mau keluar negeri. Merek sepeda juga disebutkan. Apa engkau mau membeli sepeda motor?''

Rustam: ''Sepeda biasa pun tidak terbeli oleh saya sekarang, apalagi sepeda motor.''

Hasnah: ''Heh, engkau tahu tentang ini? Tentang sebuah kapal terbakar di Tanjung Priuk? Lima orang penumpang terbenam waktu itu ''

Rustam: ''Ya, tentu saja saya tahu. Syukur, kebanyakan dari penumpang tertolong waktu itu. Hasnah, koran itu koran lama. Jadi berita di dalamnya juga berita lama.''

Hasnah: ''Ya, saya lupa.'' Hasnah tersenyum.

Rustam: ''Hasnah, saya mau pergi tidur sekarang, karena saya sudah mengantuk. Tadi pagi saya terbangun jam 5.''

Hasnah: ''Ya, baiklah. Saya mau membaca-baca sebentar.''

15.2.B.   English Version
AN OLD NEWSPAPER
Rustam and Hasnah are brother and sister. They are bóth students.

Hasnah: 'Whose newspaper is that on the table, Rustam?'

Rustam: 'Hartini's. I took it by mistake with some books of hers that I borrowed. Although it's an old newspaper, there are several interesting articles in it. For example, the Achehnese dance on page five. Perhaps that's why Hartini didn't throw it away.'

Hasnah: 'May I read it?'

Rustam: 'Yes, do.'

Hasnah becomes engrossed in reading the article (lit: reads the article with full attention).

The *Ranub Lampuan* Dance
There is a well-known and very popular dance in Acheh called *Ranub Lampuan*. *Ranub Lampuan* means 'betel in the betel bowl'. This dance is a traditional dance especially for receiving guests. In its movements is illustrated clearly, the way in which the Achehnese honour their guests.

They begin with slow movements depicting the way the betel is prepared, taking ingredients from the betel set. Then follows the movement in which the platter is offered to the guests.

The dancers of *Ranub Lampuan* comprise eight males and eight females. But this number can be more or less according to the local situation.

The clothes worn are exclusively Achehnese and are all of the same kind. The trousers and jacket are coloured, but plain. The girl dancers wear a *sesamping* sarong around the waist, and a *selempang* sash is worn on the shoulder. Ankle bracelets and decorative hairpins placed in the hair knot, originating from the time of the kingdom of Acheh, are also worn.

The music accompanying the dance is also exclusively Achehnese.

And, possibly because of its special character, that is, to honour guests,

the *Ranub Lampuan* dance is often danced before important guests.
Foreign dignitaries who visit Jakarta are always presented with (a
performance of) the *Ranub Lampuan* dance.

> (Adapted from an article by L. K.
> Ara, in the daily newspaper *Kompas,*
> Friday 16 June 1972).

Hasnah: 'Mmmmm, is this dance still genuinely Achehnese? In Acheh
aren't boys and girls forbidden to dance together?'

Rustam: 'I'm not sure, Hasnah. I've not been to Acheh yet and also
I've never seen that dance. Certainly the Achehnese generally
(belong to the group who) still firmly adhere to Muslim
customs, in comparison with Indonesians in other areas. But
who knows? Perhaps there have been a lot of changes
concerning mixing between boys and girls.'

Hasnah: 'Yes, that's possible. Rustam, listen to this advertisement. A
motor-bike which is still new is for sale, because the owner is
going abroad. The make of the bike is also mentioned. Do you
want to buy a motor-bike?'

Rustam: 'I couldn't even buy a push-bike at present, let alone a motor-
bike.'

Hasnah: 'Hey, did you know about this? About a ship catching fire in
Tanjung Priuk? Five passengers were drowned.'

Rustam: 'Yes, of course I know. Fortunately most of the passengers
were rescued. Hasnah, that's an old newspaper. So the news in
it is old too.'

Hasnah: 'Yes, I forgot.' Hasnah smiles.

Rustam: 'Hasnah, I want to go to bed now because I'm sleepy. This
morning I woke up at five o'clock.'

Hasnah: 'Yes, all right. I want to read a while.'

15.2.C.   Cultural note

Betel chewing is an everyday practice in Indonesia, as it is in much of
South East Asia.

Although it is an acquired taste, Indonesian women, and sometimes
men, at one time or another chew betel, for taking betel is an important
part of many traditional feasts and ceremonies.

Betel leaves, lime, *gambir,* areca nut and tobacco are artistically
arranged in a silver, copper or tin bowl and passed around among the
guests at the beginning of the ceremony.

By taking it they indicate that they are present there as true and sincere
members of the community.

A quid of betel is made from 2 or 3 betel leaves, a smear of lime, a
pinch of *gambir* and a small section of green young areca nut, folded
together into a neat package.

Like smoking, betel chewing can become addictive.

15.3.A.   Note and compare the following sentences.

1. a) Koran siapa yang **terletak** di atas meja?
   b) Koran siapa yang **diletakkan** di atas meja?
2. a) Tarian Ranub Lampuan **terkenal** di Aceh.
   b) Tarian Ranub Lampuan **dikenal** di Aceh.
3. a) Pemuda-pemudi **terlarang** menari bersama-sama.
   b) Pemuda-pemudi **dilarang** menari bersama-sama.
4. a) Surat itu **tertulis** dalam bahasa Inggeris.
   b) Surat itu **ditulis** dalam bahasa Inggeris.
5. a) Kantor-kantor **terbuka** jam 7.30 di Indonesia.
   b) Kantor-kantor **dibuka** jam 7.30 di Indonesia.

15.3.B.
1. a) Whose newspaper is that on the table?
   b) Whose newspaper (is it that) has been put on the table?
2. a) The Ranub Lampuan dance is well-known in Acheh.
   b) The Ranub Lampuan dance is known in Acheh.
3. a) and b) Boys and girls are forbidden to dance together.
4. a) and b) That letter is written in English.
5. a) Offices are open at 7.30 in Indonesia.
   b) Offices are opened at 7.30 in Indonesia.

15.3.C.   Remarks
1. The verbal prefix *TER-* has a number of functions, one of which is to indicate a **STATE** resulting from an action.

2. When *ter-* has this function there is **no mention of an actor.**

3. This is the role of *ter-* in sentence 1. a) in the frame. Thus *terletak* in this sentence means 'to be located/situated'.

4. Sentence 1. b), in which a *di-* form is used, i.e. *Koran siapa yang diletakkan di atas meja?* 'Whose newspaper has been put on the table?', expresses the **ACTION** from which the state results, whereas sentence 1. a), in which the *ter-* form is used, i.e. *Koran siapa yang terletak di atas meja?* 'Whose newspaper is that (which is located) on the table?', indicates the **STATE** resulting from the action. Thus these *ter-* **verbs** may be called **STATIVE.**

15.3.D.   Exercises
1. Mixed substitution drill: substitute the word given where appropriate.
Di mana buku itu terletak?

surat	Di mana surat itu terletak?
tas	Di mana tas itu terletak?
obat	Di mana obat itu terletak?
terdapat	Di mana obat itu terdapat?
barang	Di mana barang itu terdapat?
alamat	Di mana alamat itu terdapat?
nama	Di mana nama itu terdapat?
tertulis	Di mana nama itu tertulis?
pemberitahuan	Di mana pemberitahuan itu tertulis?

2. Single substitution drill: replace the verb in the model sentence with the one given.
Apa yang terdapat di situ?

tertulis	Apa yang tertulis di situ?
terkenal	Apa yang terkenal di situ?
tergambar	Apa yang tergambar di situ?
tersedia	Apa yang tersedia di situ?
terletak	Apa yang terletak di situ?
tersusun	Apa yang tersusun di situ?
tergantung	Apa yang tergantung di situ?

3. Answer drill: answer using the hints given according to the model.
Di mana kanguru terdapat? (di Australia)
    Kanguru terdapat di Australia.
Di mana radio itu terletak? (di kamarnya)
    Radio itu terletak di kamarnya.
Di mana pemberitahuan itu tertulis? (di papan tulis)
    Pemberitahuan itu tertulis di papan tulis.
Di mana makanan dan minuman itu tersedia? (di kamar makan)
    Makanan dan minuman itu tersedia di kamar makan.
Binatang apa yang terdapat di Australia? (kanguru)
    Kanguru yang terdapat di Australia.
Apa yang tertulis di papan tulis? (pemberitahuan)
    Pemberitahuan yang tertulis di papan tulis.
Kopi siapa yang terletak di atas meja? (Ibu)
    Kopi Ibu yang terletak di atas meja.
Siapa pengarang Australia yang terkenal? (Patrick White)
    Patrick White pengarang Australia yang terkenal.
Pukul berapa kantor itu terbuka? (pukul 8)
    Kantor itu terbuka pukul 8.

15.4.A.   **Note and compare the following sentences.**

1. a) Pada musim gugur daun-daun pohon **jatuh.**
   b) Udin **terjatuh** dari pohon itu.
2. a) Biasanya saya **bangun** pukul 7 pagi.
   b) Saya **terbangun** jam 6 tadi pagi.
3. a) Biasanya saya **tidur** jam 11 malam.
   b) Tadi pagi saya **tertidur** di kelas.
4.   Di Tanjung Priuk baru-baru ini ada kapal **terbakar.**
5.   Lima orang penumpang yang **terbenam** waktu itu.

15.4.B.
1. a) In autumn leaves fall from the trees.
   b) Udin fell from the tree.
2. a) Usually I wake at 7 in the morning.
   b) I was awakened at 6 o'clock this morning.
3. a) Usually I go to sleep at 11 p.m.
   b) This morning I fell asleep in class.
4.   Recently a ship caught fire at Tanjung Priuk.
5.   Five passengers were drowned (at that time).

15.4.C.   **Remarks**
1. With the verbs in this frame *ter-* indicates an action which has occurred
ACCIDENTALLY, UNINTENTIONALLY or INVOLUNTARILY.

250

15.4.D.   Exercises

1. Transformation drill: transform the following sentences into questions
beginning with *apa sebabnya*.

Udin tertidur di kelas.

Apa sebabnya Udin tertidur di kelas?

Tiba-tiba Ratna terdiam.

Apa sebabnya tiba-tiba Ratna terdiam?

Sofyan terjatuh dari pohon.

Apa sebabnya Sofyan terjatuh dari pohon?

Tiba-tiba Ibu terpekik.

Apa sebabnya tiba-tiba Ibu terpekik?

Jarimu terbakar.

Apa sebabnya jarimu terbakar?

Anak temannya tiba-tiba terbenam.

Apa sebabnya anak temannya tiba-tiba terbenam?

Dia terlompat dari tempat tidur.

Apa sebabnya dia terlompat dari tempat tidur?

2. Answer drill: answer using the hints given according to the model.

Siapa yang tertidur di bioskop?   (saya)

Saya yang tertidur di bioskop.

Siapa yang tiba-tiba terdiam?   (Dulah)

Dulah yang tiba-tiba terdiam.

Siapa yang terjatuh dari pohon?   (Hasan)

Hasan yang terjatuh dari pohon.

Siapa yang tiba-tiba terpekik?   (Minah)

Minah yang tiba-tiba terpekik.

Siapa yang terlompat dari kursinya tadi?   (Ayah)

Ayah yang terlompat dari kursinya tadi.

Siapa yang terbangun jam 4?   (Nenek)

Nenek yang terbangun jam 4.

3. Mixed substitution drill: substitute the words given where appropriate.

Rumah siapa yang terbakar kemarin?

mobil	Mobil siapa yang terbakar kemarin?
toko	Toko siapa yang terbakar kemarin?
tadi pagi	Toko siapa yang terbakar tadi pagi?
kapal terbang	Kapal terbang siapa yang terbakar tadi pagi?
siang	Kapal terbang siapa yang terbakar tadi siang?
kapal	Kapal siapa yang terbakar tadi siang?
terbenam	Kapal siapa yang terbenam tadi siang?
anak	Anak siapa yang terbenam tadi siang?

15.5.A. Note the following sentences carefully.

1. Koran itu **terbawa oleh saya** bersama dengan buku-buku yang saya pinjam.
2. Maaf, kopimu **terminum oleh saya.**
3. Maaf, penamu **terpakai oleh saya.**
4. Maaf, rokmu **terinjak oleh saya.**
5. Maaf, kemejamu **terbakar oleh saya.**
6. Aduh, lidah saya **tergigit oleh saya.**
7. Maaf, suratmu **tercuci** bersama dengan pakaianmu yang kotor.

15.5.B.
1. I took the newspaper by mistake together with the books I borrowed.
2. Sorry, I drank your coffee by mistake.
3. Sorry, I used your pen by mistake.
4. Sorry, I (accidentally) trod on your skirt.
5. Sorry, I (accidentally) burnt your shirt.
6. Ouch, I (accidentally) bit my tongue.
7. Sorry, your letter was (accidentally) washed together with your dirty clothes.

15.5.C. Remarks
1. In the above frame, *ter-* also indicates ACCIDENTAL, UNINTENTIONAL or INVOLUNTARY action (cf. 15.4). However, the above sentences are **object focus constructions,** in which **the actor (subject) has been mentioned.**

2. When the **subject** is mentioned in these *ter-* constructions, it must always **follow the verb and be preceded by** *oleh,* no matter whether it is first, second or third person.

15.5.D. Exercises
1. Mixed substitution drill: substitute the subject, the verb or the object given where appropriate.
Penamu terpakai oleh Hasan.

ku	Penamu terpakai olehku.
kami	Penamu terpakai oleh kami.
mereka	Penamu terpakai oleh mereka.
terbawa	Penamu terbawa oleh mereka.
bukumu	Bukumu terbawa oleh mereka.
saya	Bukumu terbawa oleh saya.
Ibu	Bukumu terbawa oleh Ibu.
suratmu	Suratmu terbawa oleh Ibu.
tercuci	Suratmu tercuci oleh Ibu.

2. Answer drill: answer using the hints given according to the model.
Air jeruk siapa yang terminum olehnya? (Ratna)
    Air jeruk Ratna yang terminum olehnya.

Kertas siapa yang terpakai oleh Hasan? (saya)
  Kertas saya yang terpakai oleh Hasan.
Rok siapa yang terinjak olehnya? (temannya)
  Rok temannya yang terinjak olehnya.
Apa yang terbawa olehnya pulang? (buku sekolah)
  Buku sekolah yang terbawa olehnya pulang.
Apa yang tercuci olehmu? (rebewesku)
  Rebewesku yang tercuci olehku.
Apanya yang tergigit olehnya? (lidahnya)
  Lidahnya yang tergigit olehnya.

15.6.A.   Note and compare the following sentences.

1. a) Apa **bisa engkau membeli** mobil semahal itu?
   b) Apa **terbeli oleh engkau** mobil semahal itu?
   c)   Tidak, **saya tidak bisa membeli** mobil semahal itu.
   d)   Tidak, mobil semahal itu **tidak terbeli oleh saya.**

2. a) Apa **bisa kamu menyelesaikan** pekerjaan itu?
   b) Apa **terselesaikan olehmu** pekerjaan itu?
   c)   Tidak, **saya tidak bisa menyelesaikan** pekerjaan itu.
   d)   Tidak, pekerjaan itu **tidak terselesaikan oleh saya.**

3. a) Apa **bisa Nenek mendengar** yang dikatakan dokter?
   b) Apa **terdengar oleh Nenek** yang dikatakan dokter?
   c)   Tidak, **Nenek tidak bisa mendengar** yang dikatakan dokter.
   d)   Tidak, yang dikatakan dokter **tidak terdengar oleh Nenek.**

4. a) Apa **bisa mereka mengurus** anak-anak itu?
   b) Apa **terurus oleh mereka** anak-anak itu?
   c)   Tidak, **mereka tidak bisa mengurus** anak-anak itu.
   d)   Tidak, anak-anak itu **tidak terurus oleh mereka.**

15.6.B.

1. a) and b) Can you buy (afford) a car as expensive as that?
   c) and d) No, I can't buy (afford) a car as expensive as that.

2. a) and b) Are you able to complete that work?
   c) and d) No, I can't complete that work.
               OR: No, I won't be able to complete that work.

3. a) and b) Could grandmother hear what the doctor said?
   c) and d) No, grandmother couldn't hear what the doctor said.

4. a) and b) Are they able to look after those children?
   c) and d) No, they are not able to look after those children.

15.6.C. Remarks

1. Sometimes in transitive sentences prefix *ter-* indicates ABILITY to perform an action. *Ter-* with this function is rather more common in questions and in negative statements than in positive statements.

2. The construction *tidak* + *ter-* verb indicates INABILITY to perform the action.

3. The use of *bisa* has been learned before (see 3.3.). It can be used with all types of verbs. But *ter-*, when indicating ability, can only be used with certain transitive verbs. The verbs with which *ter-* occurs to indicate ability (or inability) must be learnt.

4. *Ter-* with this function usually occurs in object focus construction. In such constructions the subject follows the verb and is preceded by *oleh.*

15.6.D. Exercises

1. Transformation drill

a) Transform the following questions which contain *bisa* + verb into questions using a *ter-* verb + *oleh.*

Apa bisa Saudara mengingat nama orang itu?
　　Apa teringat oleh Saudara nama orang itu?
Apa bisa dia menghabiskan makanan itu?
　　Apa terhabiskan olehnya makanan itu?
Apa bisa mereka mengurus anak-anak itu?
　　Apa terurus oleh mereka anak-anak itu?
Apa masih bisa mereka membeli makanan dari luar negeri?
　　Apa masih terbeli oleh mereka makanan dari luar negeri?
Apa bisa kamu mencuci pakaian sebanyak itu?
　　Apa tercuci olehmu pakaian sebanyak itu?
Apa bisa engkau membawa paket-paket itu sendiri?
　　Apa terbawa olehkau paket-paket itu sendiri?
Apa bisa mereka memelihara binatang-binatang itu?
　　Apa terpelihara oleh mereka binatang-binatang itu?

b) Transform the following negative sentences which contain *bisa* + verb into sentences using a *ter-* verb + *oleh.*

Saya tidak bisa mengingat nama orang itu.
　　Nama orang itu tidak teringat oleh saya.
Nenek tidak bisa mendengar yang dikatakan Ibu di telepon.
　　Yang dikatakan Ibu di telepon tidak terdengar oleh Nenek.
Nyonya itu tidak bisa mengurus anak-anaknya.
　　Anak-anaknya tidak terurus oleh nyonya itu.
Kami tidak bisa membeli mobil sekarang.
　　Mobil tidak terbeli oleh kami sekarang.
Dia tidak bisa menyelesaikan pertengkaran itu.
　　Pertengkaran itu tidak terselesaikan olehnya.

Saya tidak bisa menahan sakit gigi saya.

Sakit gigi saya tidak tertahan oleh saya.

Saya tidak akan bisa memakai rok sependek itu.

Rok sependek itu tidak akan terpakai oleh saya.

2. Translation and fluency drill: translate the following sentences into English. Then master them. (The word in brackets indicates the category to which the ter- derivative belongs.)

a) Permainan itu **terbuat** dari kertas. (stative)
b) Kantor-kantor **terbuka** mulai dari jam 8 pagi sampai jam 5 sore. (stative)
c) Restoran itu **terletak** di tempat yang baik. (stative)
d) Saya mau membuatkan Ibu kopi. Kopi Ibu **terminum** oleh saya. (unintentional)
e) Kue itu sudah habis **termakan** oleh anak-anak (unintentional)
f) Anak itu **terjatuh** dari tempat tidurnya. (accidental)
g) Tadi pagi Ibu **terbangun** pukul 4. (involuntary)
h) Siapa yang **tertidur** di kelas? (involuntary)
i) Siapa penulis Australia yang **terkenal?** (stative)
j) Pekerjaan itu **tidak** akan **terselesaikan** olehnya besok. (inability)
k) Anak-anaknya **tidak terurus** olehnya. (inability)
l) Makanan sudah **tersedia** di atas meja. (stative)
m) Amran **terdiam** sebentar, kemudian berkata: "Saya tidak bersalah." (involuntary)
n) Lama Hanafi **terduduk** di kursinya, sesudah membaca surat itu. (involuntary)
o) Saya **teringat** kepada teman saya. (involuntary)
p) Apa **terbeli** olehnya buku yang mahal itu? (ability)

15.7.A, & B.   **Note the following *ter-* forms and their meanings.**

a) Verbs:

ter-form	Meaning
terdiri dari	consist of, comprise
tersenyum	to smile

b) Prepositions:

terhadap	towards (not 'in the direction of')
termasuk	including, belonging to

c) Adverbs:

tergesa-gesa	in a hurry
terburu-buru	in a hurry
tersedu-sedu (tersedu-sedan)	sobbing (preceded by **menangis)**
terbahak-bahak	heartily (of laugh)
terlambat	late

15.7.C.   Remarks

A few common *ter-* derivatives, including adverbs and prepositions, do not fit into the categories described above. These must be learned individually together with their meanings.

For use of *ter-* with an adjective/adverb to indicate superlative, see 13.9.

15.7.D. Exercise

Translation and fluency drill: translate the following sentences into English. Then master them.

1. Indonesia **terdiri** dari beratus-ratus pulau, besar dan kecil.
2. Dia **tersenyum** dan berkata, "Cerita itu lucu sekali."
3. Dia tidak begitu cinta **terhadap** orang tuanya.
4. Banyak anak yang pandai di kelas itu, **termasuk** Hasnah.
5. Hasan pulang **tergesa-gesa.**
6. Kemarin saya berangkat ke Sydney **terburu-buru.**
7. Mengapa dia menangis **tersedu-sedu?**
8. Penonton tertawa **terbahak-bahak** melihat pilem yang lucu itu.
9. Dia datang **terlambat** tadi pagi.

15.8.A. Note the following types of sentences and their construction.

1. Mereka **gemar** sekali **akan** tarian Ranub Lampuan.
2. Mereka **menggemari** sekali tarian Ranub Lampuan.
3. Tarian Ranub Lampuan yang **digemari** sekali oleh mereka.
4. Di Aceh tarian Ranub Lampuan **digemari** sekali.

15.8.B.
1. & 2. They like the *Ranub Lampuan* dance very much.
3. It is the *Ranub Lampuan* dance that they like very much.
   OR: The one they like very much is the *Ranub Lampuan* dance.
4. In Acheh the *Ranub Lampuan* dance is very popular (lit: is very much liked).

15.8.C. Remarks

Many verb roots which indicate emotions or attitudes can occur either as simple intransitive verbs or as transitive verbs with the suffix -*i*. The intransitive and transitive verbs have slightly different meanings; the intransitive forms indicate the attitude or emotion in a general sense, while the transitive forms indicate a stronger and more specific instance of the attitude or emotion. In some of the following examples, the difference in meaning between the transitive and intransitive forms is indicated in the English translation. Often, however, the difference cannot be expressed in English, but must be learned from the context in which the verbs occur. *GEMAR* is the **intransitive** verb, and is usually followed by the preposition *akan* before a noun. i.e.

| gemar | + | **akan** | + | noun |

(Sometimes in conversation and in written Indonesian this *akan* is omitted).

GEMARI is the **transitive** verb and may therefore be used in subject and object focus constructions. Note that **only the transitive verb may be used in object focus constructions.**

Other examples:
Note the verbal form of the sentences in the following frames.

1.

a) Mereka **suka**(kepada/pada)guru itu.	They like that teacher.
b) Mereka **suka (akan)** daging.	They like meat.
c) Mereka **menyukai** guru itu.	They like that teacher.
d) Guru itu (yang) **disukai** mereka.	That is the teacher they like.
e) Daging (yang) **disukai** mereka.	Meat is what they like.
f) Guru itu **disukai.**	That teacher is liked (popular).
g) Biasanya daging **disukai.**	Usually meat is liked (popular).

Remarks
Intransitive verb *suka* + *kepada/pada/akan* and transitive verb *sukai* both mean 'to like'.
Note the patterns for the intransitive stem:
    i.   *Suka* + *kepada/pada*   + person
    ii. *Suka* + *akan*   + thing

2.

a) Dia **ingin (akan)** buah-buahan.	He wants some fruit.
b) Dia **mengingini** buah-buahan.	He wants some fruit.
c) Dia **menginginkan** buah-buahan.	He wants some fruit.
d) Buah-buahan yang **diingini**nya.	It's fruit that he wants.
e) Buah-buahan yang **diinginkan**nya.	It's fruit that he wants.

Remarks
Intransitive verb *ingin* + *akan* and transitive verbs *ingini* and *inginkan* all mean 'to want, wish for'.

3.

a) Saya **percaya kepada** Hasan.	I trust Hasan.
b) Saya **mempercayai** Hasan.	I trust Hasan.
c) Hasan yang saya **percayai.**	Hasan is the one I trust.
d) Hasan dapat **dipercayai.**	Hasan can be trusted.

Remarks
Intransitive verb *percaya* + *kepada* and transitive verb *percayai* both mean 'to trust, believe'.

4.	a) Hadi **cinta kepada/pada** istrinya.	Hadi loves his wife.
	b) Hadi **mencintai** istrinya.	Hadi loves his wife.
	c) Istrinya yang **dicintai** Hadi.	It is his wife whom Hadi loves.

Remarks

Intransitive verb *cinta* + *kepada/pada* and transitive verb *cintai* both mean 'to love'.

5.	a) Polisi **curiga terhadap/kepada** Dogol.	The police are suspicious of Dogol.
	b) Polisi **mencurigai** Dogol.	The police suspect Dogol.
	c) Dogol **dicurigai** (oleh) polisi.	Dogol is suspected by the police.
	d) Dogol **dicurigai** sekarang.	Dogol is under suspicion now.

Remarks

Intransitive verb *curiga* + *terhadap/kepada,* means 'to be suspicious of'; transitive verb *curigai* means 'to suspect'.

6.	a) Dia **hormat terhadap/kepada** orang tuanya.	He is respectful to his parents.
	b) Dia selalu **menghormati** orang tuanya.	He always respects his parents.
	c) **Hormatilah** orang tuamu?	Respect your parents!
	d) Indonesia tetap akan **menghormati** perjanjian-perjanjian yang telah dibuatnya.	Indonesia will always honour(respect) the agreements which it has made.

Remarks

Intransitive verb *hormat* + *kepada/terhadap* means 'to be respectful to'; transitive verb *hormati* means 'to respect, honour'.

7.	a) Dia sudah **tahu (akan/tentang)** hal itu.	He knows that (matter),
	b) Dia sudah **mengetahui** hal itu.	He knows that (matter).
	c) Hal itu sudah **diketahui** di mana-mana.	That is known everywhere.

Remarks

Intransitive verb *tahu* + *akan* and transitive verb *ketahui* both mean 'to know, realise, find out'.

15.8.D.   Exercise

Transformation drill: transform the following subject focus sentences into object focus constructions.

Mereka gemar (akan) pilem Jepang.
> Pilem Jepang digemari mereka.

Saya tidak begitu gemar (akan) sayur.
> Sayur tidak begitu saya gemari.

Minah menggemari musik Bali.
> Musik Bali digemari Minah.

Kami suka sekali kepada Hasan.
> Hasan kami sukai sekali.

Pelajar-pelajar menyukai pelajaran bahasa.
> Pelajaran bahasa disukai pelajar-pelajar.

Dia ingin sate.
> Sate diinginkannya. OR: Sate diingininya.

Engkau mengingini sepeda baru?
> Sepeda baru kauingini?

Saya menginginkan makanan Eropa.
> Makanan Eropa saya inginkan.

Dia tidak percaya kepada Dogol.
> Dogol tidak dipercayainya.

Saya percaya betul kepada Minah.
> Minah saya percayai betul.

Dia tidak cinta lagi kepada suaminya.
> Suaminya tidak lagi dicintainya.

Kami sama sekali tidak curiga kepada Saudara.
> Saudara sama sekali tidak kami curigai.

Polisi curiga sekali kepada Dogol.
> Dogol dicurigai sekali oleh polisi.

Minah tidak tahu alamat saya.
> Alamat saya tidak diketahui Minah.

15.9.A.   Note the following types of questions and their possible answers.

1. Dia **suka** (akan) apa?
2. Dia **menyukai** apa?
3. Apa yang **disukai**nya?
4. Dia **suka** (akan) buku.
5. Buku yang **disukai**nya.

15.9.B.

1. What does he like?
2. What does he like?
3. What does he like?
> 4. He likes books.
> 5. He likes books.

15.9.C. Remarks

In a question, as in a statement, either the intransitive or the transitive verb may be used in the subject focus, but only the transitive verb (i.e. *sukai,* here) may be used in the object focus.

15.9.D. Exercises

1. Transformation drill: transform the following subject focus questions into object focus questions with *yang.*

Saudara suka apa?
    Apa yang Saudara sukai?
Dia ingin apa?
    Apa yang diingininya? OR: Apa yang diinginkannya?
Kamu gemar apa?
    Apa yang kamu gemari?
Engkau curiga kepada siapa?
    Siapa yang kaucurigai?
Nona mau tahu apa?
    Apa yang mau Nona ketahui?
Mereka percaya kepada siapa?
    Siapa yang dipercayai mereka?
Dia cinta kepada siapa?
    Siapa yang dicintainya?
Saudara menginginkan apa?
    Apa yang Saudara inginkan?
Mereka menggemari apa?
    Apa yang digemari mereka?
Polisi itu mau mengetahui apa?
    Apa yang mau diketahui polisi itu?
Hasan mencurigai siapa?
    Siapa yang dicurigai Hasan?
Apa dia mencintai anaknya?
    Apa anaknya yang dicintainya?
Apa pelajar-pelajar itu menyukai pelajaran bahasa?
    Apa pelajaran bahasa yang disukai pelajar-pelajar itu?

2. Answer drill: using the hints given, answer the following questions, first in subject focus construction using the intransitive verb + preposition, then in object focus construction with *yang.*

Apa yang Saudara ingini?   (bakmi)
    Saya ingin akan bakmi.
    Bakmi yang saya ingini.
Dia curiga kepada siapa?   (Dogol)
    Dia curiga kepada Dogol.
    Dogol yang dicurigainya.
Pelajaran apa yang disukai murid-murid itu?   (bahasa)
    Murid-murid itu suka akan pelajaran bahasa.
    Pelajaran bahasa yang disukai murid-murid itu.

Dia hormat kepada siapa? (orang tuanya)
Dia hormat kepada orang tuanya.
Orang tuanya yang dihormatinya.
Siapa yang paling dicintainya? (istrinya)
Dia paling cinta kepada istrinya.
Istrinya yang paling dicintainya.
Buah-buahan apa yang paling digemari mereka? (mangga)
Mereka paling gemar akan mangga.
Mangga yang paling digemari mereka.

15.10.A. Note the following types of sentence.

Bukankah di Aceh pemuda-pemudi terlarang menari bersama-sama?

15.10.B.
In Acheh aren't boys and girls forbidden to dance together?

15.10.C. Remarks
As you know, *apakah* (or *apa*) is usually used to introduce a 'yes-no'
question. However, if the speaker thinks the answer should be a
confirmation of what he is asking, the question is introduced by
bukankah. Thus the question above implies that the speaker has already
formed the conclusion that boys and girls are not allowed to dance
together in Acheh, and is merely asking for confirmation.

15.10.D. Exercise
Transformation drill: transform the following sentences into questions
beginning with *bukankah*.
Tarian itu terkenal sekali.
Bukankah tarian itu terkenal sekali?
Tarian itu namanya Ranub Lampuan.
Bukankah tarian itu namanya Ranub Lampuan?
Kantor itu terbakar minggu yang lalu.
Bukankah kantor itu terbakar minggu yang lalu?
Pakaian penari itu khas pakaian Aceh.
Bukankah pakaian penari itu khas pakaian Aceh?
Hadi sudah berangkat ke Eropa.
Bukankah Hadi sudah berangkat ke Eropa?
Surat itu terletak di atas meja tadi.
Bukankah surat itu terletak di atas meja tadi?
Hasan dapat dipercayai.
Bukankah Hasan dapat dipercayai?
Amin cinta kepada istrinya.
Bukankah Amin cinta kepada istrinya?
Dogol dicurigai polisi.
Bukankah Dogol dicurigai polisi?

Hal itu sudah diketahui pemerintah.
Bukankah hal itu sudah diketahui pemerintah?
Dewi tahu akan alamat kita.
Bukankah Dewi tahu akan alamat kita?
Di Australia banyak kanguru.
Bukankah di Australia banyak kanguru?

15.11.A.   Note the following type of sentence.

1. Di Aceh pemuda-pemudi terlarang menari bersama-sama, **bukan?**
2. Sakit, **bukan?**

15.11.B.
1. In Acheh boys and girls are forbidden to dance together, aren't they?
2. It hurts, doesn't it?

15.11.C.   Remarks
When *bukan* occurs at the end of a sentence, as it does in less formal
language, it functions as a question tag, like the English '**isn't it**' in 'It's
cold, isn't it?' or '**doesn't it**' in 'It hurts, doesn't it?'
The sense is similar to that in frame 15.10.A.
Note: When *bukan* in this sense occurs at the beginning of a sentence, -*kah*
is always attached; when *bukan* is a question tag, -*kah* is never used.

15.11.D.   Exercise
Transformation drill: transform the following sentences into tag questions
by adding *bukan*.
Buku itu mahal.
     Buku itu mahal, bukan?
Nama guru itu Rohana.
     Nama guru itu Rohana, bukan?
Harga sepatu itu Rp2000.
     Harga sepatu itu Rp2000, bukan?
Achdiat Karta Mihardja * pengarang Indonesia yang terkenal.
     Achdiat Karta Mihardja pengarang Indonesia yang terkenal, bukan?
Amran disukai teman-temannya.
     Amran disukai teman-temannya, bukan?
Hadi gemar akan makanan Eropa.
     Hadi gemar akan makanan Eropa, bukan?
Orang tuanya sudah diberitahunya.
     Orang tuanya sudah diberitahunya, bukan?
Kamar itu sudah kaubersihkan.
     Kamar itu sudah kaubersihkan, bukan?
Hal itu sudah diketahuinya.
     Hal itu sudah diketahuinya, bukan?

262

Paket itu sudah diambilnya.
    Paket itu sudah diambilnya, bukan?
Udin sudah sembuh.
    Udin sudah sembuh, bukan?
Uang itu sudah saya bayar.
    Uang itu sudah saya bayar, bukan?
* Read *Akhdiat Karta Miharja.*

15.12.A.   **Note the following sentences**

1. **Sepeda biasa pun** tidak terbeli oleh saya.
2. Musik pengiring tarian **ini pun** khas Aceh.
3. **Siapa pun** tidak boleh masuk.
4. **Ke mana pun** dia pergi, anjingnya ikut.

15.12.B.
1. I can't **even** afford an ordinary push-bike.
2. The musical accompaniment to this dance is **also** specific to Acheh.
3. No one **at all** may come in.
4. **Wherever** he went the dog followed.

15.12.C.   **Remarks**
Pun is often described as an emphatic particle. It is used with various types of words and may have various English equivalents, depending on the context. It may mean 'even' or 'too, also'. When used with words which normally function as question words (e.g. *siapa, ke mana*), *pun* may be translated by '-ever' (e.g. whoever, wherever) or 'any . . . (at all) (e.g. anywhere at all, anyone at all, as in *Siapa pun boleh masuk.* 'Anyone at all may go in.').

15.12.D.   **Exercise**
Translation and fluency drill: translate the following sentences into English. Then master them.
1. Jika engkau pergi, **saya pun** akan pergi.
2. **Berdiri pun** dia tidak dapat, apalagi berjalan.
3. **Itu pun** belum kami beli.
4. **Besok pun** saya harus bekerja.
5. **Memasak pun** dia bisa.
6. **Apa pun** disukai Minah.
7. **Orang tua kami pun** belum kami beritahu.
8. **Di sana pun** dia tidak mau tinggal.
9. **Berapa pun** akan mereka bayar.
10. **Ke mana pun** saya tidak boleh pergi kemarin.
11. Harga makanan naik, **harga roti pun** naik.
12. Di mana-mana hujan, **di Alice Springs pun** hujan.
13. **Berapa lama pun** akan saya tunggu.

15.13.A.   Note the following sentence.

Walaupun koran lama, ada beberapa artikel yang menarik di dalamnya.

15.13.B.
Even though it's an old (news)paper, there are some interesting articles in it.

15.13.C.   Remarks
In addition, the particle *pun* may be attached to *sungguh, meski* and *walau,* to form the conjunctions *sungguhpun, meskipun,* and *walaupun,* all meaning 'even though, although'.

15.13.D.   Exercise
Sentence combination drill: make single sentences from the following pairs of sentences, using the conjunction supplied. In each case put the conjunction at the head of the new sentence, and be sure that the relation between the subordinate and principal clauses makes sense.

1.   Hari sudah pukul 12 malam.
     Dia masih belajar. (walaupun)
     ....
     ....
2.   Dia sudah tidur.
     Hari baru pukul 8. (meskipun)
     ....
     ....
3.   Dia sakit.
     Dia pergi juga *(still)* ke sekolah. (sungguhpun)
     ....
     ....
4.   Dia tidak mau memperlihatkan marahnya.
     Dia marah sekali. (meskipun)
     ....
     ....
5.   Saya lama di Indonesia.
     Saya tidak bisa berbicara Bahasa Indonesia. (sungguhpun)
     ....
     ....
6.   Dia tidak mau pergi ke dokter.
     Dia sudah lama sakit kerongkongan. (walaupun)
     ....
     ....
7.   Ibu tidak marah.
     Ratna pulang pukul 1 tadi malam. (meskipun)
     ....
     ....

8. Dia tidak sakit perut.
   Dia banyak makan buah-buahan. (sungguhpun)
   ....
   ....

9. Dia hanya memakai kemeja saja.
   Hari dingin sekali. (walaupun)
   ....
   ....

10. Sofyan terlambat tadi pagi.
    Dia tidak mau diantarkan dengan mobil ke sekolah. (meskipun)
    ....
    ....

15.14. Additional exercises

Translation and fluency drill

Translate the following passage into English, then retell it. It is not necessary to use the exact words or retain the sequence of the original.

KAMAR NOMOR 96

Kamar itu kecil dan gelap. Di sudut kamar terletak sebuah meja. Di atasnya tersusun buku-buku dalam bahasa asing, sebuah mesin tulis yang telah tua, beberapa buah map yang berisi kertas-kertas penuh tulisan dan kertas-kertas yang masih kosong, putih bersih, dan sebuah peta ibu kota.

Di dalam lemari dekat jendela, tergantung 3 helai kemeja, 2 helai celana dan sehelai baju jas. Celana dan baju jas itu terbuat dari wol.

Pintu kamar itu selalu tertutup, hanya jendela kamar yang kadang-kadang terbuka.

Penghuninya seorang laki-laki yang masih muda. Dia pendiam. Jarang bertemu dengan tetangganya, apalagi bercakap-cakap. Dia berangkat pagi-pagi dan pulang pada malam hari. Malam hari dia mengetik sampai tengah malam.

Ada tetangganya yang mengira pemuda itu seorang penulis, ada yang mengira seorang wartawan. Dan beberapa orang bertanya: "Apa mungkin penghuni kamar nomor 96 itu seorang mata-mata?"

15.15. Homework

Give the Indonesian equivalents of the following sentences.

1. That old man always honours the promises which he has made.
2. 'Do you love me?' asked Ratna.
3. Who is suspected by the police?
4. Hasnah said, 'My husband likes sate best.'
5. 'Isn't your uncle's house as big as your grandmother's house?' she said. (a yes-no question merely asking for confirmation).
6. 'It is unusually cold today, isn't it?' said the old lady *(perempuan)*.

7. I don't have any money today. I can't even afford a bottle of beer.
8. Dogol doesn't trust anyone.
9. Whose shirt was it that she accidentally burnt?
10. Even though he is very busy, he always has time for his friends.

15.16. Comprehension: reread the text (15.2.A.) and answer the following questions in Bahasa Indonesia.
1. Apa sebab koran Hartini sampai ke rumah Rustam?
2. Artikel tentang apa yang menarik di koran lama itu?
3. Di mana tarian ini paling digemari?
4. Apa artinya 'Ranub Lampuan'?
5. Apakah jumlah penari tarian itu selalu harus enam belas orang?
6. Apa sebabnya tarian Ranub Lampuan itu sering ditarikan di muka tamu-tamu agung?
7. Apa Hasnah dan Rustam sudah pernah melihat tari Ranub Lampuan itu?
8. Orang Aceh beragama apa?
9. Iklan yang dibaca Hasnah di koran itu mengenai apa?
10. Berita mengenai apa lagi yang dibaca Hasnah di koran lama itu?

Chapter 16

16.1.A.   Vocabulary

Check the pronunciation, read aloud and note the meanings.

aduh	ouch! oh!, wow!
air mata	tear(s)
alangkah bagusnya!	how beautiful!
aneh	strange
awan	cloud
bahagia	happy, fortunate
bahagian (bagian)	part (n)
bantal	pillow
barat	west
benua	continent
berasal dari	to originate from, come from
berat	heavy
berbaring	to lie down
berjajar	to be in a row
berkeliling	around, to go around
bermimpi	to dream
bertukar	to change, alter (intransitive)
betul-betul	very, sincerely
blus	blouse
bukan main gembiranya	how happy she/he was!
candi	ancient temple (e.g. Borobudur)
danau	lake
detik	instant, second
empuk	soft, tender
gagah	strong, sturdy, dashing
gunung	mountain
hadiah	prize, gift
hangat	warm
harapan	hope (n)
hasil	result, product
kasur	mattress
kecewa	disappointed
keemas-emasan	golden
kegirangan	happiness, excitement
kejadian	happening, event
kemerah-merahan	reddish
kenyang	satisfied, full (after eating)

kopor	suitcase
lantai	floor
lapangan terbang	airport, aerodrome
lasak	restless
laut	sea
letak	position
melayani (layani)	to wait on, serve
memejamkan (pejamkan)	to close, shut (the eyes)
memuaskan	satisfactory
menang	to win
menanggung (tanggung)	to guarantee, take care of
menemui (temui)	to meet
mengelamun (kelamun)	to day-dream
mengemasi (kemasi)	to pack up, clear away
menghambat (hambat)	to impede, obscure, hinder
mengunjungi (kunjungi)	to visit
menikmati (nikmati)	to enjoy
menimpa (timpa)	to strike, hit
menunggu (tunggu)	to wait (for), await
menutup (tutup)	to shut
menyiapkan (siapkan)	to prepare, finish
mimpi	dream
nyenyak	sound (of sleep)
ongkos	costs, expenses
padang pasir	desert
pemandangan	view
pendeknya	in short
pramugara	steward
pramugari	hostess, stewardess
pulau	island
puri	kind of temple in Bali
sayembara	competition, contest
sebanyak mungkin	as much as possible
sebentar-sebentar	now and then, from time to time, again and again
sehingga	so that, with the result that, to the extent that
selamat jalan	have a safe journey (see 16.2.C)
selambat-lambatnya	at the latest
selimut	blanket
sinar	rays
sungai	river
sungguh	truly, really, indeed
supaya	so that, in order that
terbentang	to be spread out
terjadi	to happen
terlalu	too, excessively
timur	east

ujian	examination
utara	north

16.1.B. Additional colours

abu-abu	grey
belau	= *biru*
biru tua	dark blue
biru muda	light blue
coklat	brown
hijau	green
hitam	black
kelabu	see *abu-abu*
kuning	yellow
lembayung	crimson
*pirang (perang)	reddish, blond (of hair)
ungu	violet, purple

*Note: Indonesians use the word *pirang* to indicate any hair colour other than black or white (with age). It is also used to describe white garments which have yellowed.

16.2.A. Reading and comprehension
MIMPI

"Mengapa engkau belum juga tidur, Jane? Hari sudah jam sebelas."

"Saya belum mengantuk, Bu. Saya harus menyiapkan karangan saya. Saya harus mengirimkan karangan ini selambat-lambatnya pada akhir minggu ini. Siapa tahu! Kalau saya menang dalam sayembara mengarang ini, hadiahnya tiga minggu di Indonesia dan semua ongkos ditanggung. Guru saya mengatakan bahwa Bahasa Indonesia saya baik sekali. Hasil ujian saya sangat memuaskan. Jadi ada harapan saya untuk menang."

"Siapkan besok, Nak! Masih banyak waktu. Sekarang, tidurlah, supaya engkau tidak mengantuk besok. Jendela ditutup, ya, sebelum tidur!"

Jane mengemasi buku dan alat-alat sekolahnya. Setelah menutup jendela dan mematikan lampu dia berbaring di atas kasur yang empuk, di bawah selimut yang tebal dan hangat. Lama dia mengelamun dan kemudian dia tertidur.

Bukan main gembiranya Jane pada hari keberangkatannya ke Indonesia. Dia begitu gembira sehingga keluar air matanya. Dia memakai rok biru tua dan blus biru muda. Semua beres. Ibu, Nenek, Bapak, dan Tom ikut menyiapkan barang dan pakaian yang akan dibawa Jane. Dia hanya membawa sebuah kopor yang tidak begitu berat. Ketika dia tiba di lapangan terbang teman-temannya telah menunggu. Mereka datang untuk mengucapkan 'selamat jalan'.

Karena kegirangan tidak banyak kejadian sekeliling yang teringat oleh Jane. Yang teringat olehnya hanya dia telah duduk di kapal terbang dilayani oleh pramugra yang gagah dan pramugari yang cantik dan cekatan. Dan aneh, hanya dia sendiri penumpang kapal terbang itu.

Dia betul-betul senang dan menikmati tiap-tiap detik dalam perjalanannya.

Sebentar-sebentar dia pindah duduk dan melihat keluar. Di bawah dilihatnya benua Australia dengan padang pasirnya yang kemerah-merahan ditimpa sinar matahari. Sungguh luas benua itu.

Setelah beberapa jam terbang, pemandangan mulai bertukar. Di bawah terbentang laut yang biru dan kemudian di sebelah kanan berjajar dari timur ke barat pulau-pulau Sumba, Sumbawa, Lombok, Bali dan Jawa Alangkah bagusnya pemandangan dari atas! Waktu itu tidak ada awan yang menghambat pemandangan.

Jane tidak sabar lagi menunggu. Yang dipelajarinya tentang Indonesia di sekolah, sebahagian akan dapat dilihatnya dengan matanya sendiri. Gunung Batur, puri-puri di Bali, Candi Borobudur di Yogya, Taman Ismael Marzuki di ibu kota, Sungai Musi di Palembang, rumah adat di Minangkabau, Danau Toba di Sumatera Utara. "Ya, sebanyak mungkin dari daerah-daerah itu akan saya kunjungi. Saya akan mencoba berbicara dalam Bahasa Indonesia sebanyak mungkin dengan orang Bali, orang Jawa, orang Sunda, orang Batak, orang Makasar, orang Ambon dan orang Irian, pendeknya dengan orang Indonesia yang saya temui yang berasal dari mana pun. Memang bahagia sekali saya!" Buum! "Heh, apa yang telah terjadi? Aduh, kepala saya — aduh!"

Jane terjatuh dari tempat tidurnya dan terbaring di lantai; dia terlalu lasak tidur.

"Jane, ada apa, Nak?" Kebetulan ibunya mendengar teriak dan bunyi Jane jatuh.

"Adu, kepalaku; aku bermimpi, Bu. Wah, sayang hanya mimpi!! Saya harus menyiapkan karangan saya itu!"

"Ya, siapkan besok! Tidurlah kembali, Nak!"

Jane kecewa; dia berbaring kembali di tempat tidurnya, diperbaikinya letak bantalnya, dan dipejamkannya matanya. Tidurnya tidak begitu nyenyak sesudah bermimpi.

16.2.B.   English version
A DREAM

'Why aren't you asleep yet, Jane? It's already eleven o'clock.'

'I'm not tired, mum. I have to prepare this essay of mine. I have to send it off by the end of this week at the latest. Who knows, if I win this essay competition the prize is three weeks in Indonesia and all expenses paid (lit: guaranteed). My teacher says that my Indonesian is very good. My examination results were very satisfactory. So there is some hope that I might win.'

'Finish it tomorrow, dear (lit: child). There is still plenty of time. Now, go to sleep, so that you won't be sleepy tomorrow. Shut the windows, won't you, before you go to sleep.'

Jane packed up her books and school things. After shutting the windows and putting out the light she lay down on her soft mattress under the thick, warm blankets. For a long time she let her mind wander and then she fell asleep.

How happy Jane was the day of her departure to Indonesia. She was so happy there were tears in her eyes. She was wearing a dark blue skirt and light blue blouse. Everything went well. Mother, grandmother, father and Tom helped prepare the clothes and other things that Jane was taking. She took only one suitcase, which was not very heavy. When she arrived at the airport her friends were already waiting. They had come to say goodbye (lit: 'have a safe journey').

Because of the excitement Jane did not remember much that was happening around her. Only that she was seated in the plane and being waited on by dashing stewards and pretty, capable hostesses. The strange thing was that she was the only passenger in the plane.

She was very happy indeed and enjoyed every minute of her journey.

Again and again she changed seats and looked out. Below she saw the continent of Australia with its red deserts baking in the sun (lit: struck by the sun). It was a very vast land indeed.

After a few hours of flying the view began to change. Below sprawled the blue sea, and then on the right, in a row from east to west, were the islands of Sumba, Sumbawa, Lombok, Bali and Java. How beautiful the view was from above! At the time there were no clouds to obscure the view.

Jane could no longer wait patiently. She was going to be able to see with her own eyes a part of what she had learnt about Indonesia at school. Mt. Batur, the temples in Bali, Borobodur temple at Yogya, Taman Ismael Marzuki in the capital, the Musi River at Palembang, the *adat* houses in Minangkabau, Lake Toba in North Sumatra. 'Yes, I am going to visit as many of these areas as possible. I am going to try to speak (in) Indonesian as much as possible with the Balinese, Javanese, Sundanese, Bataks, Macassarese, Ambonese and Irianese, in short, with Indonesians I meet no matter where they come from. How lucky I am!' Bump! 'Hey, what has happened! Oh, my head . . .ooh!'

Jane had fallen out of bed and was lying on the floor; she had tossed about too much in her sleep.

'Jane, what's wrong, dear?' Her mother happened to hear her scream and fall.

'Oh, my head. I was dreaming, mum. Oh, what a pity it was only a dream! I must write that essay of mine.'

'Well, do it tomorrow. Go back to sleep, dear.'

Jane was disappointed; she lay down again in her bed, straightened her pillow and shut her eyes. She didn't sleep very well after her dream.

16.2.C. Cultural note

The most common expression in Indonesian when parting is *sampai bertemu lagi,* 'until we meet again'. The expressions *selamat jalan* (lit: go safely) and *selamat tinggal* (lit: stay safely) are, as a rule, used only when a major journey is involved.

16.3.A. Note the adverbs in the following sentences.

1. Saya harus mengirimkan karangan ini **selambat-lambatnya** pada akhir minggu ini.
2. Barang itu akan tiba di sini **secepat-cepatnya** akhir minggu ini.
3. Larilah **secepat-cepatnya!**
4. Makanlah **sekenyang-kenyangnya!**

16.3.B.
1. I have to send this essay at the (very) latest by the end of this week.
2. The goods will arrive here at the (very) earliest at the end of this week.
3. Run (away) as fast as you can!
4. Eat as much as you like!

16.3.C. Remarks
This *se- -nya* affixation is added to reduplicated adjective roots to form adverbs. These adverbs add to the meaning of the adjectival root the sense of 'to as full a degree as possible.'
e.g. 1.   *selambat-lambatnya* 'at the latest, as slowly as possible.
2 & 3.   *secepat-cepatnya* 'at the earliest, as fast as possible'.
4.   *sekenyang-kenyangnya* '(until you are) as full as possible, until you are completely satisfied'.

16.3.D.   Exercises
1. Single substitution drill: replace the adverb *selambat-lambatnya* in the following sentences with its opposite.
Paket itu akan datang selambat-lambatnya besok.
   Paket itu akan datang secepat-cepatnya besok.
Saya akan berada di Bandung selambat-lambatnya pukul 5 sore.
   Saya akan berada di Bandung secepat-cepatnya pukul 5 sore.
Pekerjaan itu akan selesai selambat-lambatnya minggu depan.
   Pekerjaan itu akan selesai secepat-cepatnya minggu depan.
Perjalanan dari Jakarta ke sana dengan mobil selambat-lambatnya dua jam.
   Perjalanan dari Jakarta ke sana dengan mobil secepat-cepatnya dua jam.
Saya bangun tiap pagi selambat-lambatnya pukul 7.
   Saya bangun tiap pagi secepat-cepatnya pukul 7.
Saya tidur tiap malam selambat-lambatnya pukul 11.
   Saya tidur tiap malam secepat-cepatnya pukul 11.

272

2. Transformation drill: transform the following imperatives into statements adding the words given.

Ira, berlarilah secepat-cepatnya! (segera)
Ira segera berlari secepat-cepatnya.
Ana, melompatlah setinggi-tingginya! (mencoba)
Ana mencoba melompat setinggi-tingginya.
Dulah, makanlah sekenyang-kenyangnya! (mencoba)
Dulah mencoba makan sekenyang-kenyangnya.
Amin, buanglah ular mati itu sejauh-jauhnya! (segera)
Amin segera membuang ular mati itu sejauh-jauhnya.
Murid-murid, membacalah sebanyak-banyaknya! (mencoba)
Murid-murid mencoba membaca sebanyak-banyaknya.
Amin, berdirilah sejauh-jauhnya! (segera)
Amin segera berdiri sejauh-jauhnya.
Minah, cucilah selimut itu sebersih-bersihnya! (mencoba).
Minah mencoba mencuci selimut itu sebersih-bersihnya.
Anak-anak, jawablah pertanyaan itu sejelas-jelasnya! (mencoba)
Anak-anak mencoba menjawab pertanyaan itu sejelas-jelasnya.

16.4.A.   **Note the following sentences**

1. a) Saya sangat **puas** dengan **hasil ujian itu.**
   b) **Hasil ujian itu** sangat **memuaskan.**
2. a) Dia **kecewa** dengan **hasil ujian itu.**
   b) **Hasil ujian itu mengecewakan.**
3. a) Mereka sangat **gembira** mendengar **kabar itu.**
   b) **Kabar itu** sangat **menggembirakan.**
4. a) Kami **sedih** sekali mendengar **kabar itu.**
   b) **Kabar itu** sangat **menyedihkan.**
5. a) Pelajar-pelajar **bosan** mendengar **pidato itu.**
   b) **Pidato itu membosankan.**

16.4.B.
1. a) I am very satisfied with the results of the test.
   b) The results of the test are very satisfactory (lit: satisfying).
2. a) He is disappointed with the results of the test.
   b) The results of the test are disappointing.
3. a) They were very happy to hear that news.
   b) The news was very pleasing.
4. a) We were very sad to hear that news.
   b) That news was very sad(dening), distressing.
5. a) The students were bored listening to that speech.
   b) That speech was boring.

16.4.C.   **Remarks**
1. In Indonesian some -kan verbs are used in an adjectival sense, e.g. *memuaskan*, 'satisfying'. Each of the verbs used in this way in the frame,

is derived from an adjective root indicating an emotion or attitude. Compare sentences a) and b) of each number in the frame.

2. Constructions of this kind express the idea that something or someone (the subject) causes someone (the object) to experience the emotional state or attitude indicated by the adjective.

3. In such cases the object is understood from the context, and usually is not expressed. Consequently verbs of this type very rarely occur in object focus.

16.4.D. Exercises

1. Mixed substitution drill: substitute the words given where appropriate.
Ujian murid-murid itu memuaskan.

pekerjaan	Pekerjaan murid-murid itu memuaskan.
mengecewakan	Pekerjaan murid-murid itu mengecewakan.
perbuatan	Perbuatan murid-murid itu mengecewakan.
anak-anak	Perbuatan anak-anak itu mengecewakan.
cerita	Cerita anak-anak itu mengecewakan.
menyedihkan	Cerita anak-anak itu menyedihkan.
menakutkan	Cerita anak-anak itu menakutkan.
menggembirakan	Cerita anak-anak itu menggembirakan.
menyenangkan	Cerita anak-anak itu menyenangkan.
membosankan	Cerita anak-anak itu membosankan.

2. Transformation drill: transform the following sentences, in which the key idea is expressed by a simple adjective, into sentences in which the adjective has a verbal -*kan* form.
Guru sangat puas dengan hasil ujian murid-muridnya.
    Hasil ujian murid-muridnya sangat memuaskan.
Kami kecewa sekali dengan hasil pekerjaannya.
    Hasil pekerjaannya mengecewakan sekali.
Aku gembira sekali dengan isi surat itu.
    Isi surat itu menggembirakan sekali.
Kami senang sekali mendengar kabar tentang Nenek.
    Kabar tentang Nenek menyenangkan sekali.
Kami sangat sedih mendengar keadaan anak itu.
    Keadaan anak itu sangat menyedihkan.
Saya sangat takut mendengar cerita itu.
    Cerita itu sangat menakutkan.
Anak-anak bosan mendengar pidatonya.
    Pidatonya membosankan.

16.5.A.   Note the following sentences

1.
| a) **Sungguh luas** benua itu. |
| b) **Memang bahagia** sekali saya. |
| c) **Memang mengecewakan** hasil ujian saya. |
| d) **Sungguh mengecewakan** kabar itu. |

2.
> a) **Alangkah bagusnya** pemandangan itu!
> b) **Bukan main gembiranya** Jane!
> c) **Bukan buatan gembiranya** Jane!
> d) **Bukan kepalang gembiranya** Jane!
> e) Alangkah **bagusnya!**
> f) Bukan main **gembiranya!**

3.
> **Bukan main!**

16.5.B.

1. a) That land (continent) is really vast.
   b) I'm indeed very fortunate.
   c) My examination results were very disappointing.
   d) That news is really disappointing.

2. a) How beautiful that view was!
   b) How happy Jane was!
   c) How happy Jane was!
   d) How happy Jane was!
   e) How beautiful it was!
   f) How happy she was!

3. Extraordinary!; amazing!; incredible!

16.5.C. Remarks

1. The sentences in the above frames are all comments which emphasize a particular quality possessed by someone or something.

2. When a quality is emphasized, it is natural for the word order to be reversed so that the adjective phrase indicating the quality comes first, as in frame 1. Compare the word order in a simple statement, and that in an emphatic one:

> *Benua itu luas.* 'That land is vast.'
> *Sungguh luas benua itu!* 'That land is really vast!'

3. The constructions in frame 2 are exclamations about a particular quality. They have the following structure:

> *alangkah*
> *bukan main*
> *bukan buatan* ⟩ + *adjective* + *nya* (+ noun phrase)
> *bukan kepalang*

4. *Bukan main* often occurs alone (see frame 3) to express astonishment, where in English we might use such expressions as 'incredible!;' 'extraordinary!'; 'amazing!'

16.5.D. Exercises

1. Transformation drill: adding the words given, transform the following simple statements into emphatic ones according to the model.

Makanan itu enak sekali. (sungguh)
    Sungguh enak sekali makanan itu.
Suami-istri itu bahagia sekali. (memang)
    Memang bahagia sekali suami-istri itu.
Hal itu sangat mengherankan. (sungguh)
    Sungguh sangat mengherankan hal itu.
Putri Bapak Suparman cantik sekali. (memang)
    Memang cantik sekali putri Bapak Suparman.
Pemandangan dari gunung itu bagus sekali. (sungguh)
    Sungguh bagus sekali pemandangan dari gunung itu.
Hasil pekerjaannya sangat mengecewakan. (memang)
    Memang sangat mengecewakan hasil pekerjaannya.
Isi surat Paman menggembirakan. (sungguh)
    Sungguh menggembirakan isi surat Paman.
Rumah orang tuamu dekat sekali dari kota. (memang)
    Memang dekat sekali rumah orang tuamu dari kota.
Hadi pandai sekali main tenis. (sungguh)
    Sungguh pandai sekali Hadi main tenis.
Harga pakaian di toko itu sangat mahal. (memang)
    Memang sangat mahal harga pakaian di toko itu.
Kebun pisang Pak Joyo sangat luas. (sungguh)
    Sungguh sangat luas kebun pisang Pak Joyo.
Cerita pendek itu menarik sekali. (memang)
    Memang menarik sekali cerita pendek itu.

2. Mixed substitution drill: substitute the words given where appropriate.
Alangkah besarnya kota itu!

mobil	Alangkah besarnya mobil itu!
mahal	Alangkah mahalnya mobil itu!
bukan buatan	Bukan buatan mahalnya mobil itu!
bukan kepalang	Bukan kepalang mahalnya mobil itu!
rumah	Bukan kepalang mahalnya rumah itu!
bukan main	Bukan main mahalnya rumah itu!
bersih	Bukan main bersihnya rumah itu!
bagus	Bukan main bagusnya rumah itu!
pemandangan	Bukan main bagusnya pemandangan itu!
anak	Bukan main bagusnya anak itu!
cantik	Bukan main cantiknya anak itu!

276

16.6.A. Note the following sentences.

1. Jendela **ditutup, ya,** sebelum tidur!
2. Kue itu **jangan dimakan, ya!**
3. Kamarmu **dikunci** sebelum berangkat, **ya!**
4. Adikmu **dimandikan, ya!**
5. Buku itu **jangan dikotorkan, ya!**

16.6.B.

1. Shut the window, won't you, before you go to sleep.
2. Don't eat the cake, will you.
3. Lock your room before you leave, won't you.
4. Bath your brother, won't you.
5. Don't smudge the book, will you.

16.6.C. Remarks

1. The constructions in the frame are all imperative-like sentences giving instructions to do (or not to do) something.

2. They are all object focus constructions, and, being third person rather than second person, are less direct and less forceful than normal imperative sentences. They are often used when one does not want to order someone directly to do something.

3. In an instruction not to do something, *jangan* is used.

4. Notice that *ya* occurs as a kind of softener. This is common in spoken Indonesian.

16.6.D. Exercises
Transformation drill
a) Transform the following direct imperative sentences into object focus constructions according to the model.
Cucilah tanganmu sebelum makan!
    Tanganmu dicuci sebelum makan, ya!
Bersihkanlah kamarmu sebelum berangkat ke sekolah!
    Kamarmu dibersihkan sebelum berangkat ke sekolah, ya!
Bacalah baik-baik pertanyaan-pertanyaan itu!
    Pertanyaan-pertanyaan itu dibaca baik-baik, ya!
Beritahulah orang tuamu!
    Orang tuamu diberitahu, ya!
Tidurkanlah adikmu pukul 7!
    Adikmu ditidurkan pukul 7, ya!
Hafallah sajak itu baik-baik!
    Sajak itu dihafal baik-baik, ya!
Perbaikilah sepeda itu hari ini!
    Sepeda itu diperbaiki hari ini, ya!

b) Transform the following direct negative imperative sentences into object focus constructions, according to the model.

Jangan ganggu binatang itu!
   Binatang itu jangan diganggu, ya!
Jangan jual mobil itu!
   Mobil itu jangan dijual, ya!
Jangan perlihatkan surat itu kepada guru!
   Surat itu jangan diperlihatkan kepada guru, ya!
Jangan buka paket itu dulu!
   Paket itu jangan dibuka dulu, ya!
Jangan lupa mengundang saya ke pesta hari lahirmu!
   Saya jangan lupa diundang ke pesta hari lahirmu, ya!
Jangan bicarakan hal itu di depan orang tuamu!
   Hal itu jangan dibicarakan di depan orang tuamu, ya!
Jangan pinjamkan mobil kita kepada temanmu!
   Mobil kita jangan dipinjamkan kepada temanmu, ya!
Jangan pakai mesin tulis dan kertas Ayah!
   Mesin tulis dan kertas Ayah jangan dipakai, ya!

16.7.A.   Note the following sentences carefully.

1. a) Diperbaikinya letak bantalnya dan dipejamkannya matanya.
   b) Kuambil segelas bir, lalu kuberikan kepada Ayah.
   c) Saya ambil tas saya, lalu saya keluarkan uang.
   d) Kami bawa Hadi masuk dan kami perkenalkan dia kepada tamu.

2. a) Apa sudah dikirimkannya paket itu?
   b) Apa diperlihatkannya surat itu kepadamu?
   c) Apa sudah diperbaikinya sepedanya?
   d) Apa kaubeli sepatu itu?

16.7.B.
1. a) She straightened her pillow and closed her eyes (lit: She fixed the position of her pillow . . .).
   b) I took a glass of beer and gave it to father.
   c) I got my bag and took out some money.
   d) We took Hadi in and introduced him to the guests.

2. a) Has he sent the parcel?
   b) Did he show the letter to you?
   c) Has he fixed his bicycle?
   d) Did you buy the shoes?

16.7.C.
1. In all the sentences in these two frames the object follows the verb, yet they are object focus constructions.

2. Sentence a) in frame 1, and sentences a), b) and c) in frame 2, each have a third person subject and so are clearly object focus forms.

3. Sentences b), c) and d) in frame 1, and d) in frame 2, however, have first or second person subjects, and their word order is the same as that of the corresponding subject focus constructions. The only indication that they are object focus is the absence of the *me-* prefix.

4. It has already been noted in 9.3.C.2 that sometimes in object focus constructions, the object may follow the verb, as it does in these examples.

5. This occurs most frequently when a swift sequence of actions is narrated, but it is also common in questions. This is often a matter of style, and the student needs to develop a feel for stylistic devices of this kind.

16.7.D.   Exercises

1. Transformation drill
a) Transform the following sentences using the pronouns given, according to the model.
Kemudian ditulisnya sepucuk surat, dimasukkannya ke dalam tasnya
        dan pergi ke kantor pos.   (aku)
        Kemudian kutulis sepucuk surat, kumasukkan
        ke dalam tasku dan pergi ke kantor pos.
Kami keluarkan makanan dan minuman, lalu kami sugukan kepada
        tamu-tamu.   (dia)
        Dikeluarkannya makanan dan minuman, lalu
        disugukannya kepada tamu-tamu.
Saya ambil segelas air minum, lalu saya berikan kepada anak yang
        sakit itu.   (dia)
        Diambilnya segelas air minum, lalu diberikannya
        kepada anak yang sakit itu.
Kami ambil sepeda itu, lalu kami susul Ibu ke pasar.   (dia)
        Diambilnya sepeda itu, lalu disusulnya Ibu
        ke pasar.
Dibacanya pertanyaan-pertanyaan itu baik-baik, lalu dijawabnya
        dengan jelas.   (aku)
        Kubaca pertanyaan-pertanyaan itu baik-baik,
        lalu kujawab dengan jelas.
Waktu dilihatnya polisi datang, dimasukkannya ganja itu ke dalam
        sebuah kopor dan dibuangnya ke laut.   (kami)
        Waktu kami lihat polisi datang, kami
        masukkan ganja itu ke dalam sebuah kopor
        dan kami buang ke laut.

b) Transform the following sentences using the pronouns given, according to the model.
Apa sudah diberitahunya orang tua murid-murid?   (kamu)
      Apa sudah kamu beritahu orang tua murid-murid?

Dari siapa kaupinjam uang itu? (mereka)
Dari siapa dipinjam mereka uang itu?
Kapan akan dicarikannya Hasan rumah? (kamu)
Kapan akan kamu carikan Hasan rumah?
Apa sudah Nona mintakan Amin kertas? (kau)
Apa sudah kaumintakan Amin kertas?
Apa akan ditanggung mereka semua ongkos Ratna? (kita)
Apa akan kita tanggung semua ongkos Ratna?
Apa kaututup jendela dan pintu rumah sebelum berangkat? (mereka)
Apa ditutup mereka jendela dan pintu rumah sebelum berangkat?
Apa sudah Nona matikan lampu di kamar? (dia)
.Apa sudah dimatikannya lampu di kamar?
Apa sudah diberikannya surat itu kepada guru? (kamu)
Apa sudah kamu berikan surat itu kepada guru?

16.8.A. Note the following sentences carefully.

1. Di bawah dilihatnya padang pasir yang **kemerah-merahan** ditimpa sinar matahari.
2. Padi di sawah sudah masak, **keemas-emasan** ditimpa sinar matahari pagi.
3. Walaupun dia sudah dewasa dia masih **kekanak-kanakan.**
4. Amin agak **kebarat-baratan** sesudah kembali dari Eropa.

16.8.B.
1. Below she could see the reddish desert baking in the sun. (lit: by the rays of the sun)
2. The rice in the fields was ripe and (looked) golden in (the rays of) the morning sun.
3. Although he is an adult, he is still a bit childish.
4. Amin seemed a bit westernized after returning from Europe.

16.8.C. Remarks
Ke- -an, when added to certain reduplicated adjective or noun roots, forms adjectives meaning 'possessing to some degree the quality or characteristic expressed by the root'.

16.8.D. Exercises
1. Transformation drill: transform the following sentences, which contain simple adjectives, into sentences using reduplicated adjective or noun roots with *ke- -an.*
Warna kemeja Ayah merah.
Warna kemeja Ayah kemerah-merahan.
Lihatlah! Laut itu biru dari sini.
Lihatlah! Laut itu kebiru-biruan dari sini.
Apa sebab kadang-kadang Nenek seperti kanak-kanak?
Apa sebab kadang-kadang Nenek kekanak-kanakan?

Siapa yang kaukatakan seperti orang Barat?

Siapa yang kaukatakan kebarat-baratan?

Warna rok saya yang baru kuning.

Warna rok saya yang baru kekuning-kuningan.

Lihatlah bulan yang bagus seperti emas itu!

Lihatlah bulan yang bagus keemas-emasan itu!

Rambutnya yang panjang itu hitam.

Rambutnya yang panjang itu kehitam-hitaman.

Siapa nama pemuda yang memakai celana abu-abu itu?

Siapa nama pemuda yang memakai celana yang keabu-abuan itu?

2. Answer drill: answer using the hints given according to the model.

Apa warna bunga yang dibawanya itu? (lembayung)

Warna bunga yang dibawanya itu lembayung.

Apa warna rambut temannya yang dari Australia? (pirang)

Warna rambut temannya yang dari Australia pirang.

Apa warna sepatu Suarni yang dikirimkan ibunya? (putih)

Warna sepatu Suarni yang dikirimkan ibunya putih.

Apa warna bendera Negara Republik Indonesia? (merah dan putih)

Warna bendera Negara Republik Indonesia merah dan putih.

Apa warna celana yang dibeli Paman kemarin? (keabu-abuan)

Warna celana yang dibeli Paman kemarin keabu-abuan.

Apa warna baju yang kaupakai tadi malam? (ungu)

Warna baju yang saya pakai tadi malam ungu.

Apa warna rok yang dibuatkan kakakmu? (merah tua)

Warna rok yang dibuatkan kakak saya merah tua.

Apa warna kaus kaki yang akan kaubeli? (hijau muda)

Warna kaus kaki yang akan saya beli hijau muda.

16.9.A.   Note the following sentences carefully.

1.
a) **Tidurnya** tidak begitu nyenyak.
b) **Makan gajah itu** banyak.
c) **Makannya** banyak.
d) **Tangisnya** keras sekali.
e) Saya juga mendengar **teriaknya**.

2.
a) Berapa **berat kopor itu?**
b) Berapa **beratnya?**
c) **Beratnya** 20 kilogram.

16.9.B.

1. a) She didn't sleep very soundly (lit: Her sleep wasn't very sound).

b) The elephant eats a lot (lit: That elephant's eating is a lot).

c) It eats a lot.

d) He cried very loudly (lit: His crying was very loud).

e) I too heard his scream.

2. a) How heavy is the suitcase (lit: How much is the weight of that
      suitcase?)
   b) How heavy is it?
   c) It's weight is 20 kg. OR: It weighs 20 kg.

16.9.C.   Remarks

1. We have already seen one situation in which certain verb roots can
occur as nouns (see 14.9). There are other instances of verbs functioning
nominally, as shown in frame 1 above. Here a number of verb roots are
qualified by nouns or possessive pronouns, and so function as nouns. Such
forms are quite common in Indonesian.

2. Likewise, adjectives qualified by nouns or possessive pronouns function
as nouns. The use of such nouns is quite common, and while they may be
rendered in English with a noun, an adjective is often more natural, e.g.
Berapa berat kopor itu? 'How much is the weight of that suitcase?', i.e.
'How heavy is that suitcase?'

16.9.D.   Exercises
1. Mixed substitution drill: substitute the words given where appropriate.
Tidur saya nyenyak tadi malam.

nya	Tidurnya nyenyak tadi malam.
ku	Tidurku nyenyak tadi malam.
enak	Tidurku enak tadi malam
mereka	Tidur mereka enak tadi malam.
makan	Makan mereka enak tadi malam.
kau	Makankau enak tadi malam.
banyak	Makankau banyak tadi malam.
minum	Minumkau banyak tadi malam.
mu	Minummu banyak tadi malam.

2. Answer drill
a) Answer the following questions using the hints given, according to the
model.
Berapa tinggi Saudara?   (1½ meter)
      Tinggi saya satu setengah meter.
Berapa berat paket itu?   (¾ kilogram)
      Berat paket itu tiga perempat kilogram.
Berapa panjang kain itu?   (2½ meter)
      Panjang kain itu dua setengah meter.
Berapa tebal buku itu?   (3 cm.)
      Tebal buku itu tiga centimeter.
Berapa besar emas itu?   (sebesar telur)
      (Besar) emas itu sebesar telur.

b) Using the hints given, answer the following questions, first with a
verbal, then with a nominal phrase, according to the model. Give the two
answers one after the other.

Bagaimana duduk anak yang bersalah itu? (gelisah)
    Dia duduk gelisah.
    Duduknya gelisah.
Dari mana masuk pencuri itu? (dari jendela)
    Dia masuk dari jendela.
    Masuknya dari jendela.
Kapan guru baru itu datang? (2 minggu yang lalu)
    Dia datang 2 minggu yang lalu.
    Datangnya 2 minggu yang lalu.
Bagaimana tidur anakmu tadi malam? (tidak begitu nyenyak)
    Dia tidur tidak begitu nyenyak.
    Tidurnya tidak begitu nyenyak.
Bagaimana tangis anak itu? (keras sekali)
    Dia menangis keras sekali.
    Tangisnya keras sekali.
Bagaimana makan anak yang sakit itu? (tidak banyak)
    Dia tidak banyak makan.
    Makannya tidak banyak.

16.10.A.   Note the sentences in the following forms.

1.
a) Tidurlah, **supaya** engkau tidak mengantuk besok.
b) Minumlah obat itu, **supaya** engkau lekas sembuh.
c) Ibu memasak kedua ekor ayam itu sekarang, **supaya** dia tidak usah memasak besok.

2.
a) Dia begitu gembira, **sehingga** dia menangis.
b) Pertanyaan itu sukar sekali, **sehingga** saya tidak dapat menjawabnya.
c) Makanan begitu banyak, **sehingga** saya tidak usah memasak hari ini.
d) Ira telah berkali kali terlambat pulang, **sehingga** ibunya marah.

3.
a) i. Saya mau pergi ke toko, **untuk** membeli roti.
   ii. Dia pulang cepat-cepat, **untuk** menolong ibunya.
b) i. Saya membeli roti ini **untuk** Ibu.
   ii. Ibu memasak sate **untuk** teman-teman saya.

16.10.B.
1.
a) Go to sleep now, so that you won't be tired (lit: sleepy) tomorrow.
b) Take (lit: drink) the medicine, so that you'll get better quickly.
c) Mother is cooking the two chickens now, so that she won't need to cook tomorrow.

2. a) She was so happy that she cried.

   b) The questions were very difficult, so (lit: with the result that) I couldn't answer them.

   c) There is so much food that I don't need to cook today.

   d) Ira came home late many times, which made her mother angry. (lit: with the result that her mother was angry).

3. a) i. I want to go to the shop (in order) to buy bread.

    ii. She hurried home (in order) to help mother.

   b) i. I bought this bread for mother.

    ii. Mother cooked sate for my friends.

16.10.C. Remarks

1. The word *supaya* is a **conjunction** meaning 'so that' or occasionally 'in order that'. The conjunction *supaya* introduces a subordinate clause indicating the **purpose** of the action expressed in the principal clause.

2. The word *sehingga* is also a **conjunction**, meaning 'so that, with the result that, to the extent that', but **not** 'in order that'. The conjunction *sehingga* introduces a subordinate clause indicating that an action or state occurs (or does not occur) as a **result** of the situation expressed in the principal clause.

Note: If *supaya* were used in place of *sehingga* in sentence 2. d), the meaning would be that she came home late deliberately in order to make her mother angry.

3. The word *untuk* is a **preposition**.

a) When followed by a verbal phrase, it means 'to', or 'in order to'.

b) When followed by a noun phrase, it simply means 'for'.

16.10.D. Exercise

Insert *supaya, sehingga* or *untuk* in the following sentences as appropriate. Then translate the sentences into English.

1. Rajin-rajinlah belajar, _____ hasil ujianmu tidak mengecewakan.

2. Orang itu sudah 5 hari tidak makan, _____ dia lemah sekali.

3. Dia datang ke rumah saya _____ memberitahukan kabar baik itu.

4. Banyaklah makan buah-buahan, _____ engkau sehat.

5. Saya akan menolong kamu, _____ pekerjaan itu lekas selesai.

6. Pelajaran itu membosankan, _____ banyak murid-murid yang mengantuk.

7. Buku itu mahal sekali, _____ tidak terbeli oleh saya.

8. Saya bersihkan rumah sebersih-bersihnya, _____ Ibu senang.

9. Saya akan memberi anak itu uang, _____ dia bisa membeli pakaian.

10. Makanan itu pedas sekali, _____ tidak termakan oleh saya.

11. Dia didatangkan dari Indonesia _____ mengajar sastra.

12. Saya mau membeli permainan itu _____ anak saya.
13. Bawalah makanan ini, _____ kamu tidak usah memasak.
14. Saya terlambat bangun tadi pagi, _____ saya tidak ada waktu untuk makan pagi.
15. Dogol sering mencuri, _____ tidak seorang pun yang mempercayainya.

16.11. Additional exercises
1. Fluency drill: learn the following poem by heart.

Aku hendak ke mana?

Aku hendak pakansi.
Pakansi ke mana?
Ke Bandung.

> **Where shall I go?**
> I'm off on a holiday.
> A holiday to where?
> To Bandung.

Kenapa ke Bandung?
Karena itu tempat indah permai.

> Why to Bandung?
> Because it's a lovely place.

Si Yassin hendak ke mana?
Hendak ke Bandung.

> Where's Yassin going?
> To Bandung.

Kenapa ke Bandung?
Karena itu tempat indah permai.

> Why to Bandung?
> It's a lovely place.

Teman lain hendak ke mana?
Juga hendak pakansi.

> Where are the others going?
> They too are off on a holiday.

Pakansi ke mana?
Ke mana saja yang indah permai.

> A holiday to where?
> To anywhere that's lovely.

Kenapa tak hendak ke Timur,
Ke Barat, ke Selatan, ke Utara,
ke bulan, ke matahari, ke alam baka?

> Why not to the East?
> to the West, to the South, to the North?
> to the moon, to the sun, to the Hereafter?

menyelami lubuk dalam,
lubuk ilmu cerdas sempurna.

Kenapa hanya ke Bandung yang indah permai?
Kenapa tidak hendak bersusah payah,
berjerih lelah . . .

Karena hanya itulah aku:
Aku orang Indonesia!

> dive in a deep pool,
> the pool of perfect knowledge.
>
> Why only to Bandung, such a lovely
> place?
> Why not try something harder?
> toil and sweat . . .
>
> Just because I'm me:
> I'm an Indonesian.

Note: This poem and the one in Chapter 17 are taken from H. B. Jassin*, *Kesusasteraan Indonesia di Masa Jepang* (Indonesian Literature during the Japanese Occupation), Jakarta 1954. Both are by Bung Usman. Although they are not among the best known Indonesian poetry, their light-hearted, slightly tongue-in-cheek cynicism shows how Indonesians managed to preserve their sanity and humour under the Japanese regime.

* Read 'Yassin'.

16.12.   Homework
2. Translation drill: give the Indonesian equivalents of the following sentences.
a) I have to finish my work at the latest by the day after tomorrow.
n) I didn't sleep very well (soundly) last night. (nominal phrase)
c) How heavy is father's suitcase?
d) Mother cooked so much food that there was enough for ten people.
e) I am going to prepare fried noodles for my guests tonight.
f) I have to go to the market to buy some noodles, beef and rice (uncooked).
g) Get up at 5 o'clock tomorrow so that we can leave before sunrise *(sebelum matahari terbit)*.
h) Why was he bored?
i) Was the speech boring?
j) How difficult the test was!

16.13.   Comprehension.
Reread the text (16.2.A) and answer the following questions in Bahasa Indonesia.
1. Jane ikut sayembara apa?
2. Apa hadiah untuk pemenang sayembara itu?

3. Apa sebab Jane merasa ada harapan untuk menang?
4. Dalam mimpinya dia naik apa pergi ke Indonesia?
5. Apa yang dilihat oleh Jane ketika terbang di atas benua Australia?
6. Kemudian pulau-pulau apa yang dilihatnya berjajar dari timur ke barat?
7. Sebutkan beberapa tempat di Indonesia yang akan dikunjunginya?
8. Bagaimana perasaan Jane ketika diketahuinya bahwa semuanya itu hanya mimpi?
9. Ibu Jane juga terbangun malam itu. Apa yang membangunkannya?
10. Bagaimana tidur Jane sesudah bermimpi?

Chapter 17

17.1.A.   Vocabulary from the text (17.2.A): check the pronunciation, read aloud and note the meaning.

aman	peaceful, secure
asyik	busy, absorbed (usually followed by a verb)
awas	be careful!, careful
bangsa	nation, race
berbisa	to be poisonous
berçampur (dengan)	to be mixed (with)
bergolak	to seethe, boil
berperang (dengan)	to fight, be at war (with)
bersatu	to be united
bersatu-padu	to be firmly united
bertempur	to fight (in the battlefield)
binasa	destroyed
Birma	Burma
budak	slave; child (in some areas)
dunia	world
gegap-gegar	in tumult, in uproar
gelak	laughter; to laugh
gemuruh	thundering (adj.)
geranat	grenade
gubuk	hut, shed, hovel
Jepang	Japan
jiwa	life, soul, spirit
kalah	defeated
kaum ibu	women (in general)
kehilangan	suffering the loss of; to lose (see 17.14)
kelapa	coconut
kelaparan	starving; starvation (see 17.13)
kelihatan	visible (see 17.15)
keluh	moan (n)
kemalaman	overtaken by dark, caught in the dark (see 17.16)
kemenangan	victory
kemerdekaan	freedom
kena	to be struck by, hit by, affected by (see 17.18, 17.19)
kesasar	to stray, get lost

korban	victim
lautan	ocean
maka itu	because of this, that is why . . .
masa	time, period
mati-matian	with all one's strength
medan	field; square (in a town)
meletus (letus)	to break out, explode
membayangkan (bayangkan)	to imagine, suggest
memperjuangkan (perjuangkan)	to struggle for, fight for
memperoleh (peroleh)	to get, obtain
menaklukkan (taklukkan)	to subjugate
menceritakan (ceritakan)	to tell, relate
mendekati (dekati)	to approach, move close to
mengalami (alami)	to experience
menganggap (anggap)	to regard (as)
mengerti (erti)	to understand
menghindarkan (hindarkan)	to avoid
mengorbankan (korbankan)	to sacrifice
menguasai (kuasai)	to control, rule, dominate
menjajah (jajah)	to colonize
menterjemahkan (terjemahkan)	to translate
menunjukkan (tunjukkan)	to show, indicate
meriam	cannon
nyaman	fresh, pleasant (of air), untroubled
pahlawan	hero
payah	difficult; tired
pelor	bullet
pemerintahan	administration
pengalaman	experience (n)
peperangan	battle, war
perang	war
perantaraan	intermediary (n); through, by means of
perpustakaan	library
rakyat	people, masses
riuh	noisy, in uproar
salah satu	one of . . .
saudara	relative of the same generation
sebagai	like, as
sebenar-benarnya	real
sekitar	around; vicinity
senjata	weapon
siksa(an)	torture (n), torment (n)
sorak	cheer (n), applause
sukar	difficult
tegak	to be upright, erect

terhindar (hindarkan)	escaped from, safe from
terinjak (injak)	trodden on
terjajah (jajah)	colonised
terjemahan	translation
terlibat (libat)	involved
tetak	to hack, chop
tewas	slain, killed
tumbang	to crash, fall, tumble down, topple
udara	atmosphere, air, sky

17.1.B. Vocabulary from structure frames and exercises (Not recorded on the tape).

bahwa	that (conjunction)
bayi	baby
basah	wet
batu	stone
betul	very
denda	fine (n)
di mana-mana	everywhere
gementar	to tremble
ikan	fish (n)
kaca	glass; mirror
kacang	beans
kaleng	tin, can
karikatur	caricature
lemah	weak
listrik	electric; electricity
luka	wound, cut (n); wounded
lumpur	mud
makam	grave (n)
mengabarkan (kabarkan)	to report, let know
meninggalkan (tinggalkan)	to leave (behind)
musuh	enemy
pecahan	fragment
pekarangan	yard, playground
pembicara	speaker
pengungsi	refugee
permintaan	request
rombongan	group, party (of people)
sampah	rubbish (n), litter (n)
selat	straits
semboyan	slogan
tanaman	plant (n)
terpaksa	forced
tertinggal	left behind by accident, see 17.14
tomat	tomato

For further new vocabulary, see the underlined words in each frame, plus 17.3.C, 17.4.C.2, 17.14.C.2, 17.19.C.2.

17.2.A.   Reading and Comprehension

SAJAK DI MASA JEPANG

Jam di perpustakaan menunjukkan pukul 5 sore. Zainuddin dan Jim Davidson kelihatan masih asyik belajar. Jim berdiri, pergi mendekati Zainuddin lalu duduk di sebuah kursi dan berkata: "Udin, boleh saya mengganggu sebentar? Saya mau bertanya tentang sajak ini." Jim memperlihatkan sebuah sajak Indonesia yang ditulis di masa Jepang oleh

Bung Usman. "Apa engkau bisa menolong saya menterjemahkan sajak ini?"

"Menterjemahkan sajak agak sukar tetapi mari saya coba."

Setelah membaca sajak itu beberapa kali, Zainuddin mulailah menterjemahkan sajak itu.

Enak???

Bom, bam, bim, pang, ping, par!!!
Pelor, meriam, bom dan geranat gegap-gegar,
dunia terbakar!!!

> **Contentment???**
> Boom, bang, ping, ping, ping!!!
> Bullets, cannons, bombs, grenades all in uproar,
> the world is ablaze!

Bunyi senjata gemuruh.
Orang membunuh dan terbunuh,
dunia riuh!!!

> The sounds of weapons roar.
> Men kill and are killed,
> the world is in uproar!

Isi dunia bergolak.
Bersatu-padu keluh dan sorak,
bercampur tangis dan gelak!!!

> Everyone in the world is disturbed.
> Moans and cheers blend together,
> tears and laughter are mixed!

Yang kurang awas, kena tetak;
tumbang ke bawah dan terinjak,
payah tegak!!!

> Anyone careless gets the chop;
> topples to the ground and is trodden on.
> It's hard to rise again.

Orang Indonesia aman,
duduk di gubuk berhati nyaman,
terhindar dari siksa zaman.

> The Indonesian lives in peace,
> sits in his hut with mind untroubled,
> safe from the torment of the times.

Kalau tidak ditimpa kelapa,
atau digigit ular berbisa;
orang Indonesia tidak binasa.

> If not struck by a falling coconut,
> or bitten by a venomous snake,
> the Indonesian will come to no harm.

292

"Terima kasih banyak, Din. Baik sekali terjemahannya. Mengapa isi sajak ini membayangkan, bahwa rakyat Indonesia tidak terlibat dalam perang dunia ke-2?"

"Sebagai kauketahui, sebelum perang dunia ke-2 Indonesia di bawah pemerintahan Belanda. Tatkala Perang Asia Timur Raya meletus, Jepang menaklukkan daerah-daerah di sekitar Lautan Pasifik, termasuk Indonesia. Tidak sedikit orang Indonesia yang merasa gembira atas kemenangan-kemenangan yang diperoleh Jepang waktu itu. Dengan perantaraan Radio Tokio, Jepang menjanjikan akan memberikan kemerdekaan kepada bangsa-bangsa Timur yang terjajah, termasuk bangsa Indonesia.

Ketika di bawah pemerintahan Jepang dari tahun 1942 sampai tahun 1945, rakyat Indonesia tidak mengalami peperangan yang sebenar-benarnya. Orang Indonesia pada waktu itu tidak ikut berperang. Maka itu tidak adalah orang yang langsung menjadi korban peperangan. Hanya ada yang mati kena bom yang kesasar dari udara, karena kelaparan, karena harus bekerja berat dan sebagainya.

Memang ada pemuda-pemuda Indonesia yang dibawa bertempur oleh Jepang ke Birma dan lain-lain tempat. Banyak kaum ibu kehilangan anak, suami, saudara dan lain-lain. Oleh bangsa Indonesia mereka yang tewas tidak dianggap sebagai pahlawan Indonesia. Mereka ikut berperang sebagai budak yang disuruh berkelahi untuk tuannya. Inilah salah satu sebab maka tidak ada hasil kesusasteraan yang langsung menceritakan pengalaman di medan perang di masa Jepang.

Tetapi, ketika Jepang kalah, dan Belanda mau menguasai Indonesia kembali, rakyat Indonesia ikut berperang mati-matian memperjuangkan kemerdekaan. Ribuan rakyat mengorbankan jiwanya."

"Terima kasih, Udin. Sekarang saya mulai mengerti sedikit."

"Sama-sama. Permisi dulu, Jim. Saya harus pulang sekarang. Saya tidak mau kemalaman; sepeda saya tidak ada lampu."

(Disadur dari *Kesusasteraan Indonesia di masa Jepang,* oleh H. B. Jassin, seorang kritikus yang terkenal.)

17.2.B. English version
POETRY IN THE JAPANESE PERIOD
The clock in the library showed 5 p.m. Zainuddin and Jim Davidson still seemed to be busy studying. Jim stood up and went over to Zainuddin, sat down on a chair and said, 'Udin, may I interrupt you for a moment? I want to ask you about this poem.' Jim showed him an Indonesian poem written at the time of the Japanese occupation by Bung Usman. 'Could you help me translate this poem?'

'Translating poetry is rather difficult, but let me try.'
After reading the poem several times, Zainuddin began to translate it.

. . . .

'Thank you very much, Din. Your translation is very good. Why do the words (lit: contents) of the poem suggest that the Indonesian people were not involved in World War II?'

'As you know, before World War II Indonesia was under Dutch administration. When the Great East Asia War broke out, Japan subjugated areas around the Pacific Ocean, including Indonesia. There were many Indonesians (lit: not a few) who felt glad about the victories achieved by the Japanese at that time. By means of Radio Tokyo, the Japanese promised that they would bring freedom to eastern peoples who had been colonised, including the Indonesians.

When they were under Japanese administration from 1942 to 1945, the Indonesian people did not experience the real war. The Indonesians did not join the war then. Therefore no one was a direct victim of war. There were only those who died from being hit by a stray bomb from the air, from starvation, from having to do hard labour and so on.

There were in fact some young Indonesian men taken by the Japanese to fight in Burma and other places. Many women lost children, husbands, relatives, etc. Those slain were not regarded as Indonesian heroes by the Indonesians. They joined the war as slaves who were ordered to fight for their masters. This is one of the reasons that there was no literary output which directly concerned (lit: told of) experiences in the battle field, at the time of the Japanese occupation.

But when the Japanese were defeated and the Dutch wanted to control Indonesia again, the Indonesian people joined in battle with all their strength, to fight for freedom. Thousands of people sacrificed their lives.'

'Thank you, Udin. Now I'm beginning to understand a little.'

'You're welcome. Excuse me, Jim. I have to go now. I don't want to be out after dark; my bike hasn't got a light.'

(Adapted from *Kesuasasteraan Indonesia di masa Jepang*, by H. B. Yassin, a well known critic.)

17.3.A.   Note the meanings of the verbs in the following sentences.

1. a) Jim **mendekat ke** Zainuddin.
   b) Jim **mendekati** Zainuddin.
2. a) Dia selalu **menjauh dari** teman-temannya.
   b) Dia selalu **menjauhi** teman-temannya.
3. a) Dia takut **menyeberang di** jalan itu.
   b) Dia takut **menyeberangi** jalan itu.
4. a) Dia akan **berenang di** Selat Sunda.
   b) Dia akan **merenangi** Selat Sunda.
5. a) Mereka mau **duduk di** kursi di depan.
   b) Mereka mau **menduduki** kursi di depan.
6. a) Polisi **datang di** tiap-tiap rumah di jalan itu.
   b) Polisi **mendatangi** tiap-tiap rumah di jalan itu.
7. a) Kami tidak boleh **masuk (ke)** kamar itu.
   b) Kami tidak boleh **memasuki** kamar itu.

17.3.B.
1. a) Jim moved close to Zainuddin.
   b) Jim approached Zainuddin.
2. a) He always keeps away from his friends.
   b) He always avoids his friends.
3. a) He is afraid to cross (at) that road.
   b) He is afraid to cross that road.
4. a) He is going to swim in the Sunda Straits.
   b) He is going to swim the Sunda Straits.
5. a) They want to sit in the front seats.
   b) They want to occupy the front seats.
6. a) The police called on every house on that street.
   b) The police visited every house on that street.
7. a) We are not allowed to go into that room.
   b) We are not allowed to enter that room.

17.3.C. Remarks
1. We have already seen that the suffix -*i* can be attached to certain simple intransitive verbs (expressing emotion, attitude, etc.) to form transitive verbs of similar meaning (see 15.8).

2. The suffix -*i* has a similar function when it is affixed to certain other intransitive verbs normally followed by a prepositional phrase of place or motion. When the transitive form of the verb is used, the prepositional phrase is replaced by an object. Thus we have two forms, similar, though not identical, in meaning.
e.g.   *mendekat ke* 'to move close to'; *dekati* 'to approach s.o. or s.t.'
   menjauh dari 'to keep away from'; *jauhi* 'to avoid'.
   menyeberang di 'to cross at'; *seberangi* 'to cross s.t.'
   berenang di 'to swim in/at'; *renangi* 'to swim s.t.'
   duduk di 'to sit on'; *duduki* 'to occupy'
   datang di/ke 'to come to'; *datangi* 'to visit'.
   masuk (ke) 'to go/come into'; *masuki* 'to enter s.t.'

17.3.D.   Exercise
Transformation drill: transform the intransitive verbs in the following sentences into transitive ones using -*i*.
Siapa tidur di tempat tidur saya tadi?
   Siapa meniduri tempat tidur saya tadi?
Jangan duduk di bangku itu!
   Jangan duduki bangku itu!
Dia mau duduk di kursi di depan dekat tamu-tamu.
   Dia mau menduduki kursi di depan dekat tamu-tamu.
Banyak orang hadir di rapat itu.
   Banyak orang menghadiri rapat itu.
Terlarang masuk ke gedung ini!
   Terlarang memasuki gedung ini!

Orang tidak boleh masuk ke daerah itu.
Orang tidak boleh memasuki daerah itu.
Dia bisa berenang di Selat Sunda itu?
Dia bisa merenangi Selat Sunda itu?
Ayah mau berkunjung ke sekolah itu.
Ayah mau mengunjungi sekolah itu.
Dia mau mendekat ke ayahnya.
Dia mau mendekati ayahnya.
Jangan menjauh dari orang tuamu.
Jangan menjauhi orang tuamu.
Jangan menyeberang di jalan ini.
Jangan menyeberangi jalan ini.

17.4.A.   Note the meanings of the verbs in the following sentences.

1. | a) Nenek sedang **menggarami** ikan.
   | b) Ibu sedang **menggulai** kue.
   | c) Udin sedang **meminyaki** sepedanya.
   | d) Engkau harus **menandatangani** surat itu.
   | e) Ayah akan **memagari** kebun itu.

2. | a) Siapa yang **mengepalai** rombongan itu?
   | b) Ibu mau **menemani** saya ke pasar.

3. | a) Nenek sedang **menyisiki** ikan.
   | b) Ibu sedang **membului** ayam.

17.4.B.
1.   a) Grandmother is salting the fish.
     b) Mother is sugaring the cake.
     c) Udin is oiling his bicycle.
     d) You must sign the letter.
     e) Father is going to fence the garden.

2.   a) Who is leading that group?
     b) Mother wants to accompany me to the market.

3.   a) Grandmother is scaling the fish.
     b) Mother is plucking the chicken.

17.4.C.   Remarks
1.   In sections 15.8 and 17.3 we saw that the suffix -*i* can be attached to
some intransitive verbs to form transitive verbs. This suffix has in addition
a number of other functions, which are described in this and the following
sections.

2. The suffix -*i* attached to noun roots often forms transitive verbs meaning 'apply to the object the thing which is indicated by the noun root'.

e.g. *garam* 'salt'; *garami* 'to put salt on, to salt
gula 'sugar'; *gulai* 'to put sugar on, to sugar, to ice'
minyak 'oil'; *minyaki* 'to apply oil to, to oil'
tandatangan 'signature'; *tandatangani* 'to apply a signature to, to sign'
pagar 'fence'; *pagari* 'to put a fence around, to fence'

3. In some cases, as in frame 2, the sense of the verb is not 'to APPLY something to something', but 'to BE something to something or someone'.

e.g. *kepala* 'head'; *kepalai* 'to be a head to', i.e. to head, to lead.

4. In a few cases however, as in frame 3, the -*i* verb means 'to REMOVE from the object the thing indicated by the root'.

e.g. *sisik* 'scale'; *sisiki* 'to remove scales from, to scale'
bulu 'feather'; *bului* 'to remove feathers from, to pluck'

17.4.D. Exercise

Transformation drill: using the hints given, transform the following imperative sentences into statements, according to the model.

Garamilah ikan itu sekarang! (Ratna)
    Ratna segera menggarami ikan itu.
Gulailah kue itu sekarang! (Kakak)
    Kakak segera menggulai kue itu.
Minyakilah sepedamu sekarang! (Adik)
    Adik segera meminyaki sepedanya.
Tandatanganilah surat itu sekarang! (Hasan)
    Hasan segera menandatangani surat itu.
Pagarilah kebun itu sekarang! (tukang kebun)
    Tukang kebun segera memagari kebun itu.
Temanilah adikmu ke toko sekarang! (Tuti)
    Tuti segera menemani adiknya ke toko.
Sisikilah ikan itu sekarang! (Fatimah)
    Fatimah segera menyisiki ikan itu.
Buluilah ayam itu sekarang! (Minah)
    Minah segera membului ayam itu.

17.5.A. Note the meaning of the following verbs

1. Minah sedang **memanasi** susu untuk anaknya.
2. Air matanya **membasahi** pipinya.
3. Dia tidak bisa **memenuhi** permintaan anaknya.
4. Kaleng-kaleng minuman dan sampah **mengotori** pekarangan sekolah.
5. Lampu-lampu listrik **menerangi** jalan-jalan.
6. Tukang sayur itu tidak mau **mengurangi** harga jualannya.
7. Apa sebab Ibu **memarahi** kamu?

17.5.B.
1. Minah is heating milk for her child.
2. Her tears wet her cheeks.
3. He can't fulfil his child's request.
4. Drink cans and rubbish littered (lit: dirtied) the school yard.
5. The electric lights lit the roads.
6. That vegetable seller doesn't want to reduce the price of his wares.
7. Why did mother scold you?

17.5.C. Remarks
1. The transitive verbs in the above frame all derive from adjectival roots.
   e.g. *panasi* from *panas* + -*i*
         basahi from *basah* + -*i*

2. Verbs consisting of an adjectival root + -*i* usually mean 'to apply to the object the quality indicated by the adjectival root',
   e.g. *panas* 'hot'; *panasi* 'to apply heat to, to heat'.

17.5.D. Exercise
Answer drill: answer the following questions using the hints given, according to the model.
Apa yang harus dipenuhinya? (permintaan istrinya)
   Permintaan istrinya yang harus dipenuhinya.
Apa yang akan kaupanasi? (makanan untuk suami saya)
   Makanan untuk suami saya yang akan saya panasi.
Apa yang membasahi pipinya? (air matanya)
   Air matanya yang membasahi pipinya.
Apa yang menerangi jalan-jalan? (lampu listrik)
   Lampu listrik yang menerangi jalan-jalan.
Apa yang dikotori anak-anak? (kursi yang baru)
   Kursi yang baru yang dikotori anak-anak.
Siapa yang mengurangi harga rumah itu? (pemerintah)
   Pemerintah yang mengurangi harga rumah itu.
Siapa yang dimarahi guru? (Dogol)
   Dogol yang dimarahi guru.

17.6.A.   Note the meaning of the verbs in the following sentences.

1. Ibu itu **menciumi** anaknya sebelum dia berangkat.
2. Kapal terbang itu **membomi** kapal musuh.
3. Siapa yang **memukuli** anak itu?
4. Anak-anak **melempari** ular itu dengan batu.
5. Kanguru **memakani** tanaman saya.
6. Kanguru yang memasuki daerah itu **ditembaki** petani.

17.6.B.

1. The mother kissed her child again and again before she left.
2. The plane bombed the enemy ship again and again.
3. Who has been hitting that child?
4. The children pelted the snake with stones.
5. The kangaroos ate my crops.
6. The farmer shot the kangaroos which entered that area.

17.6.C. Remarks

1. In all the examples in this frame, the suffix -*i* indicates a repeated action.

2. Note that in some contexts the -*i* form indicates that the action is repeated on **a single object,** as in examples 1,2, 3 and 4 in the frame, whereas in others it indicates that the same action is repeated on **a number of objects,** as in examples 5 and 6.

3. The suffix -*i* with this type of meaning only occurs with a limited number of roots.

17.6.D. Exercises

1. Transformation drill: transform the following subject focus sentences into object focus constructions.

Orang melempari pembicara itu dengan telur dan tomat.
    Pembicara itu dilempari orang dengan telur dan tomat.
Dia melempar ular itu dengan batu.
    Ular itu dilemparnya dengan batu.
Sebelum tidur saya menutupi pintu dan jendela rumah.
    Sebelum tidur pintu dan jendela rumah saya tutupi.
Engkau tidak menutup pintu kamarkau tadi malam.
    Pintu kamarkau tidak kaututup tadi malam.
Tiap pagi Ibu membukai jendela-jendela rumah.
    Tiap pagi jendela-jendela rumah dibukai Ibu.
Siapa memakani makanan yang banyak itu?
    Makanan yang banyak itu dimakani siapa?

2. The following exercise is to give practice in the use of the -*i* derivatives discussed so far. Fill the blanks in the following groups of sentences with the -*i* derivative of the word in bold type, in its appropriate form.

a) Tempat itu **kotor** sekali.
    Siapa _____ tempat itu?

b) Siapa **kepala** rombongan itu?
    Siapa _____ rombongan itu?
    Rombongan itu _____ oleh siapa?

c) Dia selalu **menjauh** dari saya.
    Dia selalu mau _____ saya.

d) Perempuan itu **mencium** anaknya berkali-kali.
Apa sebab perempuan itu _____ anaknya?

e) Orang buta itu mau **menyeberang** di jalan itu.
Orang buta itu mau _____ jalan itu.

f) Harga mobil itu **kurang** 5%.
Siapa _____ harga mobil itu?

g) Rumah itu **berpagar** sekarang.
Apa sebab rumah itu _____ sekarang?

h) Ikan itu tidak terasa **garam**nya.
Siapa _____ ikan itu?

i) Ibunya selalu **marah**.
Tadi pagi dia _____ ibunya lagi.

j) Siapa **teman**kau ketika engkau pergi ke Indonesia?
Siapa _____ engkau ketika engkau pergi ke Indonesia?

k) **Tandatangan** siapa pada surat ini?
Siapa _____ surat ini?
Apa surat ini harus saya _____ ?
Apa surat ini sudah _____ Ayah?

l) Hasan **memukul** Udin berkali-kali.
Apa sebab Udin _____ Hasan?
Hasan, jangan _____ Udin!

m) Kapal musuh itu **dibom** mereka berkali-kali sampai terbenam.
Kapal musuh itu _____ mereka sampai terbenam.

n) Murid-murid **berkunjung** ke paberik susu kemarin.
Murid-murid _____ paberik susu kemarin.

17.7.A.   **Note the meaning of the verbs in the following sentences.**

1. a)   Saya akan **menanam** bunga dahlia di kebun saya.
   b)   Saya akan **menanami** kebun saya dengan bunga dahlia.
2. a)   Pemuda itu **menulis** semboyan-semboyan di dinding sekolah.
   b)   Pemuda itu **menulisi** dinding sekolah dengan semboyan-semboyan.
3. a)   Udin **menggambar** karikatur-karikatur di papan tulis.
   b)   Udin **menggambari** papan tulis dengan karikatur-karikatur.
4. a)   Presiden **menabur(kan)** bunga di makam pahlawan itu.
   b)   Presiden **menaburi** makam pahlawan itu dengan bunga.

17.7.B.
1. a)   I am going to plant dahlias in my garden.
   b)   I am going to plant my garden with dahlias.

2. a)   The youth wrote slogans on the school walls.
   b)   The youth covered the school walls with slogans.
3. a)   Udin drew cartoons on the blackboard.
   b)   Udin covered the blackboard with cartoons.
4. a)   The President sprinkled flower petals on the hero's grave.
   b)   The President sprinkled the hero's grave with flower petals.

17.7.C.   Remarks

1. In each pair of examples in the frame, the general meaning is the same, but there is a difference in emphasis.

2. In sentence a) of each pair, the verb does not have the suffix -*i*. In these sentences, the **goal** of the action is the object of the verb, and the **place** where the action occurs is indicated by a prepositional phrase.

3. In sentence b) of each pair, the verb has the suffix -*i*, and the **place** where the action occurs is the object of the verb, while the goal of the action is expressed by a prepositional phrase.

4. Below is the structural pattern of sentences 1. a) and b) in the frame.

a)

Subject	Verb		Object (goal)	Prepositional phrase (place)
Saya	**akan**	**menanam**	**bunga dahlia**	**di kebun saya.**

b)

Subject	Verb	Object (place)	Prepositional phrase (goal)
Saya	**akan menanami**	**kebun saya**	**dengan bunga dahlia.**

5. Note also, that the verbs with the suffix -*i* in the examples, indicate that a wide area of the place in question is affected by the activity. Hence sentence 1. a) means 'I want to plant dahlias/a dahlia in my garden', whereas sentence 1. b) means 'I want to plant my garden with dahlias'.

17.7.D.   Exercises

1. Transformation drill: transform the following subject focus sentences into object focus constructions.

Pak Joyo mau menanami kebunnya dengan sayur.
     Kebunnya mau ditanami Pak Joyo dengan sayur.
Ayah akan menanam anak pohon mangga itu di belakang rumah.
     Anak pohon mangga itu akan ditanam Ayah di belakang rumah.
Ibu akan menanam bunga dahlia itu di muka rumah.
     Bunga dahlia itu akan ditanam Ibu di muka rumah.
Pelajar itu sering menulis semboyan-semboyan di dinding.
     Semboyan-semboyan sering ditulis pelajar itu di dinding.
Engkau tidak boleh menulisi dinding.
     Dinding tidak boleh kautulisi.
Ratna menulis namanya di papan tulis.
     Namanya ditulis Ratna di papan tulis.
Kami menaburi makam itu dengan bunga.
     Makam itu kami taburi dengan bunga.

2. From the lists accompanying the following groups of sentences, select the appropriate verb for each sentence. Then translate the sentences into English.

a) i. Pak Joyo _____ _ sayur di kebunnya.   *menanami*
    ii. Pak Joyo _____ kebunnya dengan   *ditanaminya*
        tomat dan kacang.   *tanami*
    iii. Sayuran itu _____ 3 minggu yang lalu.   *ditanamnya*
    iv. Kebunnya _____ 3 minggu yang lalu.   *menanam*

b) i. Siapa _____ namanya di dinding ini?   *menulisi*
    ii. Siapa _____ dinding ini?   *ditulis*
    iii. Dinding itu _____ dengan semboyan-   *menulis*
         semboyan.
    iv. Apa yang _____ di dinding itu?   *ditulisnya*
                                           ditulisinya

c) i. Anak-anak itu _____ dinding kamarnya.   *menggambar*
    ii. Hasan sedang _____ di kamarnya.   *menggambari*
    iii. Apa yang _____, Hasan?   *digambari*
    iv. Siapa yang _____ karikatur itu?   *digambar*
                                             kaugambar

d) i. Tamu agung _____ bunga di makam itu.   *ditaburkan*
    ii. Bunga yang _____ nyonya itu harum.   *menaburkan*
    iii. Makam itu _____ dengan bunga yang harum.   *menaburi*
    iv. Makam siapa yang _____ dengan bunga?   *ditaburi*
                                                  kautaburi

17.8.A.   Note the verbs in the following sentences.

1. a) Guru akan **datang** dari Jepang.
    b) Pemerintah itu akan **mendatangkan** guru dari Jepang.
2. a) Adik mau **tidur.**
    b) Ibu akan **menidurkan** Adik.
3. a) Sebuah mangga **jatuh** di atas kepala Amin.
    b) Udin **menjatuhkan** buah mangga itu dari pohon.

17.8.B.
1. a) A teacher is coming from Japan.
    b) That government is going to bring a teacher from Japan.
2. a) Younger brother wants to go to sleep.
    b) Mother is going to put younger brother to sleep.
3. a) A mango fell on Amin's head.
    b) Udin dropped the mango from a tree.

17.8.C.   Remarks
1. The next five sections deal with the suffix -*kan,* beginning with a revision of its use with simple root verbs (cf. 10.6.).

2. Simple root verbs, such as *datang, tidur* and *jatuh* in the above frame, are intransitive.

3. The addition of the suffix *-kan* to these verbs forms **transitive** verbs.

4. In addition to making the verbs in this frame transitive, the suffix *-kan* has a **causative** function, i.e. the *-kan* verbs indicate that the **subject causes the object to perform the action or assume the state** expressed by the corresponding intransitive verb.

17.8.D. Exercises
Transformation drill

a) Transform the following sentences from subject focus to object focus.
Dia memasukkan pakaiannya ke dalam lemari.
  Pakaiannya dimasukkannya ke dalam lemari.
Kami mendudukkan tamu agung di kursi di depan.
  Tamu agung kami dudukkan di kursi di depan.
Saya akan memindahkan lemari ini ke kamar saya ob
  Lemari ini akan saya pindahkan ke kamar saya.
Mereka menjatuhkan makanan dari kapal terbang.
  Makanan dijatuhkan mereka dari kapal terbang.
Hasan sedang memandikan anjing.
  Anjing sedang dimandikan Hasan.
Orang itu mengeluarkan barang-barang dari rumahnya.
  Barang-barang dikeluarkan orang itu dari rumahnya.
Pemerintah akan mendatangkan guru dari Eropa.
  Guru akan didatangkan pemerintah dari Eropa.

b) Transform the following positive sentences into negative object focus constructions, according to the model.
Ibu mau memandikan Minah.
  Minah tidak mau dimandikan.
Saya mau mendudukkan Ali di depan.
  Ali tidak mau didudukkan di depan.
Pak Suparman mau memindahkan Hasan ke Jakarta.
  Hasan tidak mau dipindahkan ke Jakarta.
Saya mau menidurkan Adik.
  Adik tidak mau ditidurkan.
Ayah mau memasukkan Udin ke sekolah itu.
  Udin tidak mau dimasukkan ke sekolah itu.
Guru mau mengeluarkan Dewi dari sekolah itu.
  Dewi tidak mau dikeluarkan dari sekolah itu.

17.9.A. Note the verbs in the following sentences.

1.

a)	i.	Pelajar-pelajar **berkumpul** di sekolah.
	ii.	Guru sudah **mengumpulkan** pelajar-pelajar di sekolah.
b)	i.	Mobil itu **berhenti** di muka rumah Pak Suparman.
	ii.	Ayah **menghentikan** mobil di muka rumah Pak Suparman.
c)	i.	Anak yang sakit itu **berbaring** di tempat tidur.
	ii.	Ibu **membaringkan** anaknya yang sakit itu di tempat tidur.
d)	i.	Lonceng sekolah sudah **berbunyi.**
	ii.	Udin yang **membunyikan** lonceng itu.

2.

a)	i.	Ratna mau **bertanya.**
	ii.	Ratna mau **menanyakan** nama pemuda itu.
b)	i.	Dulah sedang **bercerita.**
	ii.	Dulah sedang **menceritakan** pengalamannya.
c)	i.	Saya sedang **berpikir.**
	ii.	Saya sedang **memikirkan** jawab pertanyaan itu.

17.9.B.

1. a) i. The students assembled at school.
       ii. The teacher has assembled the students at school.
    b) i. The car stopped in front of Mr Suparman's house.
       ii. Father stopped the car in front of Mr Suparman's house.
    c) i. That sick child is lying in bed.
       ii. Mother laid her sick child on the bed.
    d) i. The school bell has rung.
       ii. It was Udin who rang the bell.

2. a) i. Ratna wants to ask a question.
       ii. Ratna wants to ask the name of that young man.
    b i. Dulah is telling a story.
       ii. Dulah is telling about his experiences.
    c) i. I am thinking.
       ii. I am thinking about the answer to that question.

17.9.C. Remarks

1. All *ber*-root verbs are intransitive. Some of these intransitive *ber*-root verbs have a corresponding transitive form with the suffix *-kan*. The relationship between these *ber-* verbs and their transitive counterparts varies.

2. The *-kan* suffix in the sentences in frame 1 makes the verbs both **transitive** and **causative** (cf. 17.8.C.4).

3. The *-kan* suffix in the sentences in frame 2, on the other hand, only makes the verbs **transitive**.

304

17.9.D. Exercises

1. Translation and fluency drill: translate the following sentences into English. Then master them.

a) Berkumpullah di halaman sekolah!
b) Kumpulkanlah teman-temanmu di sekolah!
c) Berhentilah di muka toko itu!
d) Hentikanlah mobilmu di sini!
e) Berbaringlah di tempat tidur itu!
f) Baringkanlah anak itu baik-baik!
g) Jangan lupa bertanya!
h) Tanyakanlah nomor telepon paman yang baru!
i) Berceritalah! Kami mau mendengar.
j) Ceritakanlah pengalamanmu!
k) Berpikirlah dahulu!
l) Pikirkanlah hal itu baik-baik!

2. Transformation drill: substitute the words given, and change the form of the verb as necessary.

Apa yang kautanyakan

dia	Apa yang ditanyakannya?
ceritakan	Apa yang diceritakannya?
kamu	Apa yang kamu ceritakan?
Saudara	Apa yang Saudara ceritakan?
katakan	Apa yang Saudara katakan?
mereka	Apa yang dikatakan mereka?
Nona	Apa yang Nona katakan?
pikirkan	Apa yang Nona pikirkan?
Hasan	Apa yang Hasan pikirkan?
	OR: Apa yang dipikirkan Hasan?

3. From the lists accompanying the following groups of sentences, select the appropriate verb for each sentence. Then translate the sentences into English.

a) i. Banyak orang _____ di gedung itu.   *kumpulkan*
    ii. Dia mau _____ uang dari sekarang.   *berkumpul*
    iii. Buku-buku sastra Jepang yang saya _____.   *mengumpulkan*

b) i. Dia tidak bisa _____ mobilnya waktu itu.   *berhenti*
    ii. Mobil itu _____ di muka rumah saya.   *hentikan*
    iii. Perbuatan itu harus kau _____.   *menghentikan*

c) i. Karena payah dia _____ di bawah pohon itu.   *membaringkan*
    ii. Karena payah dia _____ badannya di bawah   *baringkan*
        pohon itu.
    iii. Anak yang sakit itu saya _____ di tempat   *berbaring*
         tidur ibunya.

d) i. Pukul berapa lonceng sekolah _____?   *membunyikan*
    ii. Siapa biasanya yang _____ lonceng itu?   *dibunyikan*
    iii. Lonceng itu _____ Hasan beberapa kali.   *berbunyi*

305

e) i. Umur siapa yang_____ nya?   *bertanya*
   ii. Saya mau _____ tentang hal itu.   *menanyakan*
   iii. Saya mau _____ hal itu.   *ditanyakan*

f) i. Amin pandai _____.   *ceritakan*
   ii. Apa yang kau _____?   *menceritakan*
   iii. Buku ini _____ kehidupan Mahatma Gandhi. *bercerita*

g) i. Bukan itu yang saya_____   *berpikir*
   ii. Dia selalu _____ masa depan.   *pikirkan*
   iii. Ayah sedang _____.   *memikirkan*

17.10.A. Note the verbs in the following sentences.

1. | a) i. | Bayi itu mau **menyusu**. |
ii.	Perempuan itu mau **menyusukan** bayinya.
b) i.	Kapal terbang itu akan **mendarat**.
ii.	Pilot itu terpaksa **mendaratkan** kapal terbang itu di Canberra.

2. | a) i. | Ali **menyuruk** di belakang pintu. |
ii.	Ali **menyurukkan** tasnya di belakang pintu.
b) i.	Dewi sering **menyanyi**.
ii.	Dewi sedang **menyanyikan** lagu kesukaanya.

17.10.B.
1. a) i. The baby wants to be fed (breast- or bottle-fed).
   ii. The woman wants to feed her baby.
   b) i. The plane is going to land.
   ii. The pilot was forced to land (that plane) at Canberra.

2. a) i. Ali hid behind the door.
   ii. Ali hid his bag behind the door.
   b) i. Dewi often sings.
   ii. Dewi is singing her favourite song.

17.10.C. Remarks
1. Some *me*-root verbs are intransitive. Some of these intransitive *me*-root verbs have a corresponding transitive form with *-kan*. The relationship between these *me-* verbs and their transitive counterparts varies.

2. The *-kan* suffix in the sentences in frame 1 makes the verbs both **transitive** and **causative**, while in the sentences in frame 2, the suffix only makes the verbs **transitive**.

17.10.D.   **Exercise**

From the lists accompanying the following groups of sentences, select the appropriate verb for each sentence. Then translate the sentences into English.

1. a) Udin _____ di bawah tempat tidur.
   b) Di mana kau _____ surat itu?
   c) Apa sebab _____ buku saya?
   d) Bukan saya yang _____ suratmu.

   menyurukkan
   disurukkannya
   surukkan
   menyuruk

2. a) Bukan Minah yang _____ tadi malam.
   b) Lagu apa yang akan Nona _____?
   c) Apa sering mereka _____ lagu-lagu Inggeris?
   d) Lagu yang _____ terkenal sekali.

   nyanyikan
   menyanyi
   dinyanyikannya
   menyanyikan

3. a) Dia tidak berkata apa-apa; dia hanya _____.
   b) Dia_____ kepalanya beberapa kali.
   c) _____ kepalamu!

   anggukkanlah
   menganggukkan
   mengangguk

4. a) Berapa kali sehari bayi itu Nyonya _____?
   b) Apa perempuan itu masih _____ bayinya?
   c) Apa bayi itu mau _____ sekarang.
   d) Tidak, bayi itu baru saja _____ ibunya.

   menyusukan
   susukan
   disusukan
   menyusu

5. a) Pilot yang mana _____ kapal terbang itu?
   b) Mereka tidak boleh _____ di sana.

   mendarat
   mendaratkan

17.11.A.   **Note the following sentences.**

1.

a)	i.	Polisi datang **mengamankan** daerah itu.
	ii.	Daerah itu **aman** sekarang.
b)	i.	Binatang-binatang **membinasakan** tanaman saya.
	ii.	Tanaman saya **binasa**.
c)	i.	Hasan **mengalahkan** Amin main tenis.
	ii.	Amin **kalah**.
d)	i.	Saya harus **membersihkan** kamar saya tiap pagi.
	ii.	Kamar saya **bersih**.
e)	i.	Ibu sedang **memanaskan** makanan untuk Ayah.
	ii.	Makanan Ayah **panas**.
f)	i.	Siapa **menghabiskan** kue itu?
	ii.	Kue itu sudah **habis**.

2. a) i. Ribuan **korban** waktu itu.
    ii. Ribuan rakyat **mengorbankan** jiwanya.
    b) i. **Sekolah** itu di Australia.
    ii. Dia mau **menyekolahkan** anaknya di Australia.
    c) i. Itu **daftar** nama.
    ii. Pemuda-pemuda yang berumur 18 tahun harus **mendaftarkan** nama.
    d) i. Itu **pondok** Pak Karto.
    ii. Pemerintah **memondokkan** pengungsi-pengungsi di sebuah sekolah.
    e) i. Uang itu **belanja** Sofyan untuk seminggu.
    ii. Sofyan tidak mau **membelanjakan** uang itu.

17.11.B.
1. a) i. The police came to make the area secure.
    ii. The area is secure now.
    b) i. The animals destroyed my crops.
    ii. My crops were destroyed.
    c) i. Hasan beat Amin playing tennis.
    ii. Amin was beaten.
    d) i. I have to clean my room every morning.
    ii. My room is clean.
    e) i. Mother is heating up the food for father.
    ii. Father's food is hot.
    f) i. Who finished off the cakes?
    ii The cakes are all gone (finished).

2. a) i. Thousands were victims at that time.
    ii. Thousands of people sacrificed their lives.
    b) i. That school is in Australia.
    ii. He wants to send his child to school in Australia.
    c) i. That is a register (list) of names.
    ii. Youths who are 18 have to register their names.
    d) i. That is Mr Karto's hut.
    ii. The government lodged the refugees in a school.
    e) i. That is Sofyan's spending money (allowance) for a week.
    ii. Sofyan doesn't want to spend the money.

17.11.C.   Remarks
1. In sections 17.8.9 and 10, we have seen how the suffix -*kan* makes intransitive verbal roots transitive.

2. The suffix -*kan* is also used to form verbs from adjectival and noun roots.

3. The *-kan* verbs in frame 1 are all derived from adjectival roots. These verbs mean **'to cause the object to be in the state or condition** indicated by the adjectival root'.

e.g. *amankan,* 'to make secure', from *'aman',* 'secure'.

Note: Certain adjectives may take either *-i* or *-kan,* with virtually no difference in meaning, e.g., in sentence e) i. in frame 1, *panasi* ('to apply heat to') may occur in place of *panaskan* ('to cause to be hot').

4. The verbs in frame 2 are all derived from noun roots. The meanings of these verbs are in general not predictable and have to be learned individually.

17.11.D.   Exercises

1. Answer drill: answer the following questions using the hints given.
Berapa orang polisi datang mengamankan kota itu?   (puluhan)
    Puluhan polisi datang mengamankan kota itu.
Apa yang membinasakan tanaman itu?   (kanguru)
    Kanguru yang membinasakan tanaman itu.
Siapa yang mengalahkannya main tenis? (Minah)
    Minah yang mengalahkannya main tenis.
Siapa yang harus membersihkan kelas hari ini?   (Kartini)
    Kartini yang harus membersihkan kelas hari ini.
Apa makanan sudah kaupanaskan?   (belum)
    Makanan belum saya panaskan.
Apa engkau bisa menghabiskan sate itu?   (tidak)
    Saya tidak bisa menghabiskan sate itu.
Kapan Paman akan membesarkan rumahnya?   (bulan depan)
    Bulan depan Paman akan membesarkan rumahnya.

2. Transformation drill: transform the following sentences according to the sign given, affirmative, negative or question.
Daerah itu tidak bisa diamankan.   (?)
    Apa daerah itu tidak bisa diamankan?
Musuh sudah dibinasakan.   (—)
    Musuh belum dibinasakan.
Amir tidak dapat dikalahkan.   (?)
    Apa Amir tidak dapat dikalahkan?
Makanan sedang dipanaskan.   (?)
    Apa makanan sedang dipanaskan?
Daging itu dihabiskannya.   (—)
    Daging itu tidak dihabiskannya.

3. Answer drill: answer the following questions using the hints given.
Berapa orang yang mengorbankan jiwanya?   (ratusan)
    Ratusan orang yang mengorbankan jiwanya.

Siapa yang menyekolahkannya? (pamannya)
Pamannya yang menyekolahkannya.
Ke mana dia akan disekolahkan pamannya? (Eropa)
Dia akan disekolahkan pamannya ke Eropa.
Kapan dia harus mendaftarkan namanya? (besok)
Dia harus mendaftarkan namanya besok.
Apa sudah kaudaftarkan buku itu? (belum)
Buku itu belum saya daftarkan.
Siapa yang memondokkan pengungsi-pengungsi di situ? (pemerintah)
Pemerintah yang memondokkan pengungsi-pengungsi di situ.
Berapa uang yang kaubelanjakan kemarin? (Rp 1000)
Rp 1000 uang yang saya belanjakan kemarin.

17.12.A. Note the verbs in the following sentences.

1.	a) Saya mau **mengantar(kan)** ibu saya ke lapangan terbang. b) Polisi **menyebut(kan)** nama-nama orang yang terbenam.

2.	Apa engkau bisa **menterjemahkan** sajak ini?

3.	a) i. Ratna mau **meminjam** uang. ii. Temannya bisa **meminjamkan** uang kepadanya. b) i. Kami mau **menyewa** rumah Pak Suparman. ii. Pak Suparman akan **menyewakan** rumahnya.

17.12.B.
1. a) I want to take my mother to the airport.
   b) The police mentioned the names of the people who were drowned.

2.   Can you translate this poem?

3. a) i. Ratna wants to **borrow** money.
      ii. Her friend can **lend** money to her.
   b) i. We want to **rent** Mr Suparman's house.
      ii. Mr Suparman is going to **let** his house.

17.12.C.   Remarks
1. There are a few transitive verbs which may occur with or without -*kan*, with no difference in meaning. The verbs in frame 1 are of this type.

2. The verb in frame 2 *(terjemahkan,* 'to translate') never occurs without -*kan*. Note that the initial *t* of the root remains when the prefix *me-* is attached to this verb.

3. The verbs in frame 3 are all transitive, but there is a special difference in meaning between the verb with *-kan,* and that without *-kan,* in each pair of sentences.
i.e. *pinjam* 'to borrow', *pinjamkan* 'to lend'
sewa 'to hire, rent', *sewakan* 'to let'
These two must be learnt individually.

This concludes our discussion of *-i* and *-kan.*

Remember: **ask not what you can do with** *-i* **and** *-kan,* **but rather what** *-i* **and** *-kan* **can do for you!**

17.12.D.   Exercises
1. Transformation drill: transform the following imperative sentences into positive statements.
Minah, antarkanlah Ibu ke lapangan terbang!
    Minah mengantarkan Ibu ke lapangan terbang.
Amir, sebutkanlah nama-nama penulis Indonesia yang terkenal.
    Amir, menyebutkan nama-nama penulis Indonesia yang terkenal.
Dewi, terjemahkanlah surat itu ke dalam bahasa Inggeris.
    Dewi menterjemahkan surat itu ke dalam bahasa Inggeris.
Sofyan, pinjamkanlah sepeda itu kepada Rohana.
    Sofyan meminjamkan sepeda itu kepada Rohana.
Ayah, sewakanlah rumah kita kepada mereka.
    Ayah menyewakan rumah kita kepada mereka.

2. Answer drill: answer the following questions using the hints given.
Siapa yang harus diantarkannya?   (anaknya)
    Anaknya yang harus diantarkannya.
Nama siapa yang disebutkan guru?   (namamu)
    Namamu yang disebutkan guru.
Siapa menterjemahkan sajak itu?   (Zainuddin)
    Zainuddin menterjemahkan sajak itu.
Siapa bisa meminjamkan mesin tulis kepadanya?   (saya)
    Saya bisa meminjamkan mesin tulis kepadanya.
Kepada siapa dia mau menyewakan rumahnya?   (Pak Amin)
    Kepada Pak Amin dia mau menyewakan rumahnya.

17.13.A.   Note the following sentences

1. Anak itu **lapar.**
2. Ada yang mati (karena) **kelaparan.**
3. Anak itu **kelaparan.**

17.13.B.
1. That child is hungry.
2. Some died of starvation.
3. That child is starving.

17.13.C.   Remarks

1. We have already learnt that abstract nouns may be formed from adjectives, by the addition to the root of the prefix *ke-* and the suffix *-an* (see 13.11).

2. In the above frame, however, the addition of *ke- -an* to an adjective (i.e. *lapar*) **extends the sense of the adjective to 'suffering intensely from** the condition expressed by the adjective root'.

3. As the number of adjectives having the *ke- -an* form with this meaning is limited, each must be learnt as it occurs. Below are further examples of these forms.

a)

i.	Dia **takut**	He is afraid.
ii.	Dia **ketakutan.**	He is terrified.
iii.	Dia **mati ketakutan.**	He died of fright.
iv.	Saya **mati ketakutan.**	I was frightened to death.
v.	Saya **gementar ketakutan,** melihat singa itu.	I trembled with fright at the sight of the lion.

b)

i.	Dia **dingin.**	He is cold.
ii.	Dia **kedinginan.**	He is freezing.
iii.	Dia **mati kedinginan.**	He froze to death (died of exposure).
iv.	Saya **mati kedinginan.**	I'm freezing to death.
v.	Saya **gementar kedinginan,** waktu saya berenang di kolam itu.	I shivered with cold, when I was swimming in that pool.

c)

i.	Dia **panas.**	He is hot.
ii.	Dia **kepanasan.**	He is suffering from the heat.
iii.	Dia **mati kepanasan.**	He died of heat (exposure).
iv.	Saya **mati kepanasan.**	I'm dying of heat.

d)

i.	Dia **haus.**	He is thirsty.
ii.	Dia **kehausan.**	He is suffering from thirst.
iii.	Dia **mati kehausan** di padang pasir.	He died of thirst in the desert.
iv.	Saya **mati kehausan.**	I'm dying of thirst.

e)

i.	Dia **kenyang.**	He is full.
ii.	Dia **kekenyangan.**	He is over-full (has over-eaten).
iii.	Dia hampir **mati kekenyangan.**	He almost died of over-eating.
iv.	Saya **mati kekenyangan.**	I'm dying of over-eating.

f)

i.	Dia **sakit**.	He is ill.
ii.	Giginya **sakit**.	His tooth is aching (painful).
iii.	Dia **kesakitan**.*	He is in (great) pain.
iv.	Dia **mati kesakitan**.*	He is dying of pain.
v.	Dia memekik **kesakitan,** * ketika terjatuh dari pohon.	He screamed with pain when he fell from the tree.
vi.	Dia menangis **kesakitan**.*	He is crying with pain.

The examples containing the word *mati,* 'to die', may be used either figuratively or literally.

* The meanings of the word *sakit* in *dia sakit,* 'he is ill' and *giginya sakit,* 'his tooth is **aching**', should be noted. The form *kesakitan* only extends the sense of *sakit* when it refers to **pain.** Thus *dia kesakitan* can only mean 'he is in great pain', NOT 'he is ill'. Note that the subject of *kesakitan* is always the sufferer rather than a part of the body.

17.13.D.   Exercises

1. Mixed substitution drill: substitute the word given where appropriate.
Dia memekik kesakitan.

saya	Saya memekik kesakitan.
mati	Saya mati kesakitan.
ketakutan	Saya mati ketakutan.
gementar	Saya gementar ketakutan.
kedinginan	Saya gementar kedinginan.
dia	Dia gementar kedinginan.
mati	Dia mati kedinginan.
kepanasan	Dia mati kepanasan.
kekenyangan	Dia mati kekenyangan.
kehausan	Dia mati kehausan.

2. Transformation drill: transform the adjectives in the following sentences into *ke- -an* forms meaning 'suffering intensely from the condition indicated by the adjective'.
Di daerah itu banyak orang yang lapar.
    Di daerah itu banyak orang yang kelaparan.
Tadi malam saya dingin.
    Tadi malam saya kedinginan.
Minumnya banyak, karena dia haus.
    Minumnya banyak, karena dia kehausan.
Dia tidak mau makan kue itu, karena dia kenyang.
    Dia tidak mau makan kue itu, karena dia kekenyangan.
Bukalah pintu, karena saya panas.
    Bukalah pintu, karena saya kepanasan.

3. Here are some words formed by the use of *ke- -an: ketakutan, kedinginan, kepanasan, kehausan, kekenyangan, kesakitan, kelaparan.* From the words above, select the one that best fits the situation in the following sentences. Then translate the sentences into English.

a) Dia gementar _____ melihat harimau itu.
b) Semua makanan yang diletakkan di mukanya habis. Dia _____.
c) Dia menangis _____, karena giginya sakit betul.
d) Dia kurus, mukanya pucat dan tidak bisa berdiri, karena _____
e) Hari dingin betul; dia tidak memakai baju tebal atau pun sepatu. Dia mati _____.
f) Habis bir itu diminumnya, karena dia _____.
g) Musim panas saya sering tidak bisa tidur, karena _____.

17.14.A. & B.   Learn the meaning of the following sentences and master them.

1. a) Jam saya **hilang.**	My watch was lost (disappeared).
b) Saya **kehilangan jam.**	I lost my watch.
2. a) Ibu anak itu **mati.**	That child's mother died.
b) Anak itu **kematian ibu.**	That child's mother died.
3. a) Kopi kami **habis.**	Our coffee is finished (used up).
b) Kami **kehabisan kopi.**	We've run out of coffee. OR: We're out of coffee.
4. a) Makanan mereka **kurang.**	They haven't got enough food.
b) Mereka **kekurangan makanan.**	They are short of food.
5. a) Mobil Hasan **dicuri.**	Hasan's car was stolen.
b) Hasan **kecurian mobil.**	Hasan's car was stolen.
6. a) Tamu Ibu **datang.**	Mother's visitor came.
b) Ibu **kedatangan tamu.**	Mother had a visitor.
7. a) Rumah Amat **terbakar.**	Amat's house was burnt (down).
b) Amat **kebakaran (rumah).**	Amat's house was burnt down.
8. a) Buku saya **Tertinggal** di rumah.	I left my book at home (by mistake).
b) Saya **ketinggalan buku** di rumah.	I left my book at home (by mistake).
9. a) Saya **ditinggalkan** bis.	I was left behind by the bus.
b) Saya **ketinggalan*** bis.	I missed the bus.
c) Saya **ketinggalan zaman.**	I'm old fashioned (lit: I have been left behind by the times).

17.14.C.   Remarks

1. There are certain *ke- -an* forms which are normally followed by a noun. Some of these are derived from adjectival roots, and some from verbal roots. In these examples the *ke- -an* form together with *the following noun* function as a phrase, *qualifying the subject.* The phrase describes a mishap or *something unexpected* which has happened to the subject. e.g. *kami kehabisan kopi: We* are out of coffee. (i.e. The subject 'we' did not expect that all of the coffee would be gone.)

2. Sentences 9.b) and 9.c) are best regarded as idiomatic phrases.

*Note: *Ketinggalan* can also be a noun meaning 'the rest, balance' (of a payment), as in the following sentence; *Ketinggalannya boleh dibayar bulan depan.* 'The balance may be paid next month'.

17.14.D. Exercises

1. Mixed substitution drill: substitute the word given where appropriate.
Hasan kematian anak.

kehilangan	Hasan kehilangan anak.
jam	Hasan kehilangan jam.
kecurian	Hasan kecurian jam.
uang	Hasan kecurian uang.
kekurangan	Hasan kekurangan uang.
saya	Saya kekurangan uang.
ke˙ aⁱ isan	Saya kehabisan uang.
kami	Kami kehabisan uang.
susu	Kami kehabisan susu.
minuman	Kami kehabisan minuman.

2. Answer drill: answer using the hints given, according to the model.
Siapa kebakaran (rumah) minggu yang lalu? (Pak Kasim)
    Pak Kasim yang kebakaran (rumah) minggu yang lalu.
Siapa ketinggalan kapal terbang kemarin? (Ayah)
    Ayah yang ketinggalan kapal terbang kemarin.
Siapa kekurangan uang bulan ini? (saya)
    Saya yang kekurangan uang bulan ini.
Siapa kehabisan kertas tadi pagi? (guru)
    Guru yang kehabisan kertas tadi pagi.
Siapa kehilangan pena di perpustakaan? (Hanafi)
    Hanafi yang kehilangan pena di perpustakaan.
Siapa kedatangan tamu tadi malam? (Paman)
    Paman yang kedatangan tamu tadi malam.

3. Transformation drill: transform the following sentences, starting with the words in bold type, and replacing the verb or adjective with a *ke- -an* form.
Daging **kami** habis dari kemarin.
    Kami kehabisan daging dari kemarin.
Sepeda **Rustam** hilang kemarin.
    Rustam kehilangan sepeda kemarin.
Ayah **Dulah** mati hari Minggu yang lalu.
    Dulah kematian ayah hari Minggu yang lalu.
Makanan dan obat **rumah sakit itu** kurang.
    Rumah sakit itu kekurangan makanan dan obat.
Minah sering ditinggalkan bis.
    Minah sering ketinggalan bis.
Rumah **teman** saya terbakar tadi malam.
    Teman saya kebakaran (rumah) tadi malam.

4. From the words below, select the one that best fits the situation in each of the following sentences. Then translate the sentences into English.

kebakaran, ketinggalan, kekurangan, kehilangan, kematian, kedatangan, kecurian

a) Anak yang_____ ibu itu baru berumur 3 tahun.
b) Bambang menangis, karena _____ anjingnya.
c) Ibu sibuk memasak hari ini, karena dia _____ tamu.
d) Perempuan itu kurus, pucat dan lemah, karena _____ makan dan vitamin.
e) Teman saya sudah 2 kali _____ mobil di kota besar itu.
f) Orang yang_____ rumah itu duduk menangis tersedu-sedu, karena semua barang-barangnya habis terbakar.
g) Saya berjalan (kaki) ke sekolah tadi pagi, karena saya _____ bis.

17.15.A. & B. Note the meanings of the following sentences and master them.

1.	Gedung itu **kelihatan** dari sini.	That building can be seen (is visible) from here.
2.	Tangis anak itu **kedengaran** dari sini.	The child's crying can be heard (is audible) from here.
3. a)	Hasan **kedapatan** mengisap ganja oleh ibunya.	Hasan was discovered (found out) smoking hashish by his mother.
b)	Hasan **kedapatan**.	Hasan was caught (doing something).
4. a)	Dia **ketahuan** mencuri uang.	It was discovered that he had stolen some money.
b)	Dia **ketahuan** mencuri.	He was found out stealing.

17.15.C. Remarks
1. When *ke- -an* is attached to the roots *lihat* and *dengar,* the meaning is 'able to be seen' (i.e. 'visible') and 'able to be heard' (i.e. 'audible') respectively.

2. When *ke- -an* is attached to the roots *dapat* and *tahu,* it has a passive meaning, i.e. *kedapatan* means 'caught (doing something), discovered, found out' and *ketahuan* means 'discovered, found out'.

3. The meaning of these verbs must be learned individually.

17.15.D. Exercise
Translation and fluency drill: translate the following sentences into English. Then master them.
1. Hadi tidak kelihatan di pesta tadi malam.
2. Perpustakaan itu jelas kelihatan dari rumah saya.
3. Apa kelihatan olehmu dari sana?
4. Apa kedengaran olehmu dari sana?
5. Mereka kedengaran tertawa terbahak-bahak.

6. Dia kedengaran menangis tersedu-sedu.
7. Tidak kedengaran oleh saya tangis anak itu.
8. Bunyi bom itu kedengaran dari jauh.
9. Siapa yang kedapatan mengisap ganja?
10. Siapa yang ketahuan mencuri?
11. Kapan dia kedapatan membaca surat itu?
12. Saya sering kedapatan bermain di kelas.
13. Fred yang baru saja berumur 13 tahun kedapatan minum bir oleh ibunya.

17.16.A. & B. **Learn the meaning of the following sentences and master them.**

1. Saya harus pulang sekarang, saya tidak mau **kemalaman**.	I have to go home now, I don't want to be out after dark (lit: be overtaken by night).
2. Saya terlambat tiba di sekolah kemarin, karena saya **kesiangan**.	I was late for school yesterday because I overslept (lit: was overtaken by day).
3. Pakaiannya basah, karena dia **kehujanan**.	His clothes are wet, because he was caught in the rain (lit: overtaken by rain).
4. Dia harus meninggalkan rumahnya, karena rumahnya **kebanjiran**.	He had to leave his house because it was flooded (lit: overtaken by a flood).

17.16.C.
When *ke- -an* is added to certain noun roots, the derivative means 'overtaken by the thing expressed by the noun root'. In sentence 1 in the frame, for example, *malam* means 'night' and *kemalaman* means 'overtaken by night'. So *saya kemalaman* means 'I was overtaken by night', i.e. 'I was out after dark'.

17.16.D. **Exercise**
Translation and fluency drill: translate the following sentences into English. Then master them.
1. Saya mau tidur sekarang, saya tidak mau **kesiangan** besok.
2. Saya mau berangkat sekarang, saya tidak mau **kemalaman**.
3. Buku-buku saya basah, karena saya **kehujanan**.
4. Rumahnya telah beberapa kali **kebanjiran**.
5. Apa engkau **kesiangan** tadi pagi?
6. Apa sebab engkau **kemalaman** kemarin?
7. Siapa yang **kehujanan** tadi?
8. Kota apa yang **kebanjiran**?

17.17.A. & B.   Learn the meaning of the following sentences and
master them.

1. Anak itu terlalu **gemuk**.	That child is too fat.
Anak itu **kegemukan**.	That child is rather fat.
2. Sepatu itu terlalu **besar** untuknya.	The shoes are too big for him.
Sepatu itu **kebesaran** untuknya.	The shoes are rather big for him.
3. Kaus kaki itu terlalu **kecil** untuknya.	The socks are too small for her.
Kaus kaki itu **kekecilan** untuknya.	The socks are rather small for him.
4. Rambutnya terlalu **panjang**.	His hair is too long.
Rambutnya **kepanjangan**.	His hair is rather long.
5. Kue ini terlalu **keras**.	This cake is too hard.
Kue ini **kekerasan**.	This cake is rather hard.

17.17.C.   Remarks
1. When *ke- -an* is added to certain adjectives it has the effect of toning
down the meaning of the root. Thus *gemuk* means 'fat', but *kegemukan*
means 'rather fat, on the fat side'. This is the effect of the *ke- -an* affixes
in all the examples in this frame.

2. Only a limited number of adjectives take *ke- -an* with this meaning.

3. Note that a *ke- -an* derivative may have two different meanings.
e.g. *kebesaran* may be an adjective meaning 'on the big side' or an
abstract noun meaning 'greatness'; *kekerasan* may be an adjective meaning
'rather hard' or an abstract noun meaning 'hardness' (see 13.11). Only the
context will indicate which is intended.

17.17.D.   Exercise
Transformation drill: transform the following sentences with *terlalu* +
adjective, into ones using *ke- -an* adjectival forms derived from the
adjectives.
Rok itu terlalu **panjang**.
    Rok itu kepanjangan.
Anjing saya terlalu **gemuk**.
    Anjing saya kegemukan.
Kemeja itu terlalu **besar** untuk saya.
    Kemeja itu kebesaran untuk saya.
Rumah itu terlalu **kecil** untuk kami.
    Rumah itu kekecilan untuk kami.
Daging itu masih terlalu **keras**. Masaklah lagi!
    Daging itu masih kekerasan. Masaklah lagi!

17.18.A.   Note the meaning of *kena* in the following sentences.

1. Si Ali melempar saya dengan batu, tetapi (saya) tidak **kena**.
2. Dilemparnya anjing itu dengan batu dan (anjing itu) **kena**.

17.18.B.
Ali threw a stone at me, but missed (me).
He threw a stone at that dog and hit him.

17.18.C.   Remarks
The meaning of the verb *kena* is 'to be hit, struck'.

17.18.D.   Exercise
Mixed substitution drill: substitute the words given where appropriate.
Saya melempar ular itu, tetapi tidak kena.

menembak	Saya menembak ular itu, tetapi tidak kena.
Hasan	Hasan menembak ular itu, tetapi tidak kena.
memukul	Hasan memukul ular itu, tetapi tidak kena.
anjing	Hasan memukul anjing itu, tetapi tidak kena.
melempar	Hasan melempar anjing itu, tetapi tidak kena.
kami	Kami melempar anjing itu, tetapi tidak kena.

17.19.A.   Note the following sentence carefully.

> Yang kurang awas **kena tetak.**

17.19.B.
Anyone careless gets the chop.

17.19.C.   Remarks
1. The basic meaning of *kena* is 'to be hit, struck'. Thus, when followed by a noun (whether a common noun, a noun formed from a verb or adjective, or a verbal or adjectival root functioning as a noun), it means 'be struck by' whatever the following word indicates.

2. Study each of the following examples and master them.

a) Pahlawan itu tewas **kena tembak.**	The warrior was shot dead.
b) Rumah itu binasa **kena bom.**	The house was destroyed by a bomb.
c) Sepatu saya kotor **kena lumpur.**	My shoes are dirty with mud.
d) Ali menangis **kena pukul.**	Ali cried because he was beaten.
e) Saya tidak mau **kena marah.**	I don't want to be scolded.
f) Kakinya luka **kena pecahan kaca.**	His foot was injured by broken glass.
g) Amat sudah dua kali **kena denda.**	Amat has been fined twice.
h) Banyak orang di daerah itu **kena penyakit kolera.**	Many people in that district have caught cholera.
i) Pencuri itu terbunuh **kena pelor.**	The thief was killed by a bullet.
j) Kapal terbang itu rusak **kena pecahan geranat.**	The plane was damaged by shrapnel.

17.19.D. Exercise

Answer drill: answer the following questions, using the hints given.

Bajukau kotor kena apa?   (lumpur)
    Baju saya kotor kena lumpur.
Rumah itu binasa kena apa?   (bom)
    Rumah itu binasa kena bom.
Kakimu luka kena apa?   (pecahan kaca)
    Kaki saya luka kena pecahan kaca.
Kapal itu rusak kena apa?   (pecahan geranat)
    Kapal itu rusak kena pecahan geranat.
Siapa yang mati kena tembak?   (Dogol)
    Dogol yang mati kena tembak.
Siapa yang kena denda?   (saya)
    Saya yang kena denda.
Siapa yang kena penyakit kolera?   (pengungsi-pengungsi)
    Pengungsi-pengungsi yang kena penyakit kolera.
Siapa yang kena pukul?   (Ali)
    Ali yang kena pukul.
Apa yang kena bom?   (perpustakaan)
    Perpustakaan yang kena bom.
Siapa yang kena marah?   (Amin)
    Amin yang kena marah.

17.20.A.   Contrast the usage of *bahwa* and *yang* in the following sentences.

1. Mengapa isi sajak ini membayangkan **bahwa** rakyat Indonesia tidak terlibat dalam Perang Dunia Kedua?
2. Sajak **yang** saya baca itu membayangkan keadaan dalam Perang Dunia Kedua.
3. Saya mau mengatakan kcpada guru, **bahwa** Amin sakit.
4. Saya mau menanyakan kepada guru nama buku-buku **yang** harus saya baca.

17.20.B.
1. Why does the poem suggest **that** the Indonesian people were not involved in the Second World War?
2. The poem **that** I read reflects the situation in the Second World War.
3. I want to tell the teacher **that** Amin is ill.
4. I want to ask the teacher the names of the books **that** I have to read.

17.20.C.   Remarks
1. Note that the word 'that' in English is both a conjunction and a relative pronoun.

2. When it is a relative pronoun it can be replaced by 'which'.
e.g.   a) The poem **that** (or **which**) I read reflects ....

b) I want to ask the teacher the names of the books, **that (which)** I have to read.

The Indonesian word for the **relative pronoun** 'that' is *yang*.

3. When 'that' is a conjunction it **cannot** be replaced by 'which' (see sentences 1 and 3). The Indonesian word for the **conjunction** 'that' is *bahwa*.

17.20.D.   Exercises

1. Insert *bahwa* or *yang* in the following sentences as appropriate and translate into English.

a) Buku _____ saya beli kemarin dipinjam Ali.

b) Boleh saya melihat sepeda _____ dikirimkan pamanmu?

c) Di mana kaubaca _____ di daerah itu banyak orang kelaparan?

d) Siapa mengatakan _____ dia kehabisan uang?

e) Lemari itu _____ akan saya pindahkan ke kamar saya.

f) Berita tiba tadi pagi mengabarkan _____ Paman dipindahkan ke Sumatera.

g) Sepatu _____ kebesaran itu akan saya berikan kepada Minah.

h) Rumah Bapak Suparman _____ terbakar tadi malam.

i) Tidak akan terbeli olehnya tas _____ mahal itu.

j) Guru mendudukkan pelajar _____ pendiam itu di muka.

k) Apa Saudara sudah mendengar_____ dia kematian ibu?

l) Dia tidak mau mengatakan kepada orang tuanya _____ dia kehilangan uang.

m) Sudah terkenal di mana-mana _____ dia pemimpin yang baik.

n) Saya mau memberitahukan _____ saya tidak dapat datang besok.

o) Kucing Amat _____ hitam mati kedinginan.

2. Transformation drill: transform the following sentences into indirect speech according to the model.

a) "Banyak rumah dan gedung yang rusak dan terbakar kena bom itu," kata Tom.

> Tom mengatakan, bahwa banyak rumah dan gedung yang rusak dan terbakar kena bom itu.

b) "Saya tidak boleh makan banyak, karena saya kegemukan," kata perempuan itu.

> ....
> ....

c) "Si Ali sudah dua hari tidak kelihatan oleh saya," kata Dewi.

> ....
> ....

d) "Saya sekarang tidak beribu dan berbapa lagi," kata anak yang kematian orang tua itu.

> ....
> ....

e) "Saya terlambat, karena saya ketinggalan bis," kata Rohana.

. . . .

. . . .

f) 'Saya mau membeli sepeda motor, karena saya tidak mau ketinggalan zaman," kata Hanafi.

. . . .

. . . .

g) "Semua buku saya basah, karena saya kehujanan," kata Amin.

. . . .

. . . .

h) "Amin kedapatan oleh saya merokok," kata Kakak kepada Ibu.

. . . .

. . . .

i) "Dogol baru-baru ini ketahuan memakai uang kantor," kata Bapak Suparman.

. . . .

. . . .

j) "Dia tidak dapat dipercayai sama sekali," kata polisi.

. . . .

. . . .

17.21.   Additional exercises
Homework
Write Indonesian sentences according to the instructions given.
1. Ask Ira whether she has salted the fish yet.
2. Ask Miss Ratna which letter you have to sign.
3. Tell the children not to litter the school yard.
4. Tell father that the kangaroos have eaten the vegetables in the garden.
5. Ask the pupils who it was who covered the school walls with slogans.
6. Ask Mr Harun whether the school is going to bring a teacher from Indonesia next year.
7. Tell Udin that from today *(mulai dari hari ini)* he should ring the bell at twenty past three.
8. Ask Udin where he hid your book.
9. Ask your father whether he has any money to send you to school in Europe.
10. Ask Mr Burhan whether he would *(mau)* let his house to your friend.
11. Tell Sofyan that you would like to be taken (accompanied) home.
12. Ask Fatimah whether your name also was mentioned by the teacher.

17.22   Fluency drill: learn the poem in the text (17.2.A) by heart.

17.23.   Comprehension: reread the text and answer the following questions in Bahasa Indonesia.
1. Sampai pukul berapa Zainuddin dan Jim Davidson bekerja di perpustakaan?
2. Apa yang dikerjakan Zainuddin untuk Jim?

3. Siapa pengarang sajak itu?
4. Kira-kira tahun berapa sajak itu ditulis?
5. Apa Saudara suka sajak itu? Apa sebabnya?
6. Isi sajak itu mengenai apa?
7. Apa sebab banyak rakyat Indonesia merasa gembira dengan kemenangan-kemenangan yang diperoleh Jepang, ketika Perang Asia Timur Raya?
8. Kira-kira berapa tahun Indonesia di bawah pemerintahan Jepang?
9. Sebelum tahun 1942 pemerintahan apa yang menguasai Indonesia?
10. Apa sebab tidak ada hasil kesusasteraan di Indonesia mengenai pengalaman di medan perang di masa Jepang?

Chapter 18
Development Exercises

This chapter, like chapters seven and twelve, consists of development exercises, but is intended to take you a stage further. The passages, apart from reading, translation, and comprehension, may be used for the development of oral and writing skills. They should be read several times until they are thoroughly understood. The questions given after each passage are not directly related to the content of that passage, because the intention is that you should have practice in expressing your own ideas, taking what you have read as a starting point, and using the vocabulary and grammar that you have already learnt.

18.1.A.   Vocabulary
Check the pronunciation, read aloud and note the meanings.

becak	trishaw, rickshaw, pedicab
berbahaya	dangerous
bung	form of address to male friends, waiters, peddlers, salesmen, taxi drivers, etc.
catatan	records, statistics; notes
darah	blood
dewasa	grown-up, adult (adj.)
gawat	serious, critical
judul	title (of a story, passage, article)
kabarnya . . .	they say . . .
kawatir	anxious, worried
kecelakaan	accident, misfortune
kepolisian	police
kuliah	lecture
lalu lintas	traffic
lebat	heavy (of rain); dense (of hair, fruit, leaves, rice-grain)
licin	slippery
luka parah	seriously injured
lumpuh	paralysed
melanggar (langgar)	to collide with, run over
membonceng (bonceng)	to give a lift to, have as a pillion rider
menabrak (tabrak)	to strike, hit against, crash into
menengok (tengok)	to visit, have a look (at)
mengatasi (atasi)	to overcome
mengendarai (kendarai)	to ride on (occasionally 'to drive')

menggerakkan (gerakkan)	to make something move
meningkat (tingkat)	to rise, go up
menyaksikan (saksikan)	to witness
obat penenang	sedative
parah	serious (of a wound or illness)
patah	broken, snapped
pengendara	driver
pernah	ever, once
pihak	side, party
sayang kepada	to be fond of, like, love (people or animals)
sebetulnya	actually
selama	for the period of, as long as, while
setuju	to agree
simpang empat	intersection, crossroads
tanpa	without
terkejut	startled, shocked
terus	continually
topi	hat
topi pengaman	safety helmet
turun	to descend, go down, come down
untung	fortunate(ly)

18.1.B. Reading, Comprehension and Translation

1. Listen to the recording of the text, or to your teacher reading it, without reference to your books. Pay special attention to the pronunciation, intonation and word grouping.

2. Read the text right through to yourself a few times, then translate **the first three paragraphs** into English.

KECELAKAAN

"Dari mana, Bu?" tanya Nurhayati kepada ibunya ketika dia turun dari becak.

"Saya datang dari rumah sakit menengok pamanmu Wirno," jawab ibunya. "Dia dapat kecelakaan. Sepeda motornya dilanggar mobil tadi malam. Dia ditabrak dari kiri di sebuah simpang empat di kota. Waktu itu hari hujan lebat dan jalan licin. Untung dia memakai topi pengaman. Tangan kanannya patah. Muka dan kakinya luka-luka, tetapi tidak parah. Waktu saya tiba di rumah sakit dia sedang tidur, karena dia diberi obat penenang oleh dokter. Pamanmu betul-betul terkejut dan kawatir, ketika diberitahu oleh dokter, bahwa temannya yang diboncengnya luka parah. Kabarnya darah keluar dari hidung, telinga dan mulutnya. Kebetulan dia tidak memakai topi pengaman. Dia tidak bisa menggerakkan kakinya. Mungkin dia tidak akan bisa berjalan lagi. Lumpuh untuk selama hidupnya."

"Aduh, kasihan! Temannya yang mana, Bu? Siapa namanya?" tanya Nurhayati pula. "Memang berbahaya mengendarai sepeda motor tanpa topi pengaman."

"Hasyim, kamu kenal dengan dia, bukan?"
"Ya, tentu saja saya kenal dengan Bung Hasyim. Dia teman karib
Paman Wirno. Dia sering dibonceng Paman pergi ke kuliah."
"Ya, keadaannya agak gawat. Besok saya akan pergi lagi ke rumah
sakit untuk menengok mereka. Sebetulnya saya tidak setuju pamanmu
mengendarai sepeda motor. Menurut catatan pihak kepolisian, 75%
(persen) dari jumlah korban dalam kecelakaan lalu lintas, pengendara
sepeda motor. Tetapi pamanmu Wirno sudah dewasa, jadi saya tidak
dapat melarang dia," kata ibu Nurhayati. Dia memang sayang sekali
kepada adiknya Wirno.

18.1.C.   Exercises
Oral and Writing Skills
1. Sudah pernahkan Saudara mengalami atau menyaksikan kecelakaan
lalu-lintas? Ceritakanlah pengalaman atau kejadian itu di kelas.

2. Buatlah sebuah karangan pendek dengan salah satu judul yang di
bawah ini.

  a) Ditabrak becak
  b) Melanggar pohon
  c) Sehari sesudah mendapat rebewes
  d) Luka parah

3. Di mana-mana jumlah korban kecelakaan lalu lintas memang meningkat
terus. Apa sebabnya? Dan bagaimana mengatasinya? Bicarakanlah!

18.2.A.   Vocabulary
Check the pronunciation, read aloud and note the meanings.

ada seketika	at one moment/time
alat pemompa air	water-pump
api	fire
asal	cause, source
atap	roof
barisan pemadam	
kebakaran	fire brigade
belanjaan	purchases
berapi	alight
berjanji	to promise
bingung	bewildered, puzzled, confused
bungkus	packet, package
candu	opium; addicted to
cap	stamp, brand
dahan	branch (of tree)
dirinya sendiri	himself
jera	discouraged, to learn one's lesson
kandang	cage, pen
kanker	cancer
kayu	wood

kehilangan akal	to lose one's head, act irrationally, not to know what to do
kemungkinan	possibility
kering	dry
korek api	match
kotak	box
lega	relieved
memadamkan (padamkan)	to put out, extinguish (a fire)
memanggil (panggil)	to call, send for someone
mencegah (cegah)	to prevent
menerangkan (terangkan)	to explain
menjilat (jilat)	to lick
menyahut (sahut)	to answer
menyelamatkan (selamat- kan)	to save
menyirami (sirami)	to spray, water (of flowers), pour water on
mula-mulanya	at first
pasir	sand
pendapat	opinion
pertama-tama	first of all
pikirnya dalam hatinya	he thought to himself
puntung	butt (of cigarette)
rapat (adj.)	close (adj.)
sadar	to realize; conscious, aware
satu sama lain	(to) each other
seharusnya	should, ought to
sewajarnya	appropriate, right
tertahan-tahan	restrained, breaking with emotion (of voice)
tetangga	neighbour

18.2.B. Reading, Comprehension and Translation

1. Listen to the recording of the text, or to your teacher reading it, without reference to your books. Pay special attention to the pronunciation, intonation and word grouping.

2. Read the text right through to yourself a few times, then translate **the last two paragraphs** into English.

KEBAKARAN

"Min, Amin! Di mana kau, Min? Hasnah, kau tahu di mana si Amin?" tanya Ibu. "Saya mau menyuruh dia pergi ke toko, sebelum toko tutup."

"Dia di halaman belakang, Bu. Min!" terdengar Hasnah memanggil Amin; suaranya jauh lebih keras dari suara Ibu.

Amin terkejut ketika mendengar namanya dipanggil, karena dia sedang merokok di kandang kambing di belakang rumah. Dia tahu betul, bahwa dia tidak boleh merokok dan tahu pula, bahwa merokok merusakkan kesehatan. Apalagi dia baru berumur 12 tahun. Cepat-cepat dibuangnya rokoknya yang masih berapi dan masuk ke rumah.

"Mengapa engkau tidak menyahut ketika dipanggil?" tanya Ibu. Amin diam saja. "Lain kali kalau dipanggil harus menyahut. Sekarang pergilah ke toko dan beli sebungkus teh, satu kotak korek api, satu kaleng susu dan sabun cuci. Ini uangnya."

"Sabun cap apa, Ibu?"

"Cap apa saja! Pergi dengan sepeda, ya, Min, sebab toko hampir tutup."

Karena toko tidak jauh, setengah jam kemudian Amin kembali dengan belanjaan. Ibu senang.

Sesudah makan malam, sebagai biasa, Ibu, Ayah, Hasnah dan Amin duduk bercakap-cakap.

Tiba-tiba terdengar orang berteriak: "Api! Api! Api!" Suara itu dekat sekali.

Ayah melompat keluar dan bukan main terkejutnya dia, karena kandang kambing terbakar. Tetangga-tetangga dari kiri kanan datang berlari menolong memadamkan api itu. Ibu kehilangan akal, tak tentu apa yang akan dibuatnya.

Amin juga ikut keluar untuk menyelamatkan kambingnya, dan bukan main leganya, ketika dilihatnya Pak Joyo, tetangganya, telah lebih dahulu datang mengeluarkan kambing itu dari kandang. Pak Joyolah orang yang pertama-tama melihat api itu.

Mereka mencoba memadamkan api itu dengan air, pasir dan ada pula yang memukul-mukul api itu dengan dahan kayu. Ada seketika api begitu besar hampir menjilat dinding dan atap rumah. Segera tetangga-tetangga menyirami atap dan dinding rumah sampai basah betul. Karena banyak

orang yang datang menolong, api yang besar itu akhirnya dapat dipadamkan.

Di desa tempat Amin tinggal, tidak ada Barisan Pemadam Kebakaran, tidak ada alat pemompa air seperti di kota-kota besar.

Ibu, Ayah dan tetangga-tetangga bingung; bertanya kepada satu sama lain tentang asal api yang menyebabkan kebakaran itu. Amin mula-mulanya juga bingung, tetapi kemudian teringat olehnya apa yang dilakukannya sore hari itu di kandang kambing, dan sadar apa yang telah terjadi. "Puntung rokok yang kubuang, mungkin jatuh di rumput kering," pikirnya dalam hatinya. Dia merasa takut. Dia berpikir sebentar, kemudian didekatinya ayahnya. Dengan suara tertahan-tahan dia menerangkan apa yang telah terjadi.

Tentu saja ayahnya amat marah kepadanya, dan menurut pendapat Amin pun sudah sewajarnya dia dimarahi. Dia berjanji kepada dirinya sendiri, bahwa dia tidak akan merokok lagi. Kalau tidak karena Pak Joyo mungkin dia tidak ada kambing sekarang, mungkin tidak ada rumah. Mungkin rumah tetangga juga ikut terbakar, karena rumah-rumah di desa rapat sekali. Memang takutlah dia memikirkan kemungkinan-kemungkinan yang bisa terjadi. Sejak itu dia tidak pernah merokok lagi. Dia sudah jera.

Cultural Notes
Village small-holders in Indonesia often keep a cow, a pair of goats, and a few chickens or ducks. The chores of looking after these animals are shared out among the children. Thus it is Amin's job on returning from school to cut fresh grass, take it to the pen and feed the family's goats.

18.2.C.   Exercises
Oral and Writing Skills
1. Merokok memang berbahaya. Seperti dalam cerita di atas kadang-kadang bisa menyebabkan kebakaran. Apakah akibat merokok terhadap seseorang yang candu merokok? Bicarakanlah di kelas!

2. Buatlah sebuah karangan yang berjudul:
    a) Merokok merusakkan kesehatan.
atau b) Kanker penyakit yang menakutkan.

3. Bagaimana jalan yang baik untuk mencegah anak-anak merokok? Bicarakanlah!

18.3.A.   Vocabulary
Check the pronunciation, read aloud and note the meanings.

adanya	presence, situation
air bah	water in flood
banyak merusak	very destructive, damaging
beasiswa	scholarship
bencana alam	natural disaster
bermenung	to muse, ponder
biasa	to be used to
camat	head of a *kecamatan*

cangkul	hoe
ganas	savage, wild, fierce, cruel
hanyut	adrift, carried by the current
impian	dream, ideal
jarak	distance
jarang	rare(ly)
kecamatan	unit of local administration
kenang-kenangan	keepsakes, souvenirs, mementos
ketinggian	rather high
lebih kurang	more or less
meliputi (liputi)	to cover, extend over
membangun (bangun)	to build
menaksir (taksir)	to estimate
menempatkan (tempatkan)	to put, place
mengira (kira)	to think, reckon, guess
mengirakan (kirakan)	to calculate, expect, reckon, estimate
merenungkan (renungkan)	to think about, ponder upon, meditate upon
merusak (rusak)	damaging, to do damage (intransitive)
nasib	fate, lot in life
pedati	ox-cart
pematang	dyke, bank between two ricefields
penampungan	reception centre
penduduk	inhabitant, population
penghabisan	last, final
pensiun	to retire; pension
perbatasan	border; division
perkakas	tools, implements
pertanian	farming, agriculture
roda	wheel
rumit	complex, complicated
(se)suatu	a certain (thing), something
sungguh-sungguh	seriously, earnestly
surut	to subside, recede
tanah	land
tempat ketinggian	higher ground
tepi sungai	river bank, edge of river
terendam	soaked, submerged, covered with water, under water
terharu	deeply moved
ternak	livestock
ukuran	measurement; standard
wilayah	region, district

18.3.B. Reading, Comprehension and Translation
1. Listen to the recording of the text, or to your teacher reading it without reference to your books. Pay special attention to the pronunciation, intonation and word grouping.

2. Read the text right through to yourself a few times, then translate **the last three paragraphs** into English.

BENCANA ALAM

"Apa yang kaurenungkan, Hadi?" tanya Bob ketika melihat teman sekelasnya duduk bermenung.

"Oh, Bob! Apa jelas kelihatan pada mukaku bahwa aku sedang memikirkan sesuatu yang rumit? Ya, kau betul! Aku dapat surat dari Indonesia tentang bencana alam yang menimpa desaku bulan September yang lalu. Sebagai engkau ketahui, desaku dalam kecamatan Sidareja. Adanya banjir di daerah itu pada akhir bulan September jarang terjadi. Biasanya hujan banyak turun di wilayah ini dalam bulan Desember dan Januari. Dan memang penduduk di daerah Sungai Citanduy, di perbatasan selatan Jawa Barat dan Jawa Tengah, tiap-tiap tahun sudah mengirakan dan tahu akan datangnya banjir. Mereka sudah biasa mengalami banjir. Tetapi kabarnya banjir bulan September yang lalu memang menakutkan benar, karena besar dan banyak merusak. Mereka tidak mengira air bah akan seganas itu. Korbannya tiga orang yang mati. Diantaranya dua orang dewasa, disebabkan kedinginan dan kelaparan, dan seorang anak mati, karena terbenam.

Camat menaksir kerugian meliputi Rp45 juta, karena kerusakan sawah yang luasnya lebih kurang 10 hektar. Tanah pertanian yang luasnya 10 hektar menurut ukuran Australia tidak begitu besar, tetapi menurut ukuran petani-petani kecil di Indonesia, itu sangat luas.

Lebih dari seminggu, ratusan penduduk Sidareja menunggu dengan

sabar di tempat-tempat ketinggian di gubuk-gubuk penampungan sampai air surut.

Sebuah rumah yang hanya 20 meter jaraknya dari tepi Sungai Citanduy, sudah beberapa kali kebanjiran, tetapi penghuninya, seorang wanita tua, tetap mau kembali ke rumahnya itu. Pada hari kedelapan rumahnya masih terendam air lumpur. Hanya atapnya yang kelihatan.''

"Bagaimana orang tua dan saudara-saudaramu?'' tanya Bob pula. Betul-betul terharu dia mendengar cerita temannya.

"Ya, syukur, mereka dapat menyelamatkan diri, tetapi nasibnya hampir sama dengan orang banyak yang lain. Mereka harus mulai membangun rumah kembali dan memperbaiki pematang-pematang sawah yang rusak. Ternak, seperti ayam dan kambing, habis hanyut atau terbenam.''

"Jadi, apa yang akan kauperbuat?''

"Ya, apa?'' jawab Hadi. "Aku sendiri sebagai mahasiswa tidak dapat membantu mereka. Aku hidup dengan beasiswa. Ini tahun pelajaranku yang penghabisan. Aku akan belajar dengan sungguh-sungguh. Kalau ujianku selesai dengan hasil yang baik, tentu dengan mudah aku akan mendapat pekerjaan. Mudah-mudahan aku akan dapat membantu orang tuaku. Mereka sudah tua. Suatu waktu nanti, aku akan mencuci cangkul Ayah dan perkakas-perkakas pertaniannya bersih-bersih, dan akan kutempatkan di sebuah kamar hanya untuk dilihat-lihat, sebagai kenang-kenangan. Hidupnya seperti roda pedati, banyak kali turun naiknya. Sudah waktunya mereka pensiun. Ya, itulah impianku. Itulah yang aku renungkan.''

Cultural Notes

1. In traditional village life the extended family is its own security system. Children are a form of insurance against old age. And among the ideals taught to children, like Hadi in the story, is to be able to care for their parents when they can no longer work.

2. A common phrase used to describe a life full of ups and downs is: *Hidupnya seperti roda pedati*. A *pedati* (ox-cart) wheel is very high and the rotation of its circumference from the highest point to the lowest is symbolic of the ups and downs of life.

18.3.C. Oral and Writing Skills

1. Di daerah Saudara bulan apa biasanya mulai musim hujan? Sebagai dalam cerita di atas, hujan lebat yang berhari-hari bisa menyebabkan banjir yang membinasakan rumah, jalan-jalan, kebun dan sawah. Tetapi hujan ada pula baiknya. Bicarakanlah di kelas!

2. Buatlah sebuah karangan pendek dengan salah satu judul yang berikut.
   a) Banjir
   b) Kehujanan
   c) Musim kemarau
   d) Menanti datangnya hujan

332

18.4.A.   Vocabulary

Check the pronunciation, read aloud and note the meanings.

baju sehari-hari	everyday clothes
bangga	proud
benci	hate, hatred
benda	thing, article, material things
bercita-cita	to have as an ambition
berhias	to dress up, put on make-up
berlainan	different
bersusah payah	to wear oneself out, make every effort
bertindak	to act, take action
berupa	in the form of
betah	to be content, like, adjust to
bicara	speech
buruk	bad, ugly, unattractive
celakanya	the unfortunate thing
ceroboh	sloppy, awkward, careless
dangkal	superficial, shallow
debu	dust
demikian	like that, such
ejekan	ridicule (n)
gadis	unmarried female, girl
getah	sap, stickiness (of fruit)
guna	use (n); for
hak	right(s), prerogative
halangan	obstacle
harta benda	property, wealth
hebat	tremendous, violent
kasar	rough, coarse
kasihan	to pity, feel sorry for
kawin (dengan)	to marry
kaya	rich
kebutuhan	need (n)
keinginan	desire (n)
kekayaan	wealth
kelak	later
kemauan	desire (n), will, determination
keras kepala	stubborn
kerbau	water buffalo
kesalahan	fault, mistake
kesukaran	difficulty
kewajiban	responsibility, obligation
kuasa	power
kuat	strong
lain halnya	a different case, another matter
langsing	slim
lantang	loud (of voice)

lemah-lembut	gentle
makin	increasingly, more
malu	ashamed, embarrassed, shy
masing-masing	each, respectively
melahirkan (lahirkan)	to give birth (to)
melukai (lukai)	to wound, hurt
memanjakan (manjakan)	to spoil (a person)
membalas guna (balas)	to show gratitude
membesarkan (besarkan)	to bring up (children)
membutuhkan (butuhkan)	to need
memikat hati	to be attractive, appealing
memiliki (miliki)	to own, possess
mempertahankan (pertahankan)	to defend, uphold
memuncak (puncak)	to come to a climax
menambah (tambah)	to add
mendandani (dandani)	to adorn
menentukan (tentukan)	to determine, fix, decide
mengalah (kalah)	to give in
menghalangi (halangi)	to obstruct (figuratively 'to stand in someone's way')
menusuk (tusuk)	to pierce
menyayangi (sayangi)	to love
menyenangi (senangi)	to like
menyerahkan (serahkan)	to give up, surrender (transitive)
merah padam	red (of angry face)
otak	brain
patuh	obedient, meek
patung	statue
pendirian	standpoint, view, principle
perbedaan	difference
prinsip	principle
rapi	orderly, neat, tidy
rasa	feeling (n)
rumah tangga	household
sebaliknya	on the other hand, on the contrary
seisi rumah	the whole household
Sekolah Menengah Atas	senior high school
seolah-olah	as if
serdadu	soldier
si Anu	so-and-so, what's her/his name?
sombong	arrogant
tajam	sharp
tampak	visible
terasa	felt
terikat	bound, restricted
tertentu	fixed, definite

334

tidak membalas guna	to be ungrateful
timbul	to emerge, rise, appear
tubuh	body
tujuan	purpose, aim (n)
tulang	bone
watak	character

18.4.B.   Reading, Comprehension and Translation

1. Listen to the recording of the text, or to your teacher reading it, without reference to your books. Pay special attention to the pronunciation, intonation and word grouping.

2. Read the text right through to yourself a few times, then translate the first three paragraphs into English.

IBU

Kata Ibu, dia sayang benar kepada aku. Aku anak yang ketiga. Aku pendiam, betah tinggal di rumah. Aku merasa tidak membutuhkan teman dan tidak ada keinginan untuk bermain jauh-jauh. Baju sehari-hariku tak pernah kena lumpur atau berdebu atau kena getah buah-buahan. Dan memang, kalau dibandingkan dengan saudara-saudaraku Marni dan Irma, kami sangat berlainan. Perbedaan kami itu makin jelas tampak dan makin terasa setelah kami menduduki Sekolah Menengah Atas dan seterusnya.

Kata Ibu, aku anaknya yang paling patuh. Karena apa? Aku selalu mengalah, mau membuat Ibu bahagia dan menyerahkan semuanya pada Ibu dan untuk Ibu.

Marni, saudaraku yang paling tua, lain halnya. Dia ceroboh berpakaian; tubuhnya besar dan tinggi, tulangnya besar seperti laki-laki, dia berjalan seperti serdadu, bicaranya kasar dan dia keras kepala. Tetapi wataknya kuat, dia mempunyai pendirian yang kuat, kemauan yang keras dan tujuan hidup yang tertentu. Ditambah dengan otak yang tajam, halangan sebesar gunung pun akan dapat diatasinya.

Ibu paling tidak menyenangi Marni. Kemauan ibuku, Marni harus berpakaian rapi, harus lemah-lembut. Gerak-gerik, cara berbicara harus memikat hati; selain dari itu dia harus bercita-cita untuk kawin dengan seorang yang kaya. Kekayaan, harta benda, kata Ibu dapat mengatasi kesukaran-kesukaran dalam hidup. Tujuannya, kelak bisa membantu orang tua, berupa uang atau benda, karena mereka telah bersusah payah membesarkan anak.

Karena sifat-sifat demikian tidak dimiliki Marni, Ibu sering marah kepadanya. "Peliharalah dirimu, cobalah berhias sedikit. Kurangilah makan kue-kue. Apakah engkau tidak mengingini tubuh yang langsing seperti Irma? Badanmu yang besar seperti kerbau, kalau didandani dengan baik, mungkin akan agak menarik. Apa engkau mau menjadi gadis tua seperti si Anu . . .? Apakah engkau tidak akan malu, kalau Irma adikmu kawin lebih dahulu?"

Mendengar ejekan Ibu, biasanya Marni diam saja seperti patung, mukanya merah padam.

Aku juga diam. Aku kasihan kepada Marni. Kadang-kadang timbul rasa benci kepada ibuku, karena dia melukai Marni. Mengapa ibuku berpikir begitu dangkal? Marni, kasar, buruk, tubuhnya seperti laki-laki; itu bukan kesalahannya. Dia dilahirkan begitu; itu suatu kebetulan. Sebaliknya, jika Irma cantik, langsing, pandai memikat hati orang, seperti perempuan yang Ibu senangi, itu pun suatu kebetulan. Celakanya, karena Ibu sering membandingkan Irma dengan Marni, Irma menjadi gadis yang sombong, sangat bangga dengan kecantikannya. Memang marni tahu, aku tahu, seisi rumah tahu bahwa Irma anak yang paling disayangi dan dimanjakan oleh Ibu.

Sekali Ibu dan Marni bertengkar dengan amat hebat, bertengkar mempertahankan prinsip mereka masing-masing. Marni berkata: "Aku tidak ada bercita-cita untuk kawin. Siapa yang mau kawin dengan orang yang sekasar dan seburuk aku ini? Jika Irma mau kawin lebih dahulu, aku tidak akan menghalangi. Aku akan berangkat dari rumah ini, aku mau bekerja dan mau berdiri sendiri."

"Rupanya engkau mau memberi malu orang tuamu," kata Ibu, "anak yang tidak membalas guna, anak yang tidak tahu adat."

Walaupun pertengkaran sudah memuncak, Ayah diam saja. Ayah tidak bertindak, karena dia merasa seolah-olah tidak punya kuasa sedikit pun di rumah itu. Yang banyak terdengar, ialah suara Ibu yang lantang mengeluarkan kata-kata yang kasar, yang menusuk hati siapa yang mendengarnya.

Malam hari aku sering merenungkan masa depanku. Ah, apa gunanya kupikirkan — hidupku terikat kepada kemauan dan kebutuhan ibuku.

18.4.C.   Oral and Writing Skills
1. Apakah kewajiban seorang ibu? Apakah seorang ibu ada hak untuk menentukan pendidikan dan masa depan anaknya? Bicarakanlah di kelas!

2. Buatlah sebuah karangan pendek dengan salah satu judul yang di bawah ini.

a) Ibu yang baik
b) Hidup tanpa ibu
c) Ibu yang ganas

18.5.A.   Vocabulary
Check the pronunciation, read aloud and note the meanings.

anggota	member
berbagai	various
berpendidikan	to be educated
berusaha	to make every effort, strive
berusia	to be — years old
bidang tanah	plot of land
hadirin	those present, audience
imigran	immigrant, migrant
keamanan	security

kebudayaan	culture
kemiskinan	poverty
kepadatan	density
kesengsaraan	misery
lulus	to pass (an examination)
masalah	problem, issue
melalui	by means of, to go through
memencarkan (pencarkan)	to spread, disperse (transitive)
memilih (pilih)	to choose
mencukupi (cukupi)	to suffice, be sufficient
menegaskan (tegaskan)	to affirm, stress, state
mengadakan (adakan)	to hold (an event)
mengemukakan (kemukakan)	to put forward, propose
mengingatkan (ingatkan)	to remind
menjamin (jamin)	to guarantee
menyatakan (nyatakan)	to state, explain, clarify
menyebarkan (sebarkan)	to spread, distribute
menyimpulkan (simpulkan)	to conclude (transitive)
pembicaraan	speech
pemindahan	transfer (n), removal
penegasan	statement, explanation
pengaruh	influence (n)
penting	important
penyaringan	screening (n), straining (n)
perbaikan	improvement
perguruan tinggi	tertiary institution
pertahanan	defence
rangka	framework
satu-satunya jalan	the only way
Sekolah Menengah Pertama	junior high school
selanjutnya	furthermore
semenjak	since
tanah air	home countιy
terutama	especially
transmigrasi	transfer of population (between islands in Indonesia), internal migration

18.5.B.   Reading, Comprehension and Translation

1. Listen to the recording of the text, or to your teacher reading it, without reference to your books. Pay special attention to the pronunciation, intonation and word grouping.

2. Read the text right through to yourself a few times, then translate **the last paragraph** into English.

TRANSMIGRASI PENTING UNTUK PERTAHANAN DAN KEAMANAN

Presiden menegaskan, transmigrasi harus benar-benar bisa menjamin perbaikan hidup rakyat dan bukanlah pemindahan kesengsaraan dan kemiskinan dari Jawa ke daerah lain.

Penegasan Kepala Negara itu dikemukakan ketika menerima 99 orang transmigran yang berusia sekitar 16 sampai 25 tahun, yang berasal dari daerah Jombang di Jawa Timur. Mereka adalah diantara 1000 pemuda yang berpendidikan SD (Sekolah Dasar), SMP (Sekolah Menengah Pertama), SMA (Sekolah Menengah Atas) dan Perguruan Tinggi, yang dipilih setelah lulus dalam penyaringan yang diadakan semenjak enam bulan sebelumnya.

Presiden juga menyatakan transmigrasi adalah masalah nasional, terutama dalam rangka memencarkan kepadatan penduduk dari satu daerah ke daerah lain. Waktu itu Presiden juga mengingatkan hadirin bahwa 65% dari 130 juta rakyat Indonesia hidup di pulau Jawa, salah satu pulau yang boleh dikatakan kecil kalau dibandingkan dengan pulau-pulau besar lainnya di Indonesia.

Umumnya penghidupan rakyat bertani, dan kebanyakan dari mereka hanya mempunyai bidang tanah yang luasnya lebih kurang setengah hektar. Dan ini tentu tidak mencukupi. Karena itu, demikian Kepala Negara menyimpulkan pembicaraannya, kita harus berusaha memberi perbaikan kepada hidup petani-petani, terutama pemuda-pemuda tani, dengan memberi mereka tanah yang lebih luas. Satu-satunya jalan ialah mereka harus bersedia pergi ke luar Jawa dengan melalui transmigrasi. Presiden selanjutnya mengemukakan bahwa pemindahan penduduk dari Jawa dan menyebarkan mereka di berbagai daerah, seperti Sumatera dan Kalimantan, penting artinya dalam rangka Pertahanan dan Keamanan Nasional.

(Disadur dari sebuah artikel di surat kabar *Kompas.*)

18.5.C. Oral and Writing Skills

1. Transmigrasi di Indonesia tujuannya menjamin perbaikan hidup rakyat dan memencarkan kepadatan penduduk dari satu daerah ke daerah yang lain. Misalnya: memindahkan penduduk dari pulau Jawa ke Sumatera dan ke Kalimantan. Di Australia banyak imigran yang datang dari berbagai negara lain. Bicarakanlah di kelas tujuan imigrasi di Australia.

2. Buatlah sebuah karangan pendek dengan salah satu judul yang di bawah ini . . .

    a) Hidup sebagai seorang imigran
    b) Negeri baruku
    c) Meninggalkan tanah air
    d) Pengaruh kebudayaan imigran di Australia

WORD LIST

The words in this list are arranged alphabetically by word according to their root forms, eg. *berbicara* appears under *bicara; memegang* under *pegang; kelihatan* under *lihat; penangis* under *tangis.*
Remember that the prefixes are:
ber   and its sound changes
di-
ke-
me-   and its sound changes
memper-
pe-   and its sound changes
per-
se-
ter-
Derived forms are listed in alphabetical order at the end of each entry, e.g. *baru, membarui, memperbarui, baru-baru ini.*
The following abbreviations have been used: adj. (adjective); ch. (chapter); e.g. (for example); i.e. (that is); lit. (literally); n. (noun); v. (verb).

A

abang, older brother
abu-abu, grey
acara, agenda, programme, item on agenda
ada, to be in (e.g. at home), to be, to exist; there is, there are; to have, possess. *adalah,* is, are. *adanya,* presence, situation. *berada,* to be (at a place). *keadaan,* situation, condition(s). *mengadakan,* to hold (an event). *ada seketika,* at one moment/time
adat, tradition(al), custom(ary)
adik, younger brother/sister
aduh, ouch! oh! wow!
agak, rather
agama, religion
agung, important (of people), great
Agustus, August

Ahad, Sunday
ahli, expert
air, water. *air bah,* water in flood. *air jeruk,* orange juice. *air mata,* tear(s)
ajar, belajar, to learn, study. *mempelajari,* to study something (in depth). *mengajar,* to teach. *pelajar,* student. *pelajaran,* lesson. *pengajar,* instructor. *pengajaran,* instruction
akan, will (indicates future), about
akhir, end. *akhirnya,* finally, eventually
aktif, active
aku, I, me. *mengaku,* to confess, admit, acknowledge
alam, mengalami, to experience. *pengalaman,* experience. *alam baka,* the Eternal World, the Hereafter
alamat, address

alangkah bagusnya, how beautiful!
alat, instrument, tool. *peralatan,*
  equipment, accessories (in ch. 15
  the betel set). *alat pemompa air,*
  water pump
aman, peaceful, secure. *keamanan,*
  security. *mengamankan,* to make
  something safe/secure; to pacify
amat, very
ambil, mengambil, to get, fetch,
  take (from a place)
Amerika, American, America
amplop, envelope
anak, child, young person.
  beranak, to have children. *anak*
  sungai, tributary (of a river)
aneh, strange
anggap, menganggap, to regard (as)
anggota, member
angguk, mengangguk, to nod
  (intransitive), *menganggukkan,*
  to nod (transitive)
anggur, menganggur, to be
  unemployed. *pengangguran,*
  unemployment
angkat, berangkat (dari), to leave,
  keberangkatan, departure
anjing, dog
antar, mengantar(kan), to
  accompany, take someone to
  somewhere
antara, among, between.
  perantaraan, intermediary;
  through, by means of
anugrah, a gift from God or from a
  person of higher status to one of
  lower. *menganugrahi,* to present
  someone with something.
  menganugrahkan, to present
  something to someone
apa, question indicator (see
  2.3.C.2); what, what kind of.
  apalagi, even less, let alone;
  especially, furthermore. *apa*
  kabar, how are you? *apa saja,*
  anything at all; whatever there
  is, whatever you like. *apa sebab*
  (nya), why? (**see also** *berapa,*
  kenapa, mengapa, siapa)
api, fire. *berapi,* alight
apotek, chemist shop
April, April
arti, berarti, to mean
asal, cause (n), source. *berasal dari,*
  to originate from, come from
asing, foreign
asli, genuine(ly), original(ly);
  originating from
asyik, busy, absorbed (usually
  followed by a verb)
atap, roof
atas, top (of). *mengatasi,* to over-
  come, surpass
atau, or
awan, cloud
awas, be careful! careful
ayah, father
ayam, chicken
ayo(h), come on

B

baca, bacaan, reading material, the
  act of reading aloud. *membaca,*
  to read. *membacakan,* to read
  someone something. *pembaca,*
  reader (i.e. a person)
badak, rhinoceros
badan, body
bagai, berbagai, various.
  bagaimana, how, like what.
  sebagai, like, as. *sebagainya,* **see**
  dan sebagainya
bagi, for. *bagian,* part (n) =
  bahagian. *membagi,* to divide
bagus, nice, beautiful, attractive.
  memperbagus, to beautify
bah, inundation, flood
bahagia, happy, fortunate
bahagian, part (n) = *bagian*
bahak, terbahak-bahak, heartily (of
  laugh)
bahasa, language. *Bahasa*
  Indonesia, the Indonesian
  language

bahaya, danger. *berbahaya*, dangerous
bahu, shoulder
bahwa, that (conjunction)
baik, good, nice, kind. *baiklah*, O.K., yes, sure. *baik-baik*, properly, in an orderly manner. *kebaikan*, kindness, goodness. *membaiki* = *memperbaiki*, to repair, fix, improve, correct. *perbaikan*, improvement. *baik-baik saja*, (I'm) fine/well.
baju, dress, coat. *baju hari-hari*, every-day clothes. *baju tidur*, night dress
baka, eternal
bakar, *kebakaran*, to be burnt down (see 17.14). *terbakar*, to catch fire; burnt, scorched, burnt down (see 15.4); see also 15.5
baki, tray
bakmi, noodles. *bakmi goreng*, fried noodles
balas guna, *membalas guna*, to show gratitude. *pembalas guna*, service done in return for a good deed. *tidak membalas guna*, to be ungrateful
balik, *sebaliknya*, on the contrary, on the other hand
banding, *membandingkan*, to compare
bangga, proud
bangku, seat, bench
bangsa, nation, race
bangun, to wake up, get up. *membangun*, to build. *membangunkan*, to wake someone up. *terbangun*, to be awakened suddenly (involuntarily) (see 15.4)
banjir, flood. *kebanjiran*, to be flooded (overtaken by flood) (see 17.16)
bantal, pillow
bantu, *membantu*, to help.

pembantu, household help, assistant, helper
banyak, much, many, a lot. *kebanyakan*, majority. *banyak merusak*. very destructive, damaging. *sebanyak mungkin*, as much as possible
bapak, father, sir (see 4.2.C.1)
barang, thing, goods, luggage
barangkali, perhaps
barat, west. *kebarat-baratan*, westernized
baring, *berbaring*, to lie down. *membaringkan*, to lie someone down
baris, *berbaris*, to line up, form rows. *barisan pemadam kebakaran*, fire brigade
baru, new, just. *membarui* = *memperbarui*, to renovate, renew, reform. *baru-baru ini*, recently
basah, wet. *membasahi*, to wet
batas, *perbatasan*, border, division
baterai, battery
batu, stone
bawa, *membawa*, to carry, bring, take (from one place to another). *membawakan*, to bring someone something. *(tidak)terbawa*, (un)able to be carried (see 15.6). *terbawa*, to be taken by mistake (see 15.5)
bawah, *(di) bawah*, under, below
baya, *sebaya*, of the same age, of the same generation
bayang, *membayangkan*, to imagine, suggest
bayar, *membayar*, to pay (for)
bayi, baby
be-: for words not listed here see under the root.
beasiswa, scholarship
becak, rickshaw, pedicab
beda, *perbedaan*, difference
bedak, powder (face powder, talc)
begini, like this

begitu, so, very; like that
belah, sebelah, side
belakang, back (of)
belanja, expenses. *belanjaan,*
 purchases. *berbelanja,* to go
 shopping. *membelanjakan,* to
 spend
belas, teen. *sebelas,* eleven
belau = biru, **which see**
beli, belian, purchases. *membeli,* to
 buy. *membelikan,* to buy
 someone something. *(tidak)*
 terbeli, (un)able to be bought,
 can(not) afford **(see 15.6)**
beliau, he/she (of someone whom
 one respects)
belum, not yet. *sebelum,* before.
 belum pernah, never, never yet
benam, terbenam, to be drowned,
 sink **(see 15.4)**
benar, true, truly, correct, right,
 very. *benar-benar,* truly.
 sebenar-benarnya, real
bencana alam, natural disaster
benci, hatred. *benci (kepada),* to
 hate
benda, thing, article, material
 things
bendera, flag
bentang, terbentang, to be spread
 out
bentar, sebentar, a moment.
 sebentar lagi, in a moment.
 sebentar-sebentar, now and then,
 from time to time, again and
 again
benua, continent
ber-: for words not listed here see
 under the root
berangkat, to depart, leave.
 keberangkatan, departure
berapa, how much, how many.
 berapa jam, how many hours.
 beberapa, several
beras, uncooked rice
berat, heavy

beres, in order, in good order, well
 organized
beri, memberi, to give.
 memberikan, to give, to give
 away, hand over (something to
 someone). *pemberian,* gift
beritahu, memberitahu, to inform,
 let know. *memberitahukan*
 (kepada), to tell, reveal (to
 someone). *pemberitahuan,*
 notice, announcement
bersih, clean. *kebersihan,*
 cleanliness, neatness.
 membersihkan, to clean
beruang, bear
besar, big. *kebesaran,* rather big
 (see 17.17); greatness.
 membesarkan, to enlarge, to
 bring up (children).
 memperbesar, to enlarge,
 extend. *pembesar,* dignitary
besok, tomorrow
betah, to be content
betina, female (usually of animals
 only)
betul, correct; true; very. *kebetulan,*
 as it happened, it happened that;
 fact (n), coincidence. *sebetulnya,*
 actually. *betul-betul,* very,
 sincerely
biasa, to be used to. *biasanya,*
 usually
bibik, aunt **(see 11.2.C)**
bibir, lip(s)
bicara, speech. *berbicara,* to speak,
 talk. *membicarakan,* to discuss,
 talk about. *pembicara,* speaker.
 pembicaraan, speech
bidang tanah, plot of land
bila, when(ever)
binasa, destroyed. *membinasakan,*
 to destroy
binatang, animal, beast
bingung, bewildered, puzzled,
 confused
bintang, medal, star
bioskop, cinema

bir, beer
Birma, Burma
biru, blue. *biru muda,* light blue.
 biru tua, dark blue
bis, bus
bisa, to be able (can)
bisa, poison. *berbisa,* to be
 poisonous
bisu, dumb, mute
blus, blouse
bodoh, stupid. *kebodohan,*
 stupidity
bola, ball
boleh, to be allowed (may)
bom, membom, to bomb.
 membomi, to bomb again and
 again
bonceng, membonceng, to give a
 lift to, have as a pillion rider.
 membonceng dengan, to get a
 lift with
bosan, bored. *membosankan,*
 boring
botol, bottle
Bu = ibu, **which see**
buah, classifier for all kinds of
 inanimate objects **(see 9.9)**
buah-buahan, fruit
buang, membuang, to throw away
buat, berbuat, to do, behave.
 buatan, workmanship; made in
 (a place), made by (a person).
 membuat, to do, make.
 membuatkan, to make someone
 something. *memperbuat,* to do.
 perbuatan, deed, act, action.
 terbuat dari, made of
budak, slave; child (in some areas)
budaya, kebudayaan, culture
bujang, membujang, to be single
buka, membuka, to open.
 membukai, to open (repeated
 action). *membukakan,* to open
 something for someone. *terbuka,*
 to be open **(see 15.3)**
bukan, no, not. *bukankah,* **(see**
 15.10) *bukan buatan gembiranya*

= *bukan kepalang gembiranya*
= *bukan main gembiranya,* how
 happy he/she is
buku, book
bulan, month, moon
bulu, wool, hair of body, feather,
 fur. *membului,* to pluck (a
 chicken)
bung, form of address to male
 friends, waiters, peddlers,
 salesmen, taxidrivers, etc.
bunga, flower
bungkus, packet, package
bunyi, noise, sound. *berbunyi,* to
 ring, sound. *membunyikan,* to
 ring something
buru, terburu-buru, in a hurry
buruk, bad, ugly, unattractive
burung, bird
buta, blind. *buta huruf,* illiterate
butuh, kebutuhan, need (n).
 membutuhkan, to need

C

cabe, chili
cakap, bercakap, to converse,
 bercakap-cakap, to chat, talk
campur, bercampur (dengan), to be
 mixed (with)
camat, head of *kecamatan.*
 kecamatan, unit of local
 administration
candi, ancient temple (e.g.
 Borobudur)
candu, opium; addicted to
cangkir, cup
cangkul, hoe
cantik, attractive, pretty.
 kecantikan, beauty
cap, stamp (n), brand (n)
capek, tired
cara, way, manner
cari, mencari, to look for, seek.
 mencarikan, to look for/search
 for something for someone
catatan, records, statistics, notes

cegah, mencegah, to prevent
cekatan, capable
celaka, accident, misfortune.
celakanya, the unfortunate
thing. *kecelakaan,* accident,
misfortune
celana, pants, trousers
cengkerama, bercengkerama, to
chat and joke
cepat, fast, quick(ly), *kecepatan*
speed
cerana, platter, bowl (for betel)
cerita, story. *bercerita,* to tell a
story. *menceritakan,* to tell,
relate. *cerita pendek,* short story
ceroboh, sloppy, awkward
Cina, China, Chinese
cinta, love, *cinta (kepada)* or
mencintai, to love someone
cita, bercita-cita, to have as an
ambition
cium, mencium, to smell, sniff,
kiss. *menciumi,* to kiss again
and again
coba, mencoba, to try (to)
coklat, brown
cuci, cucian, washing. *mencuci* to
wash something. *tercuci,* to be
washed by mistake **(see 15.5)**
cucuk konde. decorative hairpin (to
place in bun of hair)
cukup, sufficient, enough.
mencukupi, to suffice, be
sufficient
cukur, mencukur, to shave, shear
curi, kecurian, to suffer from the
theft of **(see 17.14)**. *mencuri,* to
steal
curiga (terhadap/kepada), to be
suspicious of. *mencurigai,* to
suspect

D

daerah, area, region
daftar, mendaftarkan, to register
daging, meat (beef)

dagu, chin
dahan, branch (of tree)
dahulu = dulu, **which see**
dalam, in, inside. *memperdalam,* to
deepen
dan, and. *dan lain-lain (dll),* = *dan
sebagainya (dsb).* = *dan
seterusnya (det),* etc., and so on,
and so forth.
danau, lake
dandan, mendandani, to adorn
dangkal. superficial, shallow
dapat, to be able to (can)
kedapatan, discovered, found
out **(see 17.15)**. *mendapat,* to
get, obtain, find. *pendapat,*
opinion. *terdapat,* to be found
(see 15.3)
dapur, kitchen
darah, blood
darat, mendarat, to land.
medaratkan, to land (a plane,
etc.)
dari, from. *dari(pada),* than
dasi, necktie
datang, to come, arrive.
kedatangan, arrival; *kedatangan
tamu,* to have a visitor **(see
17.14)**. *mendatangi,* to call at,
visit, invade. *mendatangkan,* to
import, bring someone/
something to/from somewhere
debu, dust
dekat, near, close. *mendekat (ke),*
to move close to. *mendekati,* to
approach, move close to.
mendekatkan, to bring
something closer to something
else
delapan, eight
demikian, like that, such, thus
denda, fine (n)
dengan, with, by (a means of
transport)
dengar, kedengaran, audible;
sounds (v.) **(see 17.15)**.
memperdengarkan, to let

someone hear. *mendengar,* to
hear. *mendengarkan,* to listen
(to). *pendengar,* listener.
pendengaran, hearing. *(tidak)*
terdengar, (un)able to be heard,
(in)audible (see 15.6)
depan, next (month, year, etc.);
front
dering, berdering, to ring, tinkle
desa, village
Desember, December
detik, instant, second. *berdetik,* to
tick (of clock, watch)
dewasa, grown up, adult (adj.).
dewasa ini, nowadays, these
days
di-: for words not listed here see
under the root
di, in, at, on
dia, he, she
diam, to be silent. *terdiam,* to fall
silent (see 1·5.4)
didik, berpendidikan, to be
educated. *mendidik,* to educate.
pendidikan, education,
upbringing
dinding, wall
dingin, cold. *kedinginan,* freezing
(overcome by cold) (see 17.13)
diri, berdiri, to stand (up).
pendirian, standpoint, view,
principle. *sendiri,* alone. *terdiri*
dari, consist of, comprise.
dirinya sendiri, himself, herself
dokter, doctor. *kedokteran,* **see**
sekolah kedokteran. *dokter*
mata, eye doctor
dolar, dollar
domba, sheep
dua, two
duduk, to sit. *kedudukan,* position,
situation. *menduduki,* to. occupy.
mendudukkan, to seat someone
somewhere. *penduduk,*
inhabitant, population. *duduk-*
duduk, to sit around leisurely
dulu, formerly, before; first, now

(i.e., before doing something
else)
dunia, world

E

ejekan, ridicule (n)
ekor, classifier for animals
emas, keemas-emasan, golden
empat, four, *seperempat,* quarter
empuk, soft, tender
empunya, owner
enak, delicious
enam, six
engkau, you (see 4.2.C.1), *engkau*
sekalian, all of you
entahlah, I don't know . . ., who
knows . . .?
erti, mengerti, to understand
Eropa, Europe

F

fitnah, memfitnah, to slander
foto, photo

G

gadis, unmarried female, girl
gagah, strong, sturdy, dashing
gajah, elephant
gambar, picture, drawing (n).
gambaran, picture, drawing (n).
menggambar, to draw (a
picture). *menggambari,* to draw
on. *tergambar,* to be drawn,
depicted, illustrated (see 15.3)
ganas, savage, wild, fierce, cruel
ganggu, mengganggu, to disturb,
interrupt, tease
ganja, cannabis, marijuana
ganteng, handsome
gantung, bergantung (pada), to
hang; depend. *menggantungkan,*
to hang something. *tergantung,*
to be hung, suspended (see 15.3);
to depend

garam, salt. *menggarami*, to put
salt on; to salt
garasi, garage
garpu, fork
gaul, *pergaulan*, social mixing
gawat, serious, critical
gaun, dress
gedung, building
gegap-gegar, in tumult, in uproar
gelak, laughter; to laugh
gelang kaki, ankle bracelets
gelap, dark
gelas, glass. *segelas susu*, a glass of
milk
gelisah, restless
gemar akan or *menggemari*, to like
something very much
gembira, happy, delighted.
menggembirakan pleasing; to
please someone
gementar, to tremble
gemuk, fat. *kegemukan*, rather fat,
on the fat side (see 17.17)
gemuruh, thundering (adj.)
gerak, *gerakan*, movement.
menggerakkan to make
something move. *gerak-gerik*,
movements
geranat, grenade
gesa, *tergesa-gesa*, in a hurry
getah, sap, stickiness (of fruit)
giat, energetic, active
gigi, tooth, teeth
gigit, *tergigit*, to bite something
accidentally (see 15.5)
gincu bibir, lipstick
girang, *kegirangan*, happiness,
excitement
golak, *bergolak*, to seethe, boil
golongan, group
gram, gramme
gubuk, hut, shed, hovel
gugur, to fall (of leaves, flowers)
gula, sugar. *menggulai*, to put
sugar on, to sugar, to ice. *gula-
gula*, sweets, candy
guna, for; use (n)

gunung, mountain
guru, teacher. *perguruan tinggi*,
tertiary institution

H

habis, finished, used up, all gone.
kehabisan, to run out of, to
suffer from a shortage of (see
17.14). *menghabiskan*, to finish,
use something up. *penghabisan*.
final, last. *(tidak) terhabiskan*,
(un)able to be finished (see 15.6)
hadap, *terhadap*, towards (not 'in
the direction of')
hadiah, prize, gift
hadir, to be present. *hadirin*, those
present, audience. *menghadiri*,
to attend (a meeting)
hafal, *menghafal*, to memorize
hak, rights, prerogative
hakim, judge (n)
hal, matter, case
halaman, page; yard
halang, *halangan*, obstacle.
menghalangi, to block, obstruct
(figuratively): to stand in
someone's way
hambat, *menghambat*, to impede,
obscure, hinder
hampir, almost
hangat, warm
hanya . . ., only, just
hanyut, adrift, carried by the
current
harap, *harapan*, hope (n). *diharap
supaya*, it is hoped that
harga, price, cost
hari, day. *hari ini*, today. *hari
lahir*, birthday. *hari ulang
tahun*, birthday, anniversary.
harian (adj), daily
harimau, tiger
harta benda, property, wealth
haru, *terharu*, deeply moved
harus, have to, must. *seharusnya*,
should, ought to

hasil, result, product. *berhasil,* to be successful

hati, heart. *memperhatikan,* to look carefully at, take notice of, pay attention to, observe. *perhatian,* attention

haus, thirsty. *kehausan,* to suffer from thirst (overcome by thirst) **(see** 17.13)

hawa, weather, air, climate

hebat, tremendous, violent

hektar, hectare

helai, classifier for clothing, sheets of paper and other thin materials, also for hair and cotton

hendak, to intend, want, wish (to)

henti, berhenti, to stop. *menghentikan,* to stop something

heran, surprised, amazed, astonished. *mengherankan,* astonishing; to astonish someone

hewan, animal

hias, berhias, to dress up, put on make-up

hidung, nose

hidup, alive; switched on (of light, radio, etc.). *kehidupan,* life. *menghidupkan,* to turn on (radio, light, etc.). *penghidupan,* livelihood, way of life

hijau, green

hilang, lost, vanished, missing. *kehilangan,* to lose, suffer the loss of **(see** 17.14). *kehilangan akal,* to lose one's head, act irrationally, not know what to do

hindar, menghindarkan, to avoid. *terhindar,* to escape from, to be safe from

hingga, sehingga, so that, with the result that, to the extent that

hitam, black

hormat (terhadap/kepada), to be respectful to. *menghormati,* to respect, honour

hujan, kehujanan, to be caught in the rain **(see** 17.16)

huni, penghuni, occupant, inhabitant

huruf, letter, character

I

ibu, mother **(see** 4.2.C). *ibu kota,* capital city

ikan, fish

ikat, terikat, to be bound, restricted

iklan, advertisement

ikut (dengan), to come with, join in, follow. *berikut(nya),* the next, following

imigran, immigrant, migrant

imigrasi, immigration

impi, impian, dream, ideal (n)

indah, beautiful

ingat, to remember. *mengingat,* to remember. *mengingatkan,* to remind. *(tidak) teringat,* (un)able to be remembered

Inggeris, English, British, England

ingin (akan), to want/wish for something. *keinginan,* desire (n) *mengingini,* to want/wish for something. *menginginkan* = *mengingini*

ini, this, these

injak, menginjak, to tread on. *terinjak,* to be trodden on, to tread on something accidentally **(see** 15.5)

iring, pengiring, accompaniment

isap, mengisap, to smoke, suck

isi, contents. *mengisi,* to fill. *seisi rumah,* the whole household

istri, wife

itu, that, those, the **(see** 3.3.C.5)

J

jadi, so, thus. *kejadian,* happening, event. *menjadi,* to become. *terjadi,* to happen *jaga, menjaga,* to watch over, care for

jajah, menjajah, to colonize. *terjajah,* to be colonized

jajar, berjajar, to be in a row

jalan, street, road. *berjalan,* to walk. *berjalan-jalan,* to go for a walk. *berjalan kaki,* to go on foot. *perjalanan,* journey, trip

jam, clock, watch, hour. *jam berapa,* what time? what is the time?

jamin, menjamin, to guarantee

jangan, do not (negative imperative indicator)

janji, promise (n). *berjanji,* to promise. *menjanjikan,* to promise someone something. *perjanjian,* promise (n), agreement

jantan, male (usually of animals only)

Januari, January

jarak, distance

jarang, rare(ly)

jari, finger

jas, coat. *jas hujan,* raincoat

jatuh, to fall. *menjatuhkan,* to drop something, cause something to fall. *terjatuh,* to fall accidentally (see 15.4). *jatuh cinta,* to fall in love

jauh, far. *menjauh (dari),* to keep away (from). *menjauhi,* to avoid

Jawa, Java

jawab, jawaban, answer. *menjawab,* to answer

jawatan, government department

jelas, clear(ly)

jendela, window

Jepang, Japan

jera, discouraged, to learn one's lesson

jerih, tired. *berjerih lelah,* to weary one's self

jeruk, orange (citrus fruit)

jika, when, if

jilat, menjilat, to lick

jiwa, life, soul, spirit

jual, jualan, ware, merchandise. *menjual,* to sell

juang, memperjuangkan, to struggle for, fight for

judul, title (of a story, passage, article)

juga, also, too, still

Juli, July

Jumat, Friday

jumlah, total number, amount

jumpa, berjumpa, to meet

Juni, June

juta, million. *sejuta,* one million

K

kabar, news. *kabarnya . . .,* they say . . ., *mengabarkan,* to report, let know

kaca, glass; mirror

kacang, beans. *kacang goreng,* roasted peanuts

kadang-kadang, sometimes

kado, present, gift

-kah, question particle

kain, cloth

kak = kakak, which see

kakak, older sister (or brother)

kaki, leg, foo.

kalah, defeated. *mengalah,* to give in. *mengalahkan,* to defeat, beat

kalau, if

kalender, calendar

kaleng, tin, can

kali, time (as in three times, several times, etc.). *berkali-kali,* many times, repeatedly. *sekali,* very. *sekalian,* all. *sekali-sekali,* once in a while

kamar, room. *kamar makan,* dining room. *kamar mandi,* bathroom. *kamar tidur,* bedroom. *kamar tunggu,* waiting room

kambing, goat

kami, we, our, us (see 6.2.C.3)

Kamis, Thursday
kamu, you (see 4.2.C.1)
kanak-kanak, small child (under 7
years old). *kekanak-kanakan,*
childish
kanan, right
kandang, cage, pen
kanguru, kangaroo
kanker, cancer
kantong, pouch, pocket
kantor, office. *kantor pos,* post
office. *kantor pusat,* head
office, main office
kantuk, mengantuk, to be sleepy
kapal, kapal laut, boat, ship. *kapal
terbang,* plane
kapan, when
karang, mengarang, to write,
compose. *karangan,*
composition. *pekarangan,* yard,
playground. *pengarang,*
composer, writer
karena, because (of)
karib, close (of a friend), intimate
karikatur, caricature
kasar, rough, coarse
kasih, kasihan, to pity, feel sorry
for; poor thing!, poor . . .!
kasur, mattress
kata, mengatakan, to say/tell
something
kaum ibu, women (in general)
kaus kaki, socks. *kaus tangan,*
gloves
kawatir, anxious, worried
kawin (dengan), to marry
kaya, rich. *kekayaan,* wealth
kayu, wood
ke-: for words not listed here see
under the root
ke, to, towards (a thing or place,
but normally not a person)
Kebayoran, name of a suburb in
Jakarta
kebun, garden. *kebun binatang,* zoo
kecap, mengecap, to taste
kecewa, disappointed.

mengecewakan, disappointing;
to disappoint someone
kecil, small, little, *kekecilan,* rather
small (see 17.17). *memperkecil,*
to make smaller
kejut, terkejut, startled, shocked
kelabu = abu-abu, which see
kelahi, berkelahi, to fight
kelak, later
kelamun, mengelamun, to dream to
oneself, to day-dream
kelapa, cocount
kelas, classroom, class
keliling, berkeliling, around; to go
around
keluar, to go out, come out.
mengeluarkan, to get/take
something out from somewhere;
to spend. *pengeluaran (uang),*
expenditure
keluarga, family, relative
keluh, moan (n)
kemarin, yesterday. *kemarin dulu,*
the day before yesterday
kemas, mengemasi, to pack up,
clear away
kembali, to return; on returning;
again
kemeja, shirt
kemudian, then, afterwards
kemuka, see *muka*
kena, to be hit by, struck by,
affected by (see 17.18 and
17.19). *mengenai,* concerning,
about; to concern. *mengenakan,*
to put on, wear
kenal, berkenalan, to get to know
each other, to make friends.
memperkenalkan
(= mengenalkan), to introduce
someone to someone else.
mengenal, to know. *terkenal,*
well known (see 15.3)
kenang-kenangan, souvenirs,
mementos, keepsake
kenapa, why
kendara, mengendarai, to ride on,

(occasionally: to drive).
pengendara, driver
kenyang, satisfied, full (after
eating). *kekenyangan,* to be
overfull (see 17.13)
kepala, head. *mengepalai,* to head,
be in charge of, to lead
kera, monkey
keras, loud, hard. *kekerasan,* rather
hard (see 17.17). *keras kepala,*
stubborn
kerbau, water buffalo
kering, dry
kerja, bekerja, to work.
mengerjakan, to do. *pekerja,*
worker. *pekerjaan,* work, job,
task, activity
kerongkongan, throat
kertas, paper
ketahui, see *tahu*
ketik, mengetik, to type
ketika, when, at the time when
(conjunction). *seketika,*
immediately, instantly
khas, specific(ally), exclusive(ly)
khusus, special(ly)
kira, to think, suppose. *mengira,* to
think, reckon, guess.
mengirakan, to calculate, expect,
estimate. *kira-kira,*
approximately, about
kiri, left
kirim, mengirim, to send.
mengirimi, to send someone
something. *mengirimkan,* to
send something to someone
kita, we, us, our (see 6.2.C.3)
kitar, sekitar, around; vicinity
kolam berenang, swimming pool
konde, bun in hair
kopi, coffee
kopor, suitcase
koran, newspaper
korban, victim. *mengorbankan,* to
sacrifice
korek api, match
kota, city, town

kotak, box
kotor, dirty. *mengotori,* to litter,
dirty. *mengotorkan,* to dirty
kuasa, power. *menguasai,* to
control, rule, dominate
kuat, strong
kucing, cat
kue(h), cake, biscuit
kuli, coolie, labourer
kuliah, lecture
kulit, skin
kulkas, refrigerator
kumpul, berkumpul, to gather
together, assemble.
mengumpulkan, to gather,
assemble someone/something.
perkumpulan, organisation,
union
kunci, key. *mengunci,* to lock
kuning, yellow
kunjung, berkunjung (ke), to visit.
mengunjungi, to visit
kurang . . ., not . . . (enough), less,
not quite; to (when telling the
time); minus. *kekurangan,* to
lack, to suffer from a lack of
(see 17.14).
mengurangi, to decrease, lessen,
reduce
kursi, chair
kurus, thin (of body)
kwalitet, quality.

L

laci, drawer
lagak, attitude, manner
lagi, again, more, else, any more
lagu, song
lahir, to be born. *melahirkan,* to
give birth (to)
lain, other, another, different.
berlainan, different. *selain dari,*
apart from, as well as. *lain
halnya,* a different case, another
matter. *lain kali,* another time,
next time. *lain-lain,* see *dan lain-
lain*

laki-laki, male (of person), man
laku, melakukan, to do
lalu, last (as in last week, etc.);
ago, then. *melalui*. by means of;
to go through. *terlalu*, too,
excessively. *lalu lintas*, traffic
lama, long (of time), old (i.e. no
longer new). *selama*, for the
period of, as long as, while
lamar, lamaran, application.
melamar, to apply (for)
lambat, slow. *selambat-lambatnya*,
at the latest. *terlambat*, to be
late
langsing, slim
lampu, light
lancar, fluent
langgar, melanggar, to collide with,
run over
langsung, straight, direct(ly)
lanjut, long (of life), continuing.
selanjutnya, furthermore
lantai, floor
lantang, loud (of voice), clear,
distinct
lapangan terbang, airport,
aerodrome
lapar, hungry. *kelaparan*, to be
starving, starvation (see 17.13)
larang, melarang, to forbid.
terlarang, to be forbidden (see
15.3)
lari, to run. *berlari*, to run
lasak, restless
laut, sea. *lautan*, ocean
layan, melayani, to wait on, serve.
pelayan, waiter, waitress,
servant, shop assistant,
attendant
Lebaran, festival celebrating the
end of the Muslim fasting month
lebat, heavy (of rain); dense (of
hair, fruit, tree leaves, rice
grain)
lebih, more. *lebih kurang*, more or
less
lega, relieved

leher, neck
lekas, quick(ly)
lelang, auction (n). *melelang*, to
auction off
lemah, weak. *lemah-lembut*, gentle
lemari, cupboard
lembayung, crimson
lempar, melempar, to throw.
melempari, to pelt
lengan, arm
letak, position. *meletakkan*, to put
something somewhere. *terletak*,
to be located, situated (see 15.3)
letus, meletus, to break out,
explode
lewat, past (when telling the time);
to pass by
libat, terlibat, involved
libur, berlibur, to be on holiday
licin, slippery
lidah, tongue
lihat, kelihatan, visible, can be seen
(see 17.15). *melihat*, to see, look
(at). *melihat-lihat*, to browse.
memperlihatkan, to show
something to someone.
penglihatan, sight, vision, view
lilin, candle
lima, five
liput, meliputi, to cover, extend
over
listrik, electric, electricity
lompat, melompat, to jump.
terlompat (dari), to jump (out
of) accidentally (see 15.4)
lonceng, bell
lowong, lowongan, vacancy
luar, outside, outer part. *luar biasa*,
unusual(ly). *luar biasa ramainya*,
unusually crowded
luas, wide, extensive, *memperluas*,
to broaden, widen, extend
lubuk, pool, pond
lucu, funny, cute
luka, wound (n), cut (n); wounded.
melukai, to wound, hurt. *luka
parah*, seriously injured

lulus, to pass (an examination)
lumpuh, paralysed
lumpur, mud
lupa, to forget, not remember (to).
  pelupa, forgetful person
lusa, the day after tomorrow

M

maaf, excuse me, I'm sorry
macam, bermacam-macam, various
  kinds of
mahal, expensive
mahasiswa, student (at tertiary
  level)
main, to play. *bermain,* to play.
  pemain, player. *permainan,* toy,
  game
majalah, magazine, journal
maka itu, because of this, that is
  why . . .
makam, grave (n)
makan, to eat. *makanan,* food.
  memakani, to eat up. *makan
  malam,* to have the evening
  meal; evening meal (n). *makan
  pagi,* to have breakfast;
  breakfast (n). *makan siang,* to
  have lunch; lunch (n)
makin, increasingly, more
malam, night. *kemalaman,* to be
  overtaken by dark, caught in the
  dark (see 17.16)
malas, lazy
malu, ashamed, embarrassed, shy
mana, which, where. *(dari) mana,*
  (from) where. *(di) mana,* (at)
  where. *(di) mana-mana*
  everywhere, *(ke) mana,* (to)
  where. *(yang) mana,* which
mandi, to have a shower/bath.
  memandikan, to bath (someone)
mangga, mango
manja, memanjakan, to spoil (a
  person)
map, folder
marah, annoyed, angry. *memarahi,*
  to be angry at/with, reprimand

Maret, March
mari, come on. *marilah (kita),* let
  us
masa, time, period. *masa depan,*
  the future
masak, ripe, cooked. *masakan,*
  cooking, cuisine. *memasak,* to
  cook
masalah, problem, issue (n)
masih, still
masing-masing, each, respectively
masuk, to come/go into.
  memasuki, to enter somewhere.
  memasukkan, to put something
  in. *termasuk,* including,
  belonging to
masyarakat, society, community
mata, eye(s). *mata-mata,* detective
matahari, sun
mati, dead; flat (of battery);
  stopped (of watch); switched off
  (of light, radio, etc.). *kematian,*
  to suffer the death of (see
  17.14). *mematikan,* to switch off
  (light, radio, etc.). *mati-matian,*
  with all one's strength
mau, to want (to), intend (to), will.
  kemauan, desire (n), will (n),
  determination. *saya mau saja,* I
  would love to
Mbok, mother (see 11.2.C)
me-: for words not listed here see
  under the root
medan, field, square (in a town)
Mei, May
meja, table. *meja tulis,* writing
  table, desk
memang, indeed, certainly, actually
memper- for words not listed here
  see under the root
menang, to win. *kemenangan,*
  victory
mengapa, what is/was . . . doing?
  why (see 8.10)
menit, minute (n)
menung, bermenung, to muse,
  ponder

merah, red. *kemerah-merahan,*
reddish. *merah padam,* red (of
an angry face)
merek, make, brand (n)
mereka, they
meriam, cannon
merdeka, free. *kemerdekaan,*
freedom
mesin, machine. *mesin tulis,*
typewriter
meskipun, although
milik, property. *memiliki,* to own,
possess
mimpi, dream (n). *bermimpi,* to
dream
minggu, week
Minggu, Sunday
minta, meminta . . . kepada, to ask
for something, (of someone).
memintakan, to ask for
something for someone.
permintaan, request
minum, to drink. *minuman,*
drink (n). *peminum,* a person
who drinks a lot (of alcohol), a
heavy drinker. *terminum,* to be
drunk (consumed) by mistake
(see 15.5)
minyak, meminyaki, to apply oil
to, to oil. *minyak harum,*
perfume
misalnya, for example
miskin, poor. *kemiskinan,* poverty
mobil, car
muda, young. *pemuda,* young man,
youth
mudah, easy
mudah-mudahan, I hope that . . .,
hopefully
muka, front, face. *kemuka,*
mengemukakan, to put forward,
propose
mula, mulai, to begin. *mula-
mulanya,* at first
mulia, honoured, respected,
distinguished. *memuliakan,* to
honour

mulut, mouth
mungkin, possible, possibly.
kemungkinan, possibility
murah, cheap
murid, pupil
musim, season. *musim bunga/semi,*
spring. *musim dingin,* winter.
musim gugur, autumn. *musim
hujan,* wet season. *musim
kemarau/kering,* dry season.
musim panas, hot season,
summer
musuh, enemy

N

naik, to ride on, (to go) by; climb,
go up
Nak = anak, **which see** *(Nak* is used
only as a term of address)
nama, name
nanti, later, presently. *menanti,* to
wait (for). *nanti malam,* this
evening, tonight (referring to the
future). *nanti sore,* this
afternoon (referring to the
future)
nasi, rice (cooked). *nasi goreng,*
fried rice
nasib, fate, lot in life
negara, country, state, nation
negatif, negative
nenek, grandmother
ngeong, mengeong, to miaow
nikmat, menikmati, to enjoy
nomor, number
Nona, Miss (see 4.2.C.1)
Nopember, November
nyaman, fresh, pleasant (of air),
untroubled
nyamuk, mosquito
nyanyi, bernyanyi, to sing.
menyanyi, to sing (intransitive).
menyanyikan, to sing (transitive)
nyata, menyatakan, to explain,
state, clarify
nyenyak, sound (of sleep)

nyonya, Mrs (see 4.2.C.1). *nyonya rumah*, housewife, lady of the house, hostess

O

obat, medicine. *obat penenang*, sedative
Oktober, October
olah, *seolah-olah*, as if
oleh, *memperoleh*, to get, to obtain
ongkos, costs, expenses
orang, person; classifier for people. *orang tua*, parents, old person
otak, brain

P

paberik, factory
pada, on, in, at (before days, dates, months, years and time of day); with, on (e.g. *pada saya;* with/on me). *kepada*, to, towards (a person)
padam, *memadamkan*, to put out, extinguish a fire
padang pasir, desert
padang rumput, field, paddock
padat, *kepadatan*, density
padi, rice (growing in a field)
pagar, *memagari*, to put a fence around, to fence
pagi, morning. *pagi hari*, in the morning. *pagi-pagi*, in the morning
paha, thigh
pahlawan, hero
Pak = *bapak*, **which see**
pakai, *memakai*, to wear, use, make use of. *pakaian*, clothes, clothing. *pakaian dalam*, underwear, underclothes. *terpakai*, to be used by mistake (see 15.5)
pakansi, holiday, vacation
paket, parcel
paksa, *terpaksa*, to be forced
paling, most. *paling tidak*, at least

paman, uncle
panas, hot. *kepanasan*, to suffer from the heat (overcome by heat) (see 17.13.) *memanasi*, to heat, to apply heat to. *memanaskan*, to heat, to cause to become hot
pandai, good at, clever. *kepandaian*, skill, ability, intelligence
pandang, *pemandangan*, view (n)
panggang, *memanggang*, to toast, roast, grill
panggil, *memanggil*, to call, send for someone
panjang, long. *kepanjangan*, rather long (see 17.17)
pantalon, long trousers
papan tulis, blackboard
para, plural indicator (for members of a class or group of people)
parah, serious (of a wound or illness)
pasang, a pair, set
pasar, market
Pasifik, Pacific
pasir, sand
patah, broken, snapped
patuh, obedient, meek
patung, statue
payah, difficult, tired
pe-: for words not listed here see under the root
Pebruari, February
pecah, *pecahan*, fragment. *pecah-belah*, crockery
pedas, hot (of taste of chili)
pedati, ox cart
pegang, *berpegang (kepada)*, to hold on (to). *memegang*, to hold, take hold of, touch
pegawai, official (n), employee
pejam, *memejamkan*, to close, shut (the eyes)
pekik, *memekik,* to scream. *terpekik*, to scream suddenly **(see 15.4)**

pelihara, memelihara, to keep, take care of, rear. *(tidak) terpelihara,* (un)able to be cared for, reared
pelor, bullet
pematang, bank between two rice fields, dyke
pemuda, young man, youth
pemudi, teenage girl, young lady
pena, pen
pencar, memencarkan, to spread, disperse
pendek, short. *pendeknya,* in short
pengaruh, influence (n)
pensiun, to retire; pension
penting, important
penuh, full. *memenuhi,* to fulfil
pepaya, pawpaw
per-: for words not listed here see under the root
perang, war. *berperang (dengan),* to fight, be at war (with).
peperangan, battle, war
perang = pirang, **which see**
percaya (kepada) or *mempercayai,* to trust/believe someone
perempat, see *empat*
perempuan, female (of person), woman
pergi, to go. *kepergian,* going (n)
periksa, memeriksa, to search, interrogate, examine
perintah, pemerintah, government. *pemerintahan,* administration
perkakas, tools, implements. *perkakas dapur,* kitchen utensils. *perkakas rumah,* furniture
perlahan-lahan, slow(ly); soft(ly)
perlu, necessary; to need
permai, beautiful, lovely
permisi, excuse me (see 4.2.C.3)
pernah, once, ever. see also *tidak pernah* and *belum pernah*
pertama, first (of a series). *pertama-tama,* first of all
perut, stomach
pesta, party. *pesta perpisahan,* farewell party

peta, map
pidato, speech
pihak, side, party
pikat, memikat (hati), to be attractive, appealing
pikir, berpikir, to think. *memikirkan.* to think about. *pikirnya dalam hatinya,* he thought to himself
pilem, film
pilih, memilih, to choose
pimpin, memimpin, to lead, chair (a meeting). *pemimpin,* leader
pindah, to move (house). *memindahkan,* to transfer/move someone or something. *pemindahan,* transfer (n), removal
pinggang, waist, back
pinjam, meminjam, to borrow. *meminjami,* to lend someone something. *meminjamkan,* to lend something to someone
pinsil, pencil
pintar, clever
pintu, door
pipi, cheek
pirang, reddish, blond (of hair)
piring, plate
pisah, berpisah, to part
pisang, banana
piyama, pyjamas
pohon, tree
polisi, police (n), policeman. *kepolisian,* police (adj.)
polos, plain, unpatterned
pondok, lodging. *memondokkan,* to lodge someone somewhere
post, post, mail
potong, memotong, to cut. *sepotong,* a piece, a slice
potret, photograph
pramugara, steward
pramugari, hostess, stewardess
prangko, postage stamp
presiden, president
pria, male, man

prinsip, principle
puas, satisfied. *memuaskan,*
    satisfactory
pucat, pale
pucuk, classifier for letters and
    rifles
pukul, stroke (of clock). *memukul,*
    to hit. *memukuli,* to hit
    repeatedly. *pukul berapa,* what
    time? what time is it?
pula, again, also
pulang, to go/come home
pulau, island
puluh, ten, tens. *berpuluh-puluh,*
    tens of. *puluhan,* tens, dozens.
    sepuluh, ten
pun, also, even (see 15.12 and
    15.13)
puncak, memuncak, to come to a
    climax
punggung, upper back
puntung, butt (of cigarette)
punya, possession; to own, possess.
    mempunyai, to possess
    (transitive)
puri, kind of temple in Bali
pustaka, perpustakaan, library
putih, white
putri, girl, daughter, princess

R

raba, meraba, to feel, grope for,
    touch
Rabu, Wednesday
ragam, seragam, same (of dress),
    uniform (adj.)
raja, kerajaan, kingdom
rajin, hardworking, diligent
rakyat, people, masses
ramai, noisy, bustling, lively,
    crowded. *beramai-ramai kami,*
    many of us
rambut, hair
rangka, framework
rapat (n.), meeting (n.)

rapat (adj.), close (adj.)
rapi, order(ly), neat, tidy
rasa, feeling (n). *merasa,* to feel.
    perasaan, feeling (n). *terasa,* to
    be felt
ratus, hundred. *seratus,* one
    hundred
raya, merayakan, to celebrate
rebewes, driver's licence
renang, berenang, to swim.
    merenangi, to swim (a river)
rendam, terendam, to be soaked,
    covered with water, under water
renung, merenungkan, to ponder
    upon, meditate upon, think
    about
resep, prescription, recipe
restoran, restaurant
ribu, thousand. *seribu,* one
    thousand
ribut, noisy
riuh, noisy, in uproar
roda, wheel
rok, skirt
rokok, cigarette. *merokok,* to
    smoke (cigarettes)
rombongon, group, party (of
    people)
roti, bread. *roti panggang,* toast
rugi, to lose money in trading.
    kerugian, loss, harm (n),
    damage (n)
rumah, house. *rumah sakit,*
    hospital. *rumah tangga,*
    household
rumit, complex, complicated
rumput, grass
rupa, berupa, in the form of.
    merupakan, to form. *rupanya,*
    apparently, it seems that
rupiah (Rp), main unit of
    Indonesian currency
rusak, broken, broken down, out of
    order, damaged. *merusak,*
    damaging, to do damage.
    merusakkan, to destroy, break,
    damage

S

sabar, patient(ly), tolerant(ly)
Sabtu, Saturday
sabun, soap. *sabun cuci,* washing
powder. *sabun mandi,* toilet
soap
sadar, to realize; conscious, aware
sadur, menyadur, to adapt (a piece
of writing, etc.)
sahabat, friend
sahut, menyahut, to answer
saja, just, only
sajak, poem
saji, menyajikan, to serve someone
something
sakit, ill, sick, sore. *kesakitan,* in
pain (see 17.13). *penyakit,*
disease, illness
saksi, menyaksikan, to witness
saku, pocket
salah, bersalah, to be wrong, guilty.
kesalahan, fault, mistake. *salah
satu . . .,* one of . . .
salam, bersalaman, to greet each
other, shake hands
salin, menyalin, to copy
sama, same. *bersama dengan,*
together with. *bersama-sama,*
together. *menyamakan,* to
synchronize, make the same.
sama saja, just the same. *sama
sekali tidak . . .,* not at all . . .
sama-sama = bersama-sama,
which see
sambil, while
sampah, rubbish (n), litter (n).
sampai, until. *sampai bertemu lagi,*
goodbye, see you later (lit.: until
we meet again) to arrive
sana, there. *di sana,* at there. *ke
sana,* to there. *dari sana,* from
there
sapi, cow
saring, penyaringan, screening (n),
sifting (n)
sasar, kesasar, to stray, get lost

sastra, literature
sate, meat grilled on skewer
satu, one. *bersatu,* to be united.
bersatu-padu, to be firmly
united. *satu sama lain,* (to) each
other. *satu-satunya jalan,* the
only way
Saudara, Mr, Miss **(see 4.2.C.1);**
relative of the same generation.
Sdr. + name, Mr + name
sawah, wet rice field
saya, I, me, my; *saya mau saja,* I
would love to
sayang, unfortunately, what a pity.
menyayangi = sayang kepada,
to be fond of, like, love (people
or animals). *kesayangan,*
favourite
sayembara, competition, contest (n)
sayur, vegetable(s)
se-: for words not listed here see
under the root
se-, one, same (see, 6.3.A)
sebab, reason, cause.
menyebabkan, to cause
sebar, menyebarkan, to spread,
distribute
seberang, menyeberang (di), to
cross (at). *menyeberangi,* to
cross (a road, etc.)
sebut, menyebut(kan), to mention
sedang, in the process of **(see 2.4)**
sedia, bersedia, to be ready (to).
menyediakan, to prepare.
tersedia, to be prepared **(see
15.3)**
sedikit, little, not much, few
sedih, sad. *menyedihkan,*
distressing, saddening; to sadden
someone
sedu, tersedu-sedu or tersedu-sedan,
sobbing (preceded by *menangis)*
segera, immediately
sehat, healthy. *kesehatan,* health
sejak, since
sejarah, history
sekarang, now

sekolah, school. *bersekolah,* to go to school, to attend school. *menyekolahkan,* to send someone to school. *sekolah dasar,* primary school. *sekolah kedokteran,* medical school. *sekolah menengah atas,* senior high school. *sekolah menengah pertama,* junior high school
selalu, always
selam, menyelami, to dive into something
selamat, safe. *menyelamatkan,* to save, rescue. *selamat jalan,* have a safe journey (see 16.2.C). *selamat malam,* good evening. *selamat pagi,* good morning. *selamat siang,* good morning or good afternoon (see 2.2.C.1). *selamat sore,* good afternoon
Selasa, Tuesday
selat, straits
selatan, south
selempang, shoulder sash
selesai, menyelesaikan, to settle, solve, finish (of work). *(tidak) terselesaikan,* (un)able to be completed (see 15.6)
selimut, blanket
sembilan, nine
semboyan, slogan
sembuh, to recover; healed, better (in health)
semenjak, since
semi, young shoot
semua, all, everyone
senang, pleased, happy, contented. *menyenangi,* to like, to be fond of. *menyenangkan,* pleasing
sendiri, see *diri*
sendok, spoon
sengsara, kesengsaraan, misery
Senin, Monday
senjata, weapon
senyum, tersenyum, to smile
sepak bola, football, soccer
sepatu, shoes

sepeda, bicycle. *bersepeda,* to ride a bicycle
seperti, as, like. *seperti biasa,* as usual
September, September
serah, menyerahkan, to give up, surrender something. *penyerahan,* transfer (n); offering
serdadu, soldier
sering, often
serta, together with, and
sesamping, sarong folded in two and worn around the hips
setasiun, station
setrup, syrup, cordial
setuju, to agree
sewa, menyewa, to rent. *menyewakan,* to let
si, see 6.2.C.2; *si Anu,* so-and-so. what's his/her name
siang, late morning and early afternoon (see 2.2.C.1). *kesiangan,* overslept (overtaken by day) (see 17.16)
siap, to be ready, finished (of work, activity). *menyiapkan,* to prepare, finish
siapa, who, whose
siar, siaran, broadcast (n)
sibuk, busy
sifat, character, characteristic, quality, feature(s)
sikat, brush. *sikat gigi,* toothbrush. *sikat rambut,* hair brush
siksa(an), torture (n), torment (n)
sila, mempersilakan (= menyilakan), to invite (see 13.2.C). *silakan,* please
simpang empat, intersection, crossroads
simpul, menyimpulkan, to conclude
sinar, rays
singa, lion
sini, here. *(dari) sini,* (from) here. *(di) sini,* (in) here. *(ke) sini,* (to) here

siram, menyirami, to spray water (on flowers), pour water on

sirih, betel leaf

sisik, menyisiki, to scale (a fish)

sisir, comb. *menyisir,* to comb

situ, there. *(dari) situ,* (from) there. *(di) situ,* (in) there. *(ke) situ,* (to) there

soal, about; matter (n)

sombong, arrogant

sopan, well-mannered, polite

sorak, cheer (n), applause (n)

sore, afternoon. *sorenya,* that afternoon

soto, thick meat soup with vegetables

stop, **or** *setop,* stop

suami, husband

suara, voice

suatu, a certain, one. *sesuatu,* a certain (thing), something

sudah, already, yet **(see 2.4).** *sesudah,* after

sudut, corner

sugu(h) menyugu(h)i, to offer/present someone something (figuratively). *menyugu(h)kan,* to place something before someone, to offer something to someone

suka (kepada/pada + person), *(akan* + thing) or *menyukai,* to like something/someone. *kesukaan,* favourite thing, hobby

sukar, difficult. *kesukaran,* difficulty

Sulawesi, Celebes

sumpit, chop sticks

sungai, river

sungguh, true, really, indeed. *sungguh-sungguh,* seriously, earnestly. *sungguhpun,* although

supaya, so that, in order that

surat, letter. *surat kabar,* newspaper

suruh, menyuruh, to order, tell someone to do something

suruk, menyuruk, to hide (intransitive). *menyurukkan,* to hide something

surut, to subside, recede

susah, depressing, difficult, sad *susah payah, bersusah payah,* to wear oneself out, to make every effort, toil

susu, milk. *menyusu,* to suckle, feed milk. *menyusukan,* to feed (a baby, etc.) milk

susul, menyusul, to follow

susun, menyusun, to arrange. *tersusun,* to be arranged **(see 15.3).**

syukur, thank heavens

T

tabah, ketabahan, determination, endurance

tabrak, menabrak, to strike, hit against, crash into

tabur, menabur(kan) to sprinkle something. *menaburi,* to sprinkle somewhere

tadi, tadi malam, last night. *tadi pagi,* this morning (time past). *tadi sore,* this afternoon (time past)

tahan, to stand, endure. *mempertahankan,* to defend, uphold. *pertahanan,* defence. *(tidak) tertahan,* (un)able to be endured. *tertahan-tahan,* restrained, breaking with emotion (of voice)

tahu (akan), to know (about). *ketahuan,* discovered, found out **(see 17.15).** *ketahui, mengetahui,* to know, realize, find out. *pengetahuan,* knowledge

tahun, year

tajam, sharp

tak = *tidak* **which see also.** *tak mungkin,* not possibly, not possible

takluk, conquered. *menaklukkan,* to subjugate

taksir, menaksir, to estimate

takut, afraid. *ketakutan,* to be terrified; fright (n) **(see** 17.13). *menakutkan,* frightening (adj.)

taman, park. *taman kanak-kanak,* kindergarten

tamatan, graduate (n)

tambah, menambah, to add

tampak, visible

tampil, to appear, step forward

tampung, penampungan, reception centre

tamu, guest

tanah, land. *tanah air,* home country

tanam, menanam, to plant (a flower, etc.). *menanami,* to plant (a garden, etc.). *tanaman,* plant (n)

tanda, sign, token, mark

tandatangan, signature. *menandatangani,* to sign, to apply a signature to

tangan, hand

tanggal, date

tanggung, menanggung, to guarantee, take care of

tanggungjawab, bertanggungjawab, to be responsible

tangis, menangis, to cry, weep. *menangisi,* to cry out, weep for. *penangis,* a person who cries a lot

tangkap, menangkapi, to arrest, catch (repeated action)

tani, bertani, to work on the land. *pertanian,* farming, agriculture. *petani,* farmer

Tanjung Priuk, the harbour of Jakarta

tanpa, without

tanya, bertanya (kepada . . .), to ask a question (to . . .). *menanya(i),* to question someone. *menanyakan,* to ask for information

tapak kaki, sole of foot

tari, menari, to dance (folk dances). *menarikan,* to dance (transitive). *penari,* dancer. *tarian* (folk) dance (n)

tarik, menarik, attractive, interesting; to attract, pull

taruh, menaruh, to put, place

tas, handbag

tatkala, when (conjunction)

tawar, menawar, to make an offer/bid, to bargain (for). *menawari,* to offer someone something. *menawarkan,* to offer something to someone. *tawar-menawar,* to bargain (reciprocal)

tebal, thick

tegak, to be upright/erect

tegang, taut, tense, strained

tegas, menegaskan, to affirm, stress, state. *penegasan,* explanation, statement

teguh, tight(ly), firm(ly), strong(ly)

teh, tea

telah, already. *setelah,* after.

telepon, telephone. *menelepon,* to telephone

telinga, ear

telur, egg. *telur mata sapi,* fried egg

teman, friend. *menemani,* to accompany

tembak, menembak, to shoot. *menembaki,* to shoot (more than one object, **see** 17.6)

tempat, place. *menempatkan,* to put/place something. *tempat ketinggian,* higher ground. *tempat rapat,* meeting place. *tempat tidur,* bed

tempur, bertempur, to fight (in the battle field)

temu, bertemu (dengan), to meet.
menemui, to meet someone
tenang, calm(ly), quiet(ly)
tengah, middle. *setengah,* half
tengkar, bertengkar, to quarrel.
mempertengkarkan, to argue
over, dispute. *pertengkaran,*
quarrel (n)
tengok, menengok, to visit, have a
look (at)
tentang, about, concerning.
pertentangan, conflict
tentu, certain(ly), sure(ly), of
course. *menentukan,* to
determine, fix, decide. *tertentu,*
to be fixed, definite
tepat, exactly, sharp (of time)
tepi, edge. *tepi sungai,* river bank,
edge of river
ter-: for words not listed here see
under the root
terang, menerangi, to illuminate,
light. *menerangkan,* to explain
terbang, to fly
terbit, to rise (of sun)
teriak, berteriak, to cry out, scream
terima, menerima, to receive,
accept. *terima kasih,* thank you.
terima kasih kembali, you're
welcome, don't mention it
terjemah, menterjemahkan, to
translate. *terjemahan,*
translation
ternak, cattle, livestock
tertawa, to laugh
terus, continually. *seterusnya,* see
dan seterusnya
tetak, to hack, chop
tetangga, neighbour
tetapi, but
tewas, slain, killed
tiap (-tiap), each, every
tiba, to arrive
tiba-tiba, suddenly
tidak, no, not. *tidak begitu . . .,*
not very . . . *tidak lama
kemudian,* not long afterwards.

tidak pernah, never. *tidak usah,*
to have no need (to)
tidur, to sleep. *meniduri,* to sleep
in/on something. *menidurkan,*
to put someone to sleep/bed.
penidur, sleepy-head. *tertidur,* to
fall asleep involuntarily **(see
15.4)**
tiga, three
timbul, to emerge, rise, appear
timpa, menimpa, to strike, hit
timur, east
tindak, bertindak, to act, take
action
tinggal, to stay, live, remain.
ketinggalan, left behind by
accident **(see 17.14)**. *meninggal,*
to die, pass away.
meninggalkan, to leave
something behind. *tertinggal,* to
be left behind by accident **(see
17.14)**
tinggi, tall. *ketinggian,* rather high
tingkat, meningkat, to rise, go up
tinta, ink
Tionghoa, Chinese
Tiongkok, China
toko, shop
tolong + verb, please + verb **(see
14.7)**. *menolong,* to help
tomat, tomato
tonton, menonton, to watch
(performance, or games.)
penonton, audience, spectator
topi, hat. *topi pengaman,* safety
helmet
transmigrasi, transfer of population
(between islands in Indonesia),
internal migration
Tuan, Mr, sir **(see 4.2.C.1)**
tubuh, body
tuju, tujuan, aim (n), object (n),
goal, purpose
tujuh, seven
tukang, artisan, workman. *tukang
daging,* butcher. *tukang jam,*
watch-maker. *tukang sayur,*

vegetable vendor. *tukang telur*,
egg vendor
tukar, bertukar, to change, alter
(intransitive)
tulang, bone
tuli, deaf
tulis, menulis, to write. *menulisi,* to
write on. *penulis,* writer. *tertulis,*
to be written (see 15.3). *tulisan,*
writing (n)
tumbang, to crash, fall, tumble
down, topple
tumpang, penumpang, passenger
tunggal, the only . . .
tunggu, menunggu, to wait for,
await
tunjuk, mempertunjukkan, to
show, perform. *menunjuk,* to
indicate, to point to.
menunjukkan, to show, indicate.
penunjuk, guide (i.e. a person)
turun, to descend, come/go down
turut, menurut, according to
tusuk, menusuk, to pierce
tutup, menutup, to shut. *menutupi,*
to shut (repeated action)

U

uang, money
ubah, perubahan, change (n),
alteration
ucap, mengucapkan, to express, say
udara, atmosphere, sky
ujian, examination
ukuran, measurement, standard
ulang, mengulang, to repeat. *(hari)*
ulang tahun, birthday,
anniversary
ular, snake
umumnya in general
umur, age. *berumur,* to be . . .
years old. *berumur cukup 15*
tahun, to turn 15 years old
undang, mengundang, to invite
ungsi, pengungsi, refugee
ungu, violet, purple

universitas, university
untuk, for
untung, fortunate(ly)
urat, berurat, tense (lit: muscular)
urus, mengurus, to take care of,
look after. *(tidak) terurus,*
(un)able to be cared for, looked
after (see 15.6)
usaha, berusaha, to make every
effort, strive, endeavour
usia, berusia, to be . . . years old
utama, terutama, especially
utara, north

W

wah!, my!, well! (expresses mild
emotion)
wajar, sewajarnya, appropriate,
right
wajib, kewajiban, responsibility,
obligation
wakil, mewakili, to represent
waktu, time, when (in the past)
walaupun, although. *walaupun*
begitu, nevertheless
wangi, fragrant
wanita, woman, lady, female
warna, colour
warta berita, news, news report
wartawan, journalist, correspondent
watak, character
wilayah, region, district
wol, wool

Y

ya, yes. *ya, baiklah,* yes, o.k.
yaitu, that is, namely
yakin, meyakini, to convince
yang, who, which, that. . . .*yang*
akan datang, next . . . (with
days, years, etc.)

Z

zaman, era, time

NAMES

Female

Ana, Asma, Dewi, Fatimah, Hartini, Hasnah, Ira, Irawati, Irma, Kartini, Marni, Minah, Nurhayati, Ratna, Rohana, Santi, Suarni, Tini, Tuti

Male

Ali, Amat, Amin, Amir, Amran, Anwar, Asrul, Bambang, Burhan, Dahlan, Dogol, Dulah, Hadi, Hamzah, Hanafi, Harun, Hasan, Hasyim, Idrus, Jamalus, Joyo, Kasim, Katamsi, Muis, Mulyono, Mustafa, Nasution, Ruslan, Rustam, Sofyan, Sunaryo, Suparman, Tobing, Udin, Usman, Wirno, Zainuddin